KB201892

良い支援?

寺本晃久 | 岡部耕典
末永弘 | 岩橋誠治

좋은 지원?

데라모토 아키히사 | 오카베 코우스케
스에나가 히로시 | 이와하시 세이지 지음
서울장애인자립생활센터 옮김

people
First

울력

좋은 지원?

지은이 | 데라모토 아키히사, 오카베 코우스케, 스에나가 히로시, 이와하시 세이지
옮긴이 | 서울장애인자립생활센터
펴낸이 | 강동호
펴낸곳 | 도서출판 울력
1판 1쇄 | 2012년 12월 26일
1판 2쇄 | 2016년 9월 20일
등록번호 | 제25100-2002-000004호(2002. 12. 03)
주소 | 서울시 구로구 고척로12길 57-10, 301호 (오류동)
전화 | 02-2614-4054
팩스 | 02-2614-4055
E-mail | ulyuck@hanmail.net
가격 | 16,000원

ISBN | 978-89-89485-95-7 03330

· 잘못된 책은 바꾸어 드립니다.
· 옮긴이와 협의하여 인지는 생략합니다.

한국어판 출간에 즈음하여

이 책의 제목인 "좋은 지원"에는 '?'가 달려 있습니다.

'장애인의 자립생활 지원은 이렇게 하면 된다'라며 가르치는 매뉴얼도 아니고, 지원의 성공 스토리도 아닙니다. '이것이 좋은 지원'이라고 말하려는 것이 아니라, '좋은 지원이란 무엇인지' 우리들이 함께 고민해 나가자고 하는 염원을 '?'에 담았습니다.

'나는 여기까지 고민했다'라는 기록이면서 '나는 이렇게 생각하는데, 당신은 어떻게 생각해?'라며 독자가 고민할 수 있도록 실마리를 제공하려 했습니다.

일본에서는 최근 10년 사이에 지역에서 살기 위한 제도와 활동보조 체계가 상당히 정비되어 왔습니다. 십여 년 전에는 자립생활을 하는 사람도 거의 없었고 제도도 없었던 탓에 자원봉사자를 통해 지원을 꾸려왔습니다만, 지금은 자립생활을 하려는 사람이 점차 늘어나고 있고(무척이나 많은 인원은 아니지만), 활동보조인을 파견하는 사업소도 늘어 사업소와 활동보조인을 고를 수도 있는 상황이 되었습니다.

그러나 제도가 정비되는 한편으로 제도와 사업소에 맞추어 생활이 구속당하는 문제도 보이기 시작했습니다. 또 활동보조인은 있지만 그것만으로 제대로 된 생활을 못하는 경우도 있습니다. 활동보조와 제도를 어떻게 이용하는 것이 좋을지, 활동보조인과의 관계를 어떻게 만들지, 가족과 당사자와 지원자 사이에 어떻게 토대를 만들지 등 과제는 산적해 있습니다.

초판을 낸 지 5년이 지나면서 우리들의 주위 상황도 변했고, 일본의 정치와 제도도 변하고 있습니다. 당시에는 보이지 않았던 문제나 미처 해결하지 못하고 지나쳐 온 일들이 다시 눈에 들어오기 시작하여 저자들 각자가 씨름하고 있습니다.

우리들은 도쿄 안의 작은 지역에서 어느 한때 노력했던 일들에 대해 썼습니다. 그와 같은 우리들의 책이 한국에서 어떻게 읽힐지 무척이나 기대가 됩니다. 일본과 다른 점도 있으리라 생각합니다. 예를 들어 가족관계, 사회에서 비쳐지는 장애인의 지위나 인식, 제도의 현황과 역사, 지역의 지원 현황 등. 그렇지만 사회와 개인과 장애 사이에서 발생하는 문제에는 공통되는 부분이 분명 있을 것입니다. 이 책이 독자 한 분 한 분에게 그 문제에 대해 고민하게 하는 재료로 쓰이면 좋겠습니다.

　기획하고 번역해 주신 서울장애인자립생활센터 여러분과 출판해 주신 울력 출판사에 감사의 말씀을 드립니다.

2012년 11월

저자를 대표하여

데라모토 아키히사

차례

people
First

일러두기

1. 이 책은 良い支援?(生活書院, 2008)을 완역하였다.
2. 이 책은 원서의 체제를 따랐다. 따라서 각 장마다 단락을 구분한 것은 원서에 따른 것이다.
3. 이 책은 주석을 각주로 처리하였다. 옮긴이의 주는 문장 끝에 옮긴이의 것임을 표시하였다. 그 외의 주석은 원주이다.
4. 이 책에 사용된 개호(개호자), 요육 등 몇몇 용어들은 일본의 제도와 관련된 부분이 있어 그대로 사용하였다. 그리고 생소하지만 국어사전에 표제어로 등재되어 있는 용어들은 달리 설명을 붙이지 않았다.

'어려운 사람'의 지원

"힘들겠네요."
"다른 사람들은 할 수 없는 일을 하고 계시네요."
"멋있어요."
"종잡을 수 없는 아이니까요."
"어느 시설에 계세요?"
"활동보조인이 주시하지 않으면 안 되겠네요."
"스스로 할 수 있도록 해야 하죠."

내가 지적·자폐성 장애인과 함께 있거나 또는 그런 사람의 활동보조를 하고 있다고 할 때 자주 듣는 말이다.

이런 말을 들으면 참을 수 없을 만큼 불쾌한 기분이 든다. 물론 살아가면서 힘들다고 말하게 되거나 곤란한 경우가 아예 없다고 말할 수는 없다.

그곳에 존재하고 있다는 사실이 매우 특수한 일로 비쳐지고, 남의 일처럼 다루어지거나 낮게 인식되고 있는 것만 같다. 특수한 사람을 특수한 사람이 돌보고 있다는 생각을 하는 것 같다. 하지만 이렇게 말하는 사람 쪽이 문제라기보다, 원래 우리들이 함께 살아오지 않았기 때문에 생긴 결과라고 생각한다. 가령 지역 안에서 생활하더라도 자주 밖에 나가지 못했거나 한정된 장소에서만 지낼 수밖에 없었던 환경에서 우리들도 살아온 것이다.

우리들은 장애가 있는 사람도 지역에서 자립생활이 가능하도록 지원하고자 한다.

하지만 그것은 장애인이 열심히 노력하고, 훈련과 공부를 통해 소위 '장애 극복'을 해야만 비로소 자립이 가능하다는 말이 아니다. 당사자의 장애가 경증이고 머리가 좋기 때문에 자립하는 것도 아니다. 우리들이 '자립생활'이라고 말할 때는 세상이 '중증'이라고 부르는 사람들도 당연히 포함된다.

'지원'이 있다면 누구라도 지역에서 자기답게 살아갈 수 있다. 불가능한 이유는 지원이 충분하지 않기 때문이라고 생각한다.

최근 10년 사이에 지적 · 자폐성 장애인의 활동보조제도와 지원체제가 정비되었고, '중증'이라 불리는 사람들이 지원을 통해 자립생활을 조촐하게나마 이루어 나가고 있다. 하지만

그것은 아직 예외적이고, 작업소, 시설 등에서 장애인 지원과
관련된 사람들, 지적 · 자폐성 장애인의 가족 그리고 장애인 사
이에서도 별로 알려지지 않았다. 지원을 통해 자립생활을 하는
사람이 있다는 사실, 그러한 일을 함께 지원해 온 사람이 있다
는 사실을 우선 알리고 싶어 이 책을 썼다.

　이쯤에서 '지원'이란 무엇인가에 대해 생각해 본다.
　내가 이른바 '좋은 지원'을 할 수 있다는 의미가 아니다. 오
히려 할 수 없는 일투성이다. 나는 요령 있게 처신하지 못하고,
굳이 표현하자면 누군가에게 끌려다니고, 휘둘리며, 세세하게
신경 쓰지 못하는 부분도 많다. 멍하니 시간을 보내기도 한다.
말해야 할 때에 좀처럼 자신 있게 나서지 못한다. 방법을 모를
때에는 어찌할 바를 모른다. 그래도 뭔가를 해 왔고, 계속 주시
하면서 고민하고 있다. 도대체 '좋은 지원'이란 무엇일까?
　이 책은 보통의 책들과는 다르다. 또 하고 싶은 말만 하는
경향도 있다. 그런 만큼 곧바로 도움이 되는 사례집이나 매뉴
얼이 아닐 수도 있고, 그런 내용은 다른 책을 보라고 말하고
싶다.

　지원 매뉴얼, 장애 해설, 자폐아동에 대한 요육療育 관련 책
들은 최근 매우 많이 발간되고 있다. 예를 들어, 요육의 논리는
우선 '지향해야 할 모습'이나 '지켜야 할 규칙'이 있어 거기에
맞추어 어떻게 가르치고 지원할 것인지에 대해 말한다. 사회의

상식에 편승하는 것이 '좋은 지원'일까? 하지만 원래의 바람직한 모습과 규칙 등은 어떠한 것인지 되묻고 싶다. 물론 살아가기 위해서 정해진 교육과 규칙을 지키는 일은 타인과의 의사소통을 용이하게 하고, 그렇게 함으로써 편하게 살아갈 수 있도록 하는 면도 가지고 있다. 단, 나는 규칙을 지키는 일은 살아가기 위한 수단에 지나지 않는다고 생각하고, 규칙을 먼저 지키는 것이 현실적으로 필요한 일이라는 사실을 머리로는 알고 있지만, 신경이 쓰이는 것은 어쩔 수 없다. 다양한 상식적인 대응의 틈새에서 주저하거나 어떻게 해도 '올바름'에서 비껴가는 모습을 보면, 안타까움이 드는 동시에 응원하고 싶어지는 경우가 있다.

지원의 '구조' 혹은 '제도(시스템)'와 관련된 책도 잘 나와 있다. 지원을 연계해 나가기 위해서는 제도나 시스템은 물론 중요한 부분이다. 단, 시스템은 필요하지만, 가장 중요하지는 않다. 반드시 맨 앞에 제도가 오고 시스템이 와야 한다는 이야기는 그 이상도 이하도 아닌 별로 재미없는 이야기다. 원래 제도는 이해하기 어렵고 복잡해서, 어쨌든 따라잡기 어렵다. 좀 더 간단히 하면 좋을 텐데 왜 일부러 복잡하게 만드는 걸까. 대학 등의 사회복지 교육에서는 끊임없이 제도가 바뀌는 탓에 오로지 쫓아가서 주입하는 일에만 급급하다는 목소리가 들린다. 제도를 책으로 엮으면 제도 해설로 끝나버리므로, 제도가 생기게 된 계기나 바람직한 존재방식에 대해 되묻는 과정이 필요하지 않나 싶다.

추가적으로 장애인복지에서 10~20년 전부터의 큰 변화와 최근의 동향을 들자면, 하나는 사고방식과 이념적인 부분, 또 하나는 제도나 지원체제의 실정에 관한 부분이 아닐까 싶다.

제2차 세계대전 후 일본에서는 입소시설을 많이 만드는 시책과 가족에 의한 운동이 일관되게 계속되어 왔다. 60년대부터 70년대에 걸쳐서 콜로니[1]라 불리는 대규모 시설이 세워졌다. 이미 70년대 초반에는 뇌성마비 장애인과 같은 전신성 장애인이 시설 처우에 반대하는 운동을 하고 시설을 나와 자원봉사 활동보조인을 모집해서 자립생활을 시작하곤 했다. 그 활동은 곧 비장애인의 가치관과 사회구성에 이의를 제기하는 행위로 받아들여졌다. 비장애인이 중심이 된 산업사회의 형편에 따라 구축되어 온 복지의 모습을 비판하고, 그 관리성·차별성에 대해 당사자가 생활을 관리하도록 요구했다. '우리의 일은 우리가 정한다'는, 자신들의 생활과 시책에 대한 자기결정·당사자 참여가 점차 요구되었다. 또 사회로부터 격리되는 일 없이 일반인들과 똑같이 살아가야 한다는 노멀라이제이션[2]

---

1. 장기요양자, 심신장애인을 모아서 치료와 보호를 통해 사회 복귀를 위한 훈련을 하는 시설: 옮긴이.
2. 노멀라이제이션normalization. 1959년 덴마크의 장애인 부모 운동 중에 제창된 이념으로, 우리 말로는 일상화·보편화·정상화·상태화 등의 의미를 가지는 노멀라이제이션은 고령자나 장애인을 시설을 만들어 격리시키는 사회가 정상적인 사회는 아니고, 고령자나 장애인도 일반인들과 함께 대등한 인간으로서 더불어 살아가는 사회가 정상적인 사회라는 사고방식을 보이고 있으며, 상대적으로 의존적일 수밖에 없는 고령자나 장애인이 시민으로서 정상적인 생활을 할 수 있도록 환경을 정비하고, 정상적인 생활조건에서 자기결정권을 가지고 일할 수 있는 분위기를 조성해야 한다고 본다: 옮긴이.

이라는 사고방식과 해외의 탈시설/시설 해체의 동향이 소개되
고 확산되었다.

90년대가 되면서 위와 같은 지체장애인의 운동보다 다소 늦
게나마 지적장애인들 스스로가 목소리를 높이게 되었다. 지금
은 다양한 심의위원회에 참가하여 의견을 말하고, 정부와 의원
을 상대로 제도 개선을 위한 교섭을 벌인다. 또 복지서비스의
운영과 실시 계획에 참여하기도 하고, 세미나나 대학 등에서
이야기도 많이 하고 있다.

자립생활운동, 즉 당사자 운동은 지원자와 전문가의 대행·
대변에 대해 비판하면서 지원을 주체적으로 조정하는 요령을
길러주었다.

한편, 그와 같은 자립관, 즉 자기결정을 통한 자립이라는 기
준으로 보자면, 능동적인 의사와 의지를 갖는 것부터 시작하
여 그것을 누군가에게 전하는 힘이 당사자 본인에게 요구된
다. 물론 장애당사자끼리의 가치관 공유나 역량 강화와 같은
여러 형태의 지원, 또는 경험 부족으로 잃어버린 능력과 감정
을 되돌리는 과정을 통해 비로소 자신의 의사와 의지를 발견
하고 전할 수 있게 되기도 한다. 단, 그러한 생각이 현실에서는
지적·자폐성 장애인(특히 의사나 의지를 표현하기 힘들어하는 소
위 '중증'이라 불리는 사람, 그리고 일반적인 사회규칙에 적응하지 못
하기에 살아가는 일이 어려운 사람)으로 하여금 자립생활을 시작
하기 어렵게 만드는 면도 있는 것은 아닐까.

다음으로 제도와 지원체제 면에서, 최근 20년 사이에 직장과 거주지 확충이 있었다. 그룹홈(생활기숙사)도 늘어났다. 이전처럼 사회 자원이라고는 입소시설밖에 없었던 시대가 아니라, 지역에서도 선택의 폭이 넓어졌다. 입소시설에서도 주간 보호 서비스를 마련해, 지역에 사는 장애인을 받거나 취업 지원을 하게 되었다.

그런데 거기에는 여전히 입소시설을 정점으로 하는 '상자'가 전제로 깔려 있으며, '상자' 안에 다수의 장애인을 모아서 소수의 비장애인이 그 장애인들을 제어하는 지원을 모델로 삼는다. 장애인운동은 그와 같은 모습(구조)을 비판해 온 것이 아닌가.

우리들은 기존의 지적장애인 복지(위에서 언급한 '상자'를 전제로 하는 복지를 말함)가 아닌, 자립생활운동의 연장선에 있는 지원·활동보조와 일정 부분 겹치기도 하지만 반드시 똑같지는 않은 '그 무엇'을 일으킬 수 있지 않을까 싶다.

90년대 이후 지적장애인도 서서히 가이드헬프와 홈헬프를 이용할 수 있게 되어, 2003년 지원비제도 내에서 그와 같은 서비스가 전국적인 제도로서 널리 퍼졌다. 최근 몇 년 사이에 길에서 활동보조인을 데리고 걸어가는 당사자를 자주 볼 수 있게 되었다. 예전이라면 특수학교나 입소시설의 프로그램으로서 집단 외출한 모습이든지 부모와 함께 있는 모습이었을 것이다. 활동보조인이 어디에 의거하여 서 있을지는 아직 시행착오 단계가 아닌가 싶다.

드디어 돋아나는 싹이 보이기 시작하고, 자립지원법에 이르는 제도의 변혁이 잇따르고 있는 지금, 어느 방향으로 기수를 잡아야 할지 고민해야 하는 갈림길에 서 있는 것이 아닐까.

예를 들어, '말'이 엇갈려서 슬쩍 바꿔치기 당한 기분이 든다. 장애인자립지원법도 '지역 이행' '자립 지원'을 내세우고 있다. 그런데 그때의 '자립'이란 무엇일까. '자립'의 의미는 이전의 경제적 자립이나 신변적 자립에서 '지원받은 자립' '자기결정 가능한 자립'이라는 의미로 변화되었다. 하지만 현재 여전히 '경제적 자립' '신변적 자립'을 중시하는 제도 설계와 사상으로 돌아가려고 하는 경향이 존재하는 건 아닐까. 한편으로 '자기결정·자기선택'을 말하지만, 그 안에 숨겨진 귀중한 의미를 어떻게 찾아나갈 것인가. 추상적·일방적 '자기결정론'이라면 도움이 되지 않는다. 지원은 '서비스'가 되고 장애인·가족은 '이용자'가 되는 한편으로, 양쪽이 분리되어 가고 있는 것은 아닐까. 지적장애인에게는 집단생활인 그룹홈이 기본이고, 개별 지원에 의한 자립생활을 지탱하는 제도는 아직 확립되지 않았다. 개호·활동보조 안에서 '지켜보기'라는 부분을 좀 더 중시해도 좋을 것 같다.

이번에 집필을 부탁드린 분들은 긴 시간 동안 지원을 통한 자립생활을 다양한 모습으로 만들고 고민해 온 분들이다. 지원은 힘든 일이고 또한 여러 부족한 부분이 있었지만, 지금껏 모범사례도 없는 상황에서 스스로 다양한 궁리를 해 오셨을

것이다. 그러한 분들과 함께, 우리들은 지금까지 무엇을 해 왔
는지, 무엇을 말하며 여기까지 왔는지, 실천과 논리를 되돌아
보고 싶다. 그리고 다음으로 이어지도록 하기 위해서 어떠한
논리를 앞세워 어떻게 활동해 나갈 것인지 함께 고민해 보고
싶다.

데라모토 아키히사

제1부

지금까지의 일, 지원의 실제

제1장

자립생활이라는 생활방식이 있다

데라모토 아키히사

1. 자립생활이라는 생활방식이 있다

'자립생활'이라는 모습으로 살아가는 지적·자폐성 장애인들이 극히 소수이긴 하지만 늘어나고 있다.

정확한 통계 데이터는 갖고 있지 않지만, 아마 일정한 활동보조가 개입하여 자립생활을 하고 있는 인원수는 전국적으로 세 자릿수가 아닐까 추측한다.

2008년 장애인백서에 따르면, 요육수첩療育手帳[1]을 가진 사람의 수는 약 547,000명이다. 그중에서 4분의 1에 해당하는

---

1. 요육수첩은 아동상담소 또는 지적장애인 갱생상담소에서 지적장애라고 판정받은 사람에게 교부된다. 수첩에 따라 다양한 복지서비스를 받을 수 있다. 장애 정도가 기재되며, 일반적으로 최중증·중증·경중증·경증을 A1, A2, B1, B2 등과 같은 알파벳으로 표기하지만, 자치단체마다 상이하고, 도쿄도東京都에서는 1~4의 숫자로 표시한다.

128,000명이 입소시설에서 살고 있다. 18세 이상자로 구분하면 그 비율은 늘어나 420,000명의 3분의 1인 약 120,000명이 시설에 있다. 그 외의 많은 사람들은 부모나 가족과 같이 살면서 복지작업소[2]나 통소시설[3] 등에 다니는 경우가 많다. 일부의 사람들은 지역에 기반을 둔 기업이나 상점 등에서 일하고 있다. 다시 그런 사람들 중에는 혼자 살거나 결혼한 사람, 또는 그룹홈에서 생활하는 사람이 있다.

현재 지역에서 살아가는 지적·자폐성 장애인들 중에서, 활동보조가 필요한데, 부모나 가족이 그 역할을 맡고 있는 경우가 많다. 부모가 한계(생명, 체력, 경제)에 이르면 입소시설로 들어가는 것이 당연했다. 최근 10~20년 사이에 장애인끼리 4~10명 정도의 소수 인원으로 공동생활을 하는 그룹홈에서 사는 사람이 늘어났는데, 거기에서도 직업을 갖고 있거나 신변적인 자립이 일정 정도 가능한 사람이 중심이었다. 우선은 일반 취업하여 경제적 자립을 위한 노력이 이루어지고, 그것에 따라가지 못하는 사람은 작업소나 통소시설에 다니거나 가족의 부양능력에 기댄 생활을 하다가 시설에 입소 조치되는 테두리 안에서 제도 설계가 이루어지고, 많은 사람들이 그렇게 살아왔다.

하지만 여기서 말하는 자립생활이란 '경제적 자활'도 아니고,

---

2. 장애인복지작업소障害者福祉作業所는 재가 장애인의 생활, 작업 지도를 통해서 사회적 자립을 도모함과 동시에 사회 참여 촉진을 목적으로 설립되었다: 옮긴이.

3. 통소시설通所施設은 왕래가 가능한 시설의 일종으로, 장애인의 왕래를 통한 개호서비스 제공을 목적으로 한다: 옮긴이.

'가족 개호'도 아니며, 당연히 '입소시설'도 아닌 삶의 방식이다.

　다수의 사람들이 그렇게 하고 있는 것처럼, 부동산업자를 통하여 작은 규모의 아파트를 임대한다. 공영주택이나 자신이 소유한 집에서 사는 경우도 있을지 모른다. 유감스럽게도 장애인이 자립생활하는 것을 싫어하는 업자와 집주인도 있다. 부동산업자나 소유주의 이해를 얻기 위한 활동과 지원도 필요해진다.

　하루를 보내는 모습을 예로 들어 보면, 지역의 복지작업소나 통소시설에 다니면서, 한낮에는 그곳의 작업이나 활동에 참여한다. 아르바이트로 상점이나 공공기관에서 일하는 사람도 있다. 또는 자립생활센터나 피플퍼스트 등의 장애인 단체에서 일하거나 활동하는 사람도 있다. 단, 근로나 작업소, 장애인 단체에 다닌다 하더라도 매일 가지는 않거나 갈 만한 몇 곳을 정해둔 사람도 있다. 특정한 장소를 정해두지 않고 길거리를 천천히 배회하는 경우도 있을지 모른다.

　생활비의 대부분은 공적 지원에 의한 부분이 크다. 풀타임으로 일반 취업한 사람이라도 한 달 급여가 10만 엔 전후인 경우가 많고, 작업소에서도 작업을 하면 급여가 나오는데, 몇 천 엔부터 몇 만 엔이다(작업 내용은 작업소의 운영 형태에 따라 차이가 있다). 따라서 우선은 장애기초연금을 받는다. 재택복지수당처럼 자치단체가 정한 각종 수당을 받는다. 더 필요한 경우에는 생활보호 지원[4]을 받는다.

---

4. 장애기초연금은 국민연금제도의 한 가지로 장애 정도·등급이나 의사 의

그리고 거주할 장소와 일정 수입이 있다고 해서 생활이 돌아가지는 않는다. 생활 지원·개호·활동보조를 필요로 하게 된다. 제도는 우선 홈헬프를 이용한다. 그 내용이나 시간은 다양하다. 매일 아침저녁 가사 지원(식사 준비)을 중심으로 활동보조가 필요한 사람도 있고, 깨어 있는 시간 동안은 항상 활동보조가 필요한 사람, 또는 하루 24시간 활동보조를 받고 있는 사람도 있다.

2003년 지원비제도 이후로는 그룹홈이나 케어홈이라는 제도를 이용하여 몇 명이 공동으로 거주하는 형태도 지역 안에서 살기 위한 선택지가 되어 왔다.

일정한 지원·활동보조가 따르는 지적·자폐성 장애인의 자립생활은 1970~80년대부터의 전신성 장애인에 의한 자립생활·개호보장의 노력과 장애운동, 80년대 후반 이후의 자립생활센터 활동, 또는 특수학교 의무화를 계기로 시작된 취학운동과 이어지는 부분도 있고, 어떤 부분에서는 전혀 별개의 활동과 관계 안에서 지체장애인을 중심으로 진행되어 온 자립생활운동과 연동하면서도 조금 늦은 형태로 매우 작은 움직임 안에서 계속되고 있다. 하지만 장애인의 지역 생활과 지체장애인의 자립생활을 지원해 온 사람들 사이에서도 아직까지 충분

견서 등을 토대로 1급과 2급으로 나뉜다. 금액은 물가 슬라이드 방식으로 해마다 정해진다. 2008년도는 1급 82,508엔, 2급 66,008엔이었다(월수령액). 그 외의 수당은 장애 등급이나 생활 상황, 자치단체마다 차이가 있다. 그 내용이나 구체적인 예는 피플퍼스트 東久留米(2007)이나 각 자치단체의 홈페이지 등을 참조.

히 알려지지 않았다.

2. 지금까지

'자립'이라고 하면 돈을 벌어야 하고, 음식을 만들 줄 알고, 금전관리가 가능해야 하고, 남들과 잘 지낼 수 있어야 한다는, 소위 '이런 것을 할 수 없으면 자립이 불가능하다'는 조건이 붙어 왔다.

그런데 지원이 필요한 사람에게 있어서 지역 생활을 위한 노력은 비로소 자립생활에서 시작되고 있다. 가족의 지원이 불가능한 경우, 가족과 장애당사자 모두 시설 입소를 희망하지 않을 때, 선택이든 선택이 아니든 간에 결과적으로 시설에 들어가지 않는다면, 자립생활은 선택의 여지가 없는 길인 것이다. 시설도 가정도 아니면서 구별되는 성격을 갖는 장소는 오직 하나뿐이다.

도쿄도에서는 1980년대에 시작되었다. 처음에는 '자립생활'이라는 말도 사용하지 않았고, 독거도 아니고 장애인들만의 집단생활도 아니었다. 공적인 제도를 통한 지원도 없던 상황에서 '공동체적인' 지원에 의해 시작된 것 같다.

그 후, 90년대 중반, 타마 시多摩市에서 부모로부터, 이어서 히가시쿠루메 시東久留米市에서 입소시설로부터 나와 자립생활을 시작했다. 이 시절에는 공적 제도로서 자천등록헬퍼[5]와 자립생활센터를 통한 활동보조가 서서히 가능하게 되었다.

2000년 이후에 몇 개의 지원단체로부터 지원을 받아서 자립생활을 시작한 사람들이 서서히 늘어나고 있다.

1970년대까지 지적장애인에 대한 복지제도는 첫째가 조치에 따른 시설 입소, 집에 거주하는 경우에는 재택복지수당 등에 따른 금전적 지원이 거의 전부였다.

지역에서 생활하기 위한 지원은 1979년에 도쿄와 가나가와 神奈川에서 생활기숙사가 제도화되어 전국의 자치단체로 퍼져나갔다.[6] 하지만 그곳은 공동생활을 위한 장소이며, 훈련적인 측면이 농후했다. 헬퍼와 같은 개별 지원은 1988년에 히라카타 시枚方市에서 가이드헬프가 제도화된 것이 시작이다.[7] 지적장애인에 대한 홈헬프·가이드헬프가 전국적으로 제도화된 것은 비교적 최근의 일로 2003년 지원비제도부터이다. 그것은 2006년 장애인자립지원법으로 이어진다.

장애인자립지원법에서 헬퍼 제도는 '가사 지원' '신체 개호' '이동 지원' '행동 지원'이라는 유형이 만들어졌다. 또 사지마비

---

5. 자천등록헬퍼自薦登録ヘルパー: 파견 대상자인 장애인의 추천을 받아 자치단체에 등록하고 지원하는 사람을 칭한다: 옮긴이.

6. 그룹홈은 1989년에 정부의 제도가 되었다. 자립지원법에서는 그룹홈과 케어홈이라는 두 개의 유형으로 나뉘었다. 자치단체에 따라서는 월세 보조를 시작으로 한 (금전적인) 추가지원이나 건축, 개조를 위한 보조가 정해져 있다.

7. 시각장애인이나 전신성 장애인의 가이드헬프는 1970년대부터 제도화되기 시작했다. 지적장애인을 위한 제도는 그 후 90년에 히라카타 시에서 제정되어 92년에 오사카 등에서 제도화되었고, 이후 서서히 전국의 몇 개 자치단체로 퍼져나갔다.

등의 지체장애를 동반한 사람은 '중증 방문 개호'라는 이름의
서비스를 이용하는 경우도 있다. 한낮에는 특정 장소에 다니
면서 활동보조인과 시간을 보내고, 일을 하며, 취미 활동을 하
는 장소·제도도 있다.[8]

지원 제도는 이렇게 서서히 정비되어 왔지만, 일정한 지원을
필요로 하는 자립생활을 가능케 하는 활동보조 및 그 외의 지
원체제와 제도는 아직까지 충분하다고 할 수 없다. 그래도 지
역에서 살아가는 일에 찬성하는 이들의 자주적·자발적 노력
과 주위의 이해·협력으로 자립생활은 계속되고 있다.

3. 자립생활과 그 지원의 실제

그럼 '자립생활'의 '지원' 혹은 '활동보조'라고 하면 머릿속에
무엇이 떠오르는가.

'개호'라고 하면, 예를 들어 누워 있을 수밖에 없는 고령자의
개호가 떠오르지 않는가. 휠체어에 옮겨 앉힌 다음 휠체어를
밀고 산책하는 모습, 체위 변경하는 모습, 활동보조인이 숟가
락을 사용해서 식사를 돕는 모습 등.

하지만 그와 같은 소위 '개호'가 차지하는 비율은 비교적 적

---

8. 자립지원법에서 종일활동 제도에는 생활 개호, 근로 이행 지원, 근로 계속
지원이 설치되어 있다. 또 법률로 정해지지는 않았지만 소규모 작업소가 지
역주민의 독자적 준비에 따라 운영되어 오고 있다. 예를 들어, 한 개의 통소
시설에서 '생활 개호'와 '근로 이행 지원' 등 복수 지정을 받은 곳도 있다.

다. 지적·자폐성 장애인 지원에서는 신체 기능 보조보다는 오히려 이해나 의사소통 부분의 지원이 크다. 예를 들어, 복잡한 상황을 이해하기 쉽게 설명하는 일. 글을 쓰는 등 사무적인 처리를 필요로 하는 일. 현재의 기분상태나 희망하는 무언가를 잘 표현할 수 없을 때에 타인에게 전달하는 보조역할을 하는 일.

또한 손을 사용할 수 있고 다리로 걸을 수 있다 하더라도 요리나 청소를 잘 못할 수 있으며, 목적지에 혼자서 찾아가지 못할 수도 있다. 그럴 때 요리와 청소·세탁을 지원하거나 대행하고, 목적지에 가기 위해 동행하는 일이 필요하기도 하다.

생활의 주체는 바로 장애당사자 본인이다. 그것을 전제로 활동보조인은 함께 생각하고, 사고와 판단을 지원한다. 그리고 본인이 말하지 않는 부분, 전달할 수 없는 부분을 보완한다. 그럼에도 불구하고 지원 또는 활동보조 중에는 잘 모르거나 망설이게 되는 일이 많이 발생한다. 몇 가지를 간단히 소개한다.

• 식사

부모와 함께 살거나 시설(통소시설 포함)에 있으면, 식사 메뉴는 거의 정해져 있다. 그것을 먹을지 말지를 결정하는 문제만 남을 뿐이다. 시설이라면 건강을 위한 배려와 함께 각별히 준비된 식사일 가능성도 있고, 부모 곁이라면 나름대로 취향이나 원하는 음식을 고려해서 식사가 준비될 수 있으나, 그것은 주변의 일방적인 배려일 뿐이다.

자립생활에서는 정해진 메뉴를 헬퍼가 만들었다고 해서 활동보조가 끝나는 것이 아니다. 제공된 음식을 단지 먹는 생활이 아니라, 당사자 스스로가 매일 어떻게 할지를 고민한다. 활동보조인은 '식사를 하는' 과정 안에 포함되는 각각의 것을 당사자와 어떻게 해 나갈 것인지를 과제로 삼는다.

팔이나 손가락에 장애가 없다면 식사는 혼자서 가능할 테고, 순서를 가르쳐주면 요리도 가능하다. 하지만 생활은 그것만으로 끝이 아니다.

예를 들어 '저녁을 먹는' 과정 안에도 여러 가지 고민해서 결정해야 하는 일이 포함되어 있다. 그것은 즐겁고도 귀찮은 일이다.

언제 먹을까. 그런 고민을 할 때도 사람에 따라 결정하는 바가 다를 수 있다. 초저녁에 먹길 원하는 사람도 있고, 어떤 사람은 오후 9시에 먹고 싶을지도 모른다. 밤늦은 시간에 식사를 하고 싶은 당사자에게, 가게 문이 닫히기 전에 요리재료를 미리 구입해 놓아야 한다는 감각이 없을지도 모른다.

어디에서 먹을까. 집에서 요리해서 먹고 싶은 사람도 있겠고, 밖에서 사먹길 원하는 사람도 있다. 도시락을 사서 집으로 돌아와 먹을 수도 있다. 밖에서 사먹을 경우에도 먹으려는 시간에 따라 가게가 문을 닫았을 경우도 있다.

무엇을 먹을까. 이 일도 실제로 매일같이 반복되면 어렵다.

우선은 식당에서 먹고 싶은 것을 고를지도 모른다. 단, 그 일

도 메뉴판에서 먹고 싶은 음식을 고르고 소지한 돈을 확인한
후에 결정하면, 점원에게 주문하는 과정이 필요하다. 메뉴판에
쓰인 글을 읽지 못하는 경우도 있다. 그럴 경우 활동보조인이
읽어 주지만, 역시나 말만으로는 이해하기 어려울 수 있다. 사
진이 첨부된 메뉴판이 있으면 비교적 이해하기 쉬워진다. 점원
에게 주문할 때도 사진을 가리키면 전달하기 쉽다.

　어느 정도 스스로 조리가 가능해지면, 이번에는 그 메뉴에
한정된다. 활동보조인이 조리할 경우에는 당사자가 먹고 싶은
것을 생각해서 활동보조인에게 말하는 과정을 필요로 한다.
그때 활동보조인의 솜씨에 따라 메뉴가 좌우되기도 한다. 아
무것도 없는 상태에서 메뉴를 고민하는 일은 어렵다. 그럴 때
에는 요리책을 들춰본다. 요리책에는 여러 가지 메뉴가 실려
있고 사진도 첨부되어 있기 때문에 상상하기와 선택이 용이하
다. TV의 요리 프로그램이나 맛집 소개 프로그램을 보고 고민
할 때도 있을 것이다.

　어떤 사람은 활동보조인에게 라면과 야끼소바(국수를 고기 ·
야채와 함께 기름에 볶은 요리)를 매일 번갈아 가면서 부탁한다.
어떤 사람은 자립생활을 시작하고 처음 먹은 저녁 식사 메뉴
는 슈퍼마켓에서 파는 닭 꼬치와 캔 맥주였다. 일주일 동안 치
킨과 전자레인지로 데워 먹는 햄버그 같은 음식을 계속 먹기
도 했다. 이런 상황을 인정해 가면서, 활동보조인과 장애당사
자가 의견을 나누면서 조금씩 여러 가지 메뉴를 선택해서 만
들 수 있다는 것을 알게 된다.

식사를 어떻게 준비하면 될까? 하나의 요리를 만들기 위해서는 어떤 재료가 필요한지 모른다. 고기감자조림 하나를 만들려고 해도 사람에 따라 재료가 달라진다. 감자가 필요하다는 것은 알고 있지만, 고기가 돼지고기인지, 쇠고기인지 잘 모른다. 곤약이나 버섯을 넣는 사람도 있다. 무엇을 넣을 것인지에 대한 판단은 실제로 그 재료를 넣어보고 완성된 음식을 먹어보지 않고는 모른다. 어떤 재료를 넣든지 상관없다고 하는 경우도 있어서 역시 판단 내리기가 쉽지는 않다.

당사자에 따라 활동보조인과 함께 만들기를 희망하는 경우도 있다. 그렇지 않으면 본인이 대부분의 것을 하고, 활동보조인은 불 세기 조절이나 칼질을 하다가 손을 베었을 경우에 대처가 가능하도록 지켜보는 일만 하는 경우도 있다.

어떤 맛을 낼까? 미각은 사람마다 다르다. 일본의 관서지방 출신의 활동보조인은 싱겁게 간을 하지만, 관동지방 출신의 당사자는 좀 더 진하게 간을 하고 싶을지도 모른다. 단지 이런 경우라 하더라도 맛에 대해 말로써 주문하는 것은 감각적, 주관적 요소가 크기 때문에 쉽지 않다. 그런 이유 때문에 우선 실제로 요리를 해 본다. 그렇게 완성된 요리는 맛이 없다면 남기거나 버려지지만, 오히려 그러한 일을 다음을 위한 시행착오로 삼는다.

• 옷 입기

옷을 고르는 일도 어렵다.

먼저 어떤 옷을 어디서 사야 하는가. 그리고 갖고 싶은 옷과 예산을 어떻게 맞춰야 하는가. 어떤 옷을 얼마만큼 사야 하는가. 실제로 해보면서 경험을 쌓는다지만, 활동보조인의 가치관과 기호가 반영되기 쉽다. 그러한 것을 어떻게 고려해야 할까?

그리고 계절, 기온, 장소, 시간대에 맞춰서 그날 그날 입을 옷을 선택해야 한다. 봄과 가을은 날씨와 기온이 변하기 쉽고 하루에도 기온차가 심해 선택이 어렵다. 5월이 되어 이제 따뜻해졌으니 겨울옷은 정리해 놓자 말하고 나서도 변덕스러운 날씨 탓에 겨울옷을 다시 꺼내 입기도 한다. 이처럼 옷을 입는 것은 까다롭고 어렵다. 그래서 옷을 교체할 적절한 시기를 놓치고 같은 옷을 계속 입게 될지도 모른다.

활동보조인의 입장에서 보면 당사자가 입은 옷이 춥거나 더울까 봐 염려스러워도, 당사자의 입장에서 보면 활동보조인의 그런 염려가 강요로 느껴져 유쾌하지 않을 수 있다. 뿐만 아니라 서로 대화에 어려움을 겪는 사이라면, 활동보조인은 어떤 방법으로 이야기해서 권유하는 게 좋을지 모른다. 당사자는 활동보조인이 미간을 조금이라도 찌푸리면 틀린 게 아닐까 불안해하고, 또 타인으로부터 틀렸다는 말을 들으면 다른 일은 시도조차 하기 어려워한다. 한편 조언을 받아들였다 하더라도 당사자는 무언가를 참고 있는 것일지 모른다. 당사자가 타인의 의견을 듣지 않는 것이 조언대로 움직이는 것보다 좋다고 생각한다.

• 금전관리

돈을 어떻게 쓸지도 매우 중요하지만 어렵다.

자립생활과 그룹홈이라면, 도쿄에서는 월 12만 엔에서 18만 엔 정도의 수입을 가진 사람이 많을 것 같다. 이보다 좀 더 버는 사람, 저금한 돈이 있는 사람, 가족의 도움을 받는 사람 또는 좀 더 검소하게 생활하는 사람이 있을지도 모르겠다.

본인이 원하든 원하지 않든 간에, 또 본인이 소비에 대한 인식과 이해를 얼마만큼 가지고 있는가와 상관없이 어느 정도 수준의 생활을 해 나가기 위한 필요경비가 있기 마련이다.

예를 들면, 집세, 광열비, 그 외에 전구, 세제 등과 같은 소모품, 냉장고, 난방기기, 시계 등과 같은 전기제품 구입비, 의료비 등이 있다. 그리고 반드시 옷은 입어야 하며, 밤에는 이불이 필요하고, 매일같이 뭔가를 먹어야 한다. 공영주택에 살고 있다면 집세는 비교적 쌀 것이고, 생활보호대상자이거나 장애의 정도나 유형에 따라 의료비는 무료가 되기도 한다.

생활을 하기 위해서는 하나하나 돈이 들고, 저마다 물건의 쓰임새를 생각해야 한다.

어떤 옷을 어떻게 조달할까? 어떤 메뉴를 얼마나 어떻게 어디에서 먹을까? 어떤 전기제품을 어디에서 사서 어떻게 사용할까? 담배, 술, 커피 등에 어느 정도로 돈을 쓸까? 여가, 취미, 수집, 여행 등은 어떻게 할까? 그릇, 유리창, 마루 등이 깨지거나 수리해야 하면 어떻게 할까?

검소하게 또는 여유 있게 생활해도 한 달 생활비는 상한선이 있기 마련이다. 한정된 생활비 안에서 어떻게든 꾸려나가지만, 무엇에 얼마를 쓸 것인지는 각자에게 맡겨진다. 처음부터 돈이라는 개념을 이해하기 어려운 경우도 있다.

돈이 생기면 순식간에 헛되이 써버릴지도 모른다. 그러므로 주변 사람들은 되도록 본인에게 돈을 쓰지 않게끔 한다든가, 돈을 쓰더라도 바르게 쓰게끔 하려는 것인지 모른다. 도대체 어떤 기준으로 누가 '옳음'과 '낭비'를 판단하는 것일까.

• 청소, 세탁, 정리정돈

방 청소나 정리, 옷과 이불 등의 세탁 등은 본인이 스스로 할 때도 있겠지만, 활동보조인이 하거나, 혹은 함께 하는 경우도 있다.

의식주를 확보하지 않으면 생활이 어렵기 때문에, 어딘가에 살면서 전기세를 마련하고, 무언가를 먹고, 몇 벌 남짓의 옷을 입는다. 옷을 입은 이상에는 정기적으로 세탁하게 된다. 본인이 안 하거나 할 수 없다면 활동보조인이 하게 된다.

청소와 정리정돈은 할지 말지를 정하는 것부터 시작한다. 정리는 무엇을, 어떻게, 어디까지 정리할지 고민해 보면 어렵다는 것을 알게 된다. 단순히 활동보조인의 기준에서 깨끗하게 해두는 것이 반드시 좋은 것은 아니다.

• 외출

걸을 수 있다는 사실이 어디라도 혼자서 갈 수 있다는 것을 의미하지는 않는다. 어떤 목적지에 갈 때, 어떤 순서로 가면 좋은지 모를 수 있다. 버스와 전철을 탈 때, 어느 버스에 타서 어디에서 내리면 좋은지 모르는 경우도 있다. 잘 모르는 길을 걷는 것만으로도 불안해한다. 지도를 봐도 글자가 작고, 한자로만 되어 있어서 이해하기가 어렵다. 먼저 그와 같이 '길안내'에 중점을 둔 활동보조. 처음 가는 장소에는 활동보조가 필요하지만, 몇 번 같은 길을 가보았다면 혼자라도 가능할 수 있다.

그리고 목적지에 들렀다가 아무 일도 하지 않고 되돌아오는 것도 아니다. 목적지에서 여러 사람들과 대화를 할 때, 타인과 원활한 대화를 위한 지원을 한다. 전철표를 끊는다든가 그 외 필요한 돈을 지불할 때에 그 일을 돕는다. 상점들의 호객행위에 대해 불안한 모습을 보이기도 하므로, 이러한 때에 적절한 대응을 해주는 사람이 필요하다. 단순히 '이동'에만 연관된 길안내에 중점을 둔 지원뿐만이 아닌 의사소통을 지원하는 것이다.

위험을 피하는 것이 어려울 때도 있다. 예를 들어, 뭔가에 정신이 팔려 주변 상황을 인지하지 못하고 차 사고를 당할지도 모른다. 전철역의 승강장에서 떨어질 수도 있다. 혼자 길을 가면 길을 헤맨다. 외출 시에 일어날 법한 위험한 상황에 대한 대응이 필요할 경우도 있다.

휴일에 어떻게 시간을 보낼지 함께 고민하기도 한다. 자립생활에서는 출근과 같이 정해진 일 이외는 언제 무엇을 할지 자유롭게 선택할 수 있다. 한편 일정을 짜는 일 자체는 자유로운 만큼 어렵기도 하다. 어려운 나머지 조용히 집에 있기도 한다.
'집 밖으로 나가기 싫은 건 아닐까?' '평일에 일을 해서 피곤한
나머지, 휴일이니까 쉬고 싶어 하는 건 아닐까?'라고 생각할
수 있지만, 어떻게 하면 좋을지 모르기 때문에 가만히 있는 것
일 수도 있다. '하지 않음'은 '할 수 없음'과 다르지만, 겉모습
만으로 그것을 구별해 내기는 쉽지 않다.

• 의사소통

전화를 하거나 우편물과 관련된 지원을 하는 경우도 있다.
지적장애인 중에서도 휴대폰이나 문자메시지를 활용할 수 있
는 사람이 있지만, 전화기 버튼을 잘 누르지 못하거나 전화로
말하기를 어려워하고 말 자체를 못하는 사람도 있다.

또는 세금 지로용지나 전기요금 청구서와 같은 우편물이 온
다. 우편함에는 광고 전단지도 뒤섞여 있는데, 전단지 중에서
도 피자 카탈로그는 필요에 따라 버리지 않고 따로 모아두면
좋을 때도 있다. 하지만 어떤 것이 필요하고 또 어떤 것이 그
렇지 않은 우편·광고 전단지인지 알기 어렵다. 모르기 때문에
처음부터 눈길조차 주지 않지만, 그래도 필요한 것이라면 활
동보조인이 구분해서 본인에게 확인받아야 한다.

일정을 정하는 순간의 활동보조인과 일정에 따라 실제로 외
출하는 활동보조인이 서로 다른 사람인 경우가 있다. 이때, 예
를 들어 몇 시에 어디에서 만날 것인지에 대한 정보를 다른 활
동보조인에게 정확히 전달해야 한다.

일주일 동안 연속성을 가진 한 사항에 대해 지원할 때에 복수의 활동보조인이 바뀌거나 교대하기 마련인데, 그럭저럭 대충 연결해 나가면 당사자가 손쓸 수 없는 일도 생겨난다. 예방책으로, 예를 들어 당사자가 연락 노트를 소지하고 있고, 거기에 활동보조인이 필요한 연락을 기입해 가는 방법을 생각할 수 있다(당사자가 말하고 활동보조인이 받아쓰는 경우도 있음). 코디네이터가 당사자나 활동보조인과 빈번하게 연락을 취해서 소통해 나가는 방법도 있을 수 있다.

그렇다 하더라도, 개인이 보이는 반응은 활동보조인의 차이에 따라 그때마다 달라질 수 있다. 활동보조인은 '이상한 점 없다, 별다른 문제없다'고 생각해도, 개인에 따라 보이는 반응이 다르다는 사실을 활동보조인으로서는 알아차리기 어렵다. 활동보조인이 '언제나처럼 똑같이 차분했어요'라고 코디네이터에게 보고하더라도, '언제나처럼'이 의미하는 바가 날마다 다르다면, 보고 자체는 별로 의미가 없다.

• 생활을 연결하다
자립생활지원에는 몇 가지 수준을 생각할 수 있다.

첫 번째는 매일매일 일상생활과 관련된 지원이 있다. 예를 들어, 식사 준비, 청소·세탁, 정리정돈, 물건 사기, 외출 동행, 손톱 깎기, 머리 감기, 면도, 금전관리(지불, 가계부 기입, 자동이체), 안전 확보 등이 있다.

두 번째는 연중 생활과 연관된 지원·생활 그 자체를 성립시키기 위한 지원이 있다. 계절에 따라 옷을 교체하는 일에 관한 지원, 행정·공공기관의 각종 절차나 대응, 회의 지원, 일자리 찾기 지원, 금전관리, 건강관리(통원 시에 동행), 지원하는 곳 또는 직장 등과의 연락 조정 등.

세 번째는 자립과 연관된 지원이다. 거주지 찾기와 계약, 지원자 찾기와 계약. 가족관계 조정, 어떤 지원이 필요한지 함께 고민하는 일 등이다.

지원은 하나만 해서는 좋은 지원이 될 수 없다. 제도 설계의 관점에서 보면, 첫 번째 지원은 헬퍼, 두 번째 지원은 케어매니저나 상담원, 세 번째 지원은 후견인이라고 하는 지원 역할 분담을 상상할 수 있을 것이다. 그렇지만 후견인이나 케어매니저와 같은 사람이 상명하복의 흐름으로 지원 내용을 정하고 실행한다는 의미가 아니다. 복수의 사람들이 조금씩 다른 입장에서 복수의 역할을 맡아 서로 얼기설기 왔다 갔다 하면서 담담히 함께 살아가는 그런 이미지가 아닐까 싶다.

생활의 모습과 그 지원에는 미리 정해진 방법이나 틀이 없다. 각자에게 맞추어 그때마다 주문 생산하는 것처럼 생활을 만들어 나간다.

'장애인'의 '자립생활'이라고 해서 특별한 무언가를 하는 것은 아니다. 결국은 아침에 일어나서 출근하고, 물건을 사고, 밥 먹고, 잠드는 기본적인 반복의 연속이다. 장애가 있고 없고를 떠나서 어디에나 있을 법한 평범한 일상의 반복일 뿐이다.

그와 같은 '평범'한 삶.

장애인이 놓인 환경은 '평범'하기가 어렵다. 그것은 장애인이 '평범'으로부터 빗겨나 있기보다는 환경이 장애인을 '평범'하게 해주지 않기 때문이다. '평범'하게 해서는 '평범'하게 되지 않는다.

자립생활과 지역 생활의 활동보조와 지원에 임하는 사람은 반드시 전문적인 연수를 받았거나 개호복지사나 사회복지사 같은 국가 자격을 가진 사람을 말하지는 않는다. 활동보조인은 대학 근처에서 뿌린 전단지에 응답해 준 학생(반드시 사회복지학과에 다니는 학생이 아닌)이거나 뮤지션을 꿈꾸는 젊은이일 수도 있고, 다른 직업을 얼마 전에 그만둔 사람일 수도 있다. 최근 몇 년 동안 자폐장애인에 대한 요육과 지원기법이 확립·보급되어 왔고, 그러한 기법이 생활의 여러 면에서 도움이 되는 경우가 있다(小林 2008). 그러나 그것이 모든 고민과 문제의 해결을 의미하는 것은 아니다. 우선 요구되는 것은 평범하게 살아나가기 위한 생활력이고, 생활을 즐기기 위한 기술이며, 상상하고 공감하는 일이라고 생각한다. 어쩌면 그것조차도 꼭 갖추어야 하는 것이 아니라, '한곳에 자리를 잡고 계속 생활하는 일'부터가 우선은 출발일지 모른다.

확실히 신체적 성장에 맞추어 정신적 성장이 꾸준히 이루어진 사람의 입장에서 보면, 자폐장애인의 감정과 행동을 이해하기가 어려울 수 있다. 그와 관련해서는 이후에 등장할 소위 지원기법이라고 하는 것과 최근에 자폐장애인들이 펴낸 책을 통해서 그들에게 세상이 어떻게 보이고 어떻게 경험되는지

를 일인칭 관점에서 체험할 수 있다(Gerland 1997 = 2000; 2000 = 2003; ニキ 2005; 2007; 2008; 綾屋・熊谷 2008; 竹中 2008). 물론 여러 사람이 각각의 경험이나 인간관계 등을 품으며 살아간다. 내 눈앞에 있는 세상에 단 한 명뿐인 '○○씨'는 책을 저술한 자폐장애인과는 또 다른 사람으로, 책의 내용이 그의 모든 것과 일치하지는 않는다. 덧붙여 말하자면, '지원하는' 입장을 뛰어넘어 지원자나 주변 사람들이 지적・자폐성 장애인의 세상에 점차 빠지고, 그들에게 이것저것 휘둘리는 사실을 긍정해도 좋다. 바꾸어 생각하면 그런 경험을 통해 '평범'하다고 일컬어지는 지적・자폐성 장애인의 세상이 어떻게 성립되었는지 그 질문을 자기 자신에게 던지게 될 것이다.

참고 문헌

綾屋紗月・熊谷晋一郎(2008), 『発達障害当事者研究 ── ゆっくりていねいにつながりたいくシリーズケアをひらく』, 医学書院.

Gerland, Gunilla(1997), *A Real Person*, Souvenir Press (=[2000] ニキ・リンコ 訳, 『ずっと「普通」, になりたかった』, 花風社).

── (2000), *Finding Out About Asperger's Syndrome, High-Functioning Autism and Pdd*, Jessica Kingsley Publishers(=[2003] 中川弥生 訳, 『あなた自身の命を生きて』, クリエイツかもがわ).

小林信篤 著(2008), 『TEACCHプログラムによる日本の自閉症療育』, 学習研究社.

坂本洋一(2008), 『図説よくわかる障碍者自立支援法』, 中央法規出版.

竹中 均(2008), 『自閉症の社会学 もうひとつのコミュニケーション論』, 世界思想社.

ニキ・リンコ(2005), 『俺ルール』, 花風社.

—— (2007), 『自閉っ子における問題な想像力』, 花風社.

—— (2008), 『スルーできない脳』, 生活書院.

ピープルファースト東久留米(2007), 『知的障害者が入所施設でなく地域で暮すための本』, 生活書院.

제2장

당사자 운동 옆에서

운동과 나의 역사

데라모토 아키히사

1. 자립생활운동과 만나다

굉장히 어리석고, 자의식에 넘치고, 세상물정 모르는, 의존적인, 뭐 하나 제대로 못하는 녀석이었다.

하지만 어떻게든 폐쇄적인 환경에서 벗어나 보고 싶었다. 그래서 대학에 다니기 위해 머나먼 후쿠오카에서 관동지방(일본의 수도 도쿄가 있는 곳: 옮긴이)으로 왔다. 부모님이 매번 보내주시는 용돈에 의존하긴 했지만, 자유로운 시간과 맘대로 쓸 수 있는 돈이 생겼다는 것이 기뻤다.

대학에서 가입한 동아리는 모던재즈연구회. 단체행동을 잘하지 못하는 나로서는 안성맞춤이었을지 모른다. 오직 음악에 젖어 하루 하루를 보냈고, 매달마다 라이브하우스를 다녔다.

대학 전공은 '행동과학과'라는 이상한 이름의 학과로 심리학, 사회학, 철학을 전공으로 고를 수 있었다. 물론 지금도 모르기는 마찬가지이지만, '사람의 기분'이라는 것을 잘 이해하지 못해서, 그 당시에는 심리학이란 것을 배우면 조금이라도 이해할 수 있지 않을까라는 막연한 기대감을 가지고 있었다. 그렇지만 실제 심리학 교수가 연구하는 것을 들으니, 인간 이전에 동물 행동을 연구하거나 감각, 지각, 시각적인 인지와 관련된 것뿐이어서, 내가 원하는 것을 배울 수 있는 분위기가 아니었다. 게다가 철학적인 것도 과거 철학자의 독해라든지 꽤나 어려운 분위기여서 잘 맞지 않는다는 생각이 들었다. 나머지 사회학은 '사회의 성립 방법'과 같은 것에 대한 여러 시각을 다루는 학문이었다. 가르치는 사람도, 다른 전공에서는 이른바 '학자' 분위기를 풍겼지만, 사회학을 하는 사람은 어딘가 개성적이랄까, 이상한 사람이랄까, 독특한 사고방식을 지닌 것처럼 느껴졌다(지금도 그렇게 생각함). 그로 인해 사회학으로 진로를 정했다.

　대학 3학년 때 '사회 조사 실습'이라는 필수 강의를 들어야 했다. 그때 담당이 타치이와 신야岩立眞也[1] 씨였다.

　사회학에서 말하는 '조사 실습'은 많은 경우 수량 조사를 한다. 과제 설정부터 시작해서, 질문지를 만들고, 조사 대상자를 샘플링해서, 조사 결과를 집계, 분석하는 정해진 흐름이 있는데, 그것을 습득하는 일이었다.

---

1. 1990년에 아사카 유호安積遊步와 함께 자립생활운동과 역사, 활동보조에 대한 소개·분석을 담은 『생의 기법』을 저술함(安積也 1990=1995).

하지만, 타치이와 씨는 그것을 한 적이 없다. 그가 과제로서 설정해 준 것은 자립생활을 하고 있는 장애인에게 가서 이야기를 듣고 그것을 책의 형태로 모으는 일이었다. '통상, 조사 실습은 오직 "실습만을 위한 조사"인 경우가 많은데, 학생이 통계 조사의 방법을 배우는 데 도움이 되었다고 그걸로 끝내는 것이어서는 안 된다. 이번에는 조사를 하는 상대방에게도 도움이 될 만한 읽을거리를 만들자'는 취지였다.

그때 처음으로 '자립생활'이라는 사상과 운동을 만났다. 하지만 장애인이 '자립'한다는 것은 무엇일까.

고전적이고 일반적으로 말하는 '자립'이란 우선 '경제적 자립'이다. 결국 '스스로 벌 수 있으면 OK'라는 것이다. 장애인들에게는 직업 재활이라는 시책이 있다. 예를 들어, 직업훈련학교에서 기술을 익힌다든지, 특수학교에서 직업교육이나 직장 실습을 반복하고 취업하는 것을 목표로 한다.

하지만 장애가 있으면, 비장애인처럼 취업해서 돈을 버는 건 어렵다. 그리고 다음으로 '신변 자립'을 목표로 한다. 도보가 불가능한 사람은 조금이라도 걸을 수 있도록, 말을 못하는 사람은 조금이라도 말을 할 수 있도록, 일상생활을 하면서 가능한 스스로 주변 일을 할 수 있도록 하는 것이다.

중증의 지체장애인처럼, 어렵게 생활하면서 개호를 필요로 하는 사람은 '자립할 수 없다'고 말들 하는데, 그들은 가족에게 의지하면서 가족의 개호를 받으며 살아간다. 부모의 과보

호와 감독 아래서는 부모의 사정에 따라 생활이 좌우되며, 그
안에서는 장애당사자의 생명조차 위태로워진다. 부모가 아이
의 장래를 비관적으로 바라본 나머지 살인하는 사건이 끊이
질 않는다. 가족이 보살핌이나 도움을 줄 수 없다면, 입소시설
에서 사는 편이 낫다고 여겨진다. 전후의 복지 시책은 입소시
설을 만드는 것에 주안점을 두어 왔다. 하지만, 입소시설은 사
회로부터 격리되고, 집단으로 처우를 돌보기 때문에 제약이 많
다.

그 어떤 것에도 해당되지 않는 자립의 모습과 사고방식,
1970~80년대 이후에 장애인운동 안에서 실천된 새로운 자립
생활이란 시설이나 부모의 과보호와 관리를 부정하고, 지역 안
에서 활동보조와 여러 지원을 이용하여 자기가 살고 싶은 대
로 사는 것이다.

> '활동보조 등 갖가지 도움이 필요하면 그것을 이용하면서, 자신의
> 인생과 생활방식을 스스로 책임지며 결정하고, 스스로가 바라는
> 생활목표와 생활양식을 선택하며 사는 것을 자립'이라고 하고, '부
> 모 곁이나 시설로부터 벗어나 일단 혼자서 사는 것 그 자체'를 가
> 리킨다(『社會福祉辞典』, 弘文堂).

일본의 자립생활운동은 1970년대에 와카야마和歌山, 센다이
仙台 등의 센터 투쟁과 후츄府中요육센터 투쟁 등을 계기로 하
고, 또는 푸른잔디회青い芝の會 등 장애인해방운동 안에서 시작

되었다. 80년대에는 유엔 장애인의 해와 관련하여 미국의 자립생활운동 리더들이 일본에 오기도 하고, 더스킨의 지원을 받아 장애인들이 미국에서 유학하는 등 영향을 받다가, 1986년에 도쿄, 하치오지八王子에 자립생활센터, 휴먼케어협회가 발족했다. 자립생활센터는 미국식 방법을 도입하여 자립생활 프로그램, 동료상담, 활동보조인 파견, 권리 옹호 활동을 축으로 한 활동을 장애당사자가 중심이 되어 운영하는 사업체이자 운동체이다. 90년대에 들어 각지에서 자립생활센터가 만들어지고, 1992년에 전국자립생활센터협의회(JIL)가 결성되었으며, 그 이후 급속히 퍼져 나갔다.

장애인 자립생활운동의 자립 개념은 신변 자립, 경제적 자립만을 의미하는 것이 아니라, 도움을 받으면서도 자신의 생활을 스스로 결정한다는 '자기결정'에 중점을 두고 있다. 이 새로운 자립 개념에 따라 중증장애인의 자립생활이 퍼져 나갔다. 그것은 활동보조, 휠체어, 엘리베이터 등 장애를 보완하는 시설들이 정비되어 있으면 가능해진다. 그들의 결정에 따라 그 보조물들을 이용하면 된다.

장애를 가지고 있는 것에 대해 측은하게 바라보는 쪽을 문제로 보는 것, 장애로 겪는 불이익을 자신의 탓으로 돌리지 않는 것. 하지 못하는 것은 지원을 받으면 그만이고, 그 지원을 주체적으로 잘 이용하면서 자기답게 살면 된다. '복지'라는 한정된 세계에 모든 것을 가두지 말 것. 나는 활동보조인이 무대 뒤에서 일하는 사람처럼 겉으로 나서지 않는 모습이 쿨 하면서 멋있다고 생각했다.

자립생활을 하고 있는 사람들은 힘 있게, 주체적으로 보였다. 단, 한편으로 같은 '장애가 있는' 사람이라도, 내가 초등학생일 때 같은 학년에 있던 지적장애우와 대학에 들어가서 견학한 특수학교에서 만난 사람들 사이에 굉장히 큰 괴리가 있었다. 자립생활센터 주변에서는 지적장애인들의 존재감이 엷은 것처럼 느껴졌다.[2]

이미 당시에 다음과 같은 의문을 가지고 있었다. '새로운 자립 개념은 자기결정이라는 사고방식을 가지는 것으로 그 대상을 확대하는 것은 성공했지만, 동시에 자기결정이 불가능한 "장애인"을 배제해 버렸다'고(橫須賀 1992), '자기결정이 곤란'한 지적인 장애를 가진 사람은 자립생활 대상으로부터 비껴나간 것인가라고 말이다.

2. 피플퍼스트가 주장하는 것

1993년 말경 서점에 들렀을 때에 문득 『계간 복지노동』 최신호에 눈이 멈췄다. "지적장애인(피플퍼스트) 국제회의"라고 이름 붙여진 지적장애인의 국제회의 특집호였다.

1993년 6월 25~27일, 캐나다 토론토에서 지적장애(발달장

---

2. 실제로 존재하지 않은 것도 아니고, 특수학교의 학생도 내가 그렇게 보았을 뿐이지만.

애)를 가진 사람들의 세계대회인 '피플퍼스트'가 개최되었고, 일본에서도 자립생활센터와 취학운동 관계자를 중심으로 한 당사자, 지원자, 부모 등 80명 정도의 사람들이 참가했다. "이야기의 제전"이라고 이름 붙여진 제3회 피플퍼스트 세계대회에는 33개국으로부터 약 1,300명이 참가했다. 대회는 아침부터 전체 인원이 참석한 가운데 대회장에서 식사를 하며 발언하는 것으로 시작되었고, 그 후 분과 모임으로 나뉘었다. 파티와 쇼타임도 계획되어 있었다고 한다.

대회에서는 장애당사자에 의한 발언이 차례차례 진행되었다.

"지적장애인은 장애가 있을지 모르지만, 여기(가슴=마음을 가리킴)에는 장애가 없다"(齊藤 1993).
"우리들은 지역사회로부터 오랫동안 격리되고 고립당해 왔다"(石毛 1993).
"시설에서 이렇게 해라 저렇게 해라 지시를 들어서 싫었다."
"거세 수술을 그만두게 하려고 하자 부모가 반대했다. 법원에 갔다. 최고 법원에서 누구도 스스로의 의사에 반하여 거세당하는 경우는 없다며, 결국 승소했다."
"부모는 전문가로부터 시설로 들어가는 편이 낫다는 조언을 듣고 그대로 믿고 있다. 피플퍼스트 멤버는 부모와 싸워서 부모의 의식을 바꾸자."
"묻고 싶다. 정상正常이라는 것이 무엇인지."

차별과 편견에 대한 고발과 비판, 자립과 달성에 대한 공감과 찬성, 발언이 있을 때마다 박수가 일었다고 한다. 물론 운영과 준비에 있어서도 장애당사자가 주체가 되었다.

지적장애인이 '이해 못하는 사람,' '영원한 아이'라고 여겨지는 것은 편견이고, 못 하는 것이나 모르는 것이 있다 하더라도, 그들은 필요한 배려와 지원을 이용하면서 지역사회 안에서 일반인처럼 살아갈 수 있다. 지금까지 생각해 온 것 이상으로 자기주장이 가능하고, 결정이 가능하고, 이해가 가능하다. 피플퍼스트에서 지원자 '어드바이저'가 말하는 영어는 굉장히 이해하기 쉬웠다고 한다(大賀 1993). 그런 환경과 지원제도가 없는 것이 문제인 것이다.

특집기사를 읽고 피플퍼스트에 매료된 나는 곧바로 대회에 참가한 분들에게 전화를 걸어서 피플퍼스트에 관한 자료를 문의하고 이야기를 들어보기로 했다.

캐나다 대회 참가자에 의해서 독자적인 보고서가 만들어졌고, 1994년 2월에 다시 만난 하마나코浜名湖에서 배포되었다(국제회의여행단 1994). 이때의 모임에는 나도 참가할 수 있었다. 캐나다 대회에 참가한 오사카와 도쿄의 사람들, 그리고 캐나다에는 가지 않았지만, 시즈오카의 자립생활센터 관계자에게도 연락이 닿아 몇 명이 참가할 수 있었다.

• **피플퍼스트란**
피플퍼스트의 움직임은 1960년대부터 1970년대에 걸친 시기에 유럽에서 시작되었다고 한다. 노멀라이제이션 사상과 함께 유럽과 북미에 파급되었다. 1973년에 영국에서 "Our Life"라는 집회가 개최되었는데, 캐나다의 한 전문가가 거기에 참가한 다음, 곧바로 비슷한 집회가 캐나다의 브리티시컬럼비아 주에서 열렸다. 다음 해인 1974년, 캐나다 회의에 참가한 오리건 주의 당사자들이 오리건 주 세일렘에서 미국에서 처음으로 당사자 집회인 "We have something to Offer"를 개최했다. 여기에 560명이나 되는 참가자가 모였고, 어떻게 지역에서 살아갈 것인가, 저능아라고 불리면 어떻게 해야 할까 등의 분과 모임이 열렸다. 전체 모임에서는 당사자들이 마이크를 들고 목소리를 높였다. 이때 어느 한 당사자가 '저능아retarded' '장애인handicapped'이 아니라 "나는 인간으로 취급받고 싶다I want to be treated like PEOPLE FIRST"고 발언한 것으로부터 피플퍼스트라는 명칭이 생겨났고, 여기서부터 피플퍼스트 오브 오리건 외 16개의 그룹이 발족되었다(Shapiro 1993: 195-7; Longhurst 1994: 4; William & Shoultz 1982).[3]

그 후 캐나다에서는 브리티시컬럼비아 외에도 앨버타 주 에드먼턴에 피플퍼스트가 생기고, 1979년에 온타리오 주에서 최초의 조직으로서 브랜트퍼드 피플퍼스트가 탄생, 피터 파크가 회장이 되었다. 1980년에는 매니토바 주와 서스캐치원

---

3. 유럽의 피플퍼스트=셀프 애드보커시 운동의 역사·주장·실정 등에 관해서는 William & Shoultz(1982), Dybwad & Bersani(1996), Goodley(2000) 등에 상세히 나와 있다. 피플퍼스트의 지원자 매뉴얼로는 Worrel(1988=1996)이 있다.

주에 피플퍼스트가 생기고, 1981년에는 온타리오 주에서 주 단위의 조직이 결성되었다. 그리고 1991년에는 캐나다에 피플퍼스트 오브 캐나다, 미국에 Self-Advocates Becoming Empowered(SABE)라는 전국 조직이 탄생했다(Self-Advocates Becoming Empowered 1994: 2).

피플퍼스트 운동은 유럽에서는 장애당사자 스스로가 사람들에게 호소해 가는 '셀프 애드보커시self-advocacy'라고 불린다. 부모와 전문가의 전유물이었던 애드보커시 = 대변, 권리옹호를 당사자의 손에 되돌린 것. 그렇기 때문에 적어도 '본인, 스스로에 의한'이라는 의미로 '셀프'를 붙여서 '셀프 애드보커시'라는 말이 쓰인다.

예를 들어, 다음과 같이 불린다.

"자기 자신을 위해 주장하고 행동할 것. 스스로에게 있어서 무엇이 최선인지 판단하고, 그것을 얻기 위해 책임을 지고 행동할 것. 인간으로서 자신의 권리를 위해 일어설 것."
"자신을 위해 발언할 것. 자신의 생활(인생)을 스스로가 결정할 것. 멤버가 서로 돕고, 친구를 만들고, 자기가 스스로 친구를 선택할 것."
"장애인이 자기 자신을 위해 주장할 것."
"지금까지 장애인이 목소리를 높여 자기 의견을 밝히고 싶을 때, '기다려! 내가 말하는 걸 들어'라는 이야기를 듣곤 했다. 하지만, 만약 그 장애인이 원하는 바를 알고 있는 사람이 있다면, 그 사람은 다름 아닌 장애인 자신이다"

(켄 넬슨 = 피플퍼스트 에드먼턴)

또 기존 제도와 복지의 모습에 대한 고발도 이루어졌다. 캘리포니아 주 새크라멘토의 캐피탈 피플퍼스트에서 사용되는 슬로건 "늦음을 초래하는 환경"이란 지적장애인들을 둘러싼 환경에서 자주 일어나는 일을 나타내는 말이다. 회장인 톰 호프킨은 다음과 같이 말하고 있다.

> 늦음을 초래하는 환경이란, 우리들이 정신적, 지적 장애가 있다 하더라도, 주립州立 병원과 복지작업소, 그리고 소위 지역시설이라고 하는 곳, 즉 장애인만 격리된 장소에서 가르치는 행동양식이야말로 우리들을 타인으로부터 갈라놓는 것을 뜻한다(캘리포니아 피플퍼스트 2006).

지적장애인들의 늦은 판단과 행동은 사실 '장애'에 의한 것이 아니라 '학습된' 것이다. 그들의 '장애'의 대부분이 평범함과는 다른 부자연스런 환경에 놓여짐으로써 '만들어진다.'

그들에게 진정으로 필요한 서비스가 없기 때문에 '사회적 불리'가 일어난다. 과연, 정말 그들은 '할 수 없는' 것일까.

'할 수 없다'가 아니라 '불가능하다고 여겨지는' 것이 아닐까. 이 말은 그러한 사실을 문제 삼는다.

• **일본에서 당사자 활동 — 그 경과**

일본에서는 지적장애인들 스스로가 주체적으로 움직이고, 참가하고, 주장하는 당사자 활동은 1990년대에 들어서부터 활발해지기 시작했다.

1991, 1992년과 캐피탈 피플퍼스트(캘리포니아 주 새크라멘토 시)의 멤버와 퍼실러테이터facilitator[4]가 일본으로 건너와 도쿄, 오사카, 나라 등에서 강연회를 열었다.[5] 비슷한 시기에, 1991년 '전국장애인해방운동연락회의(전장연)'의 전국 교류대회에서도 처음으로 '인지가 더딘 동료' 분과 모임이 있었다. 이것을 계기로 하여 오사카의 '타비다치たびたち작업소' '니시아와지 희망의 집' '크리에이티브 하우스 반지' 등 복지작업소에 다니는 사람들이 다음 해인 1992년 9월에 '동료회'를 결성했다(鍋島 1995).

1993년 6월, 캐나다에서 개최된 제3회 피플퍼스트 세계대회에는 당사자 약 20명을 포함한 총인원 80명이 일본에서 참가했다. 그리고 이 여행에 참가한 사람들의 대부분이 각지의 연구회에 초대되어 피플퍼스트에 대해 이야기했다.

또한, 지적장애아동을 자식으로 둔 부모 단체의 어느 육성회 대회에서도 당사자 참가가 시작되고 있었다. 1989년 카나자와金澤 육성회 전국대회에서 처음으로 당사자의 의견 발표가

---

4. 퍼실러테이터: 회의나 미팅 등에서 의사진행을 맡는 사람으로, 중립적인 입장에서 참가자의 상황을 보며 프로그램을 진행한다: 옮긴이.
5. 노멀라이제이션의 현재라는 심포지엄의 실행위원회(1992)에 당시 멤버였던 코니 마르티네스와 지원자인 바버러 브리즈의 강연이 게재되어 있다. 그 외에 마르티네스 씨의 생활에 대해 언급한 것으로는 石毛(1992)가 있다.

이루어졌다. 또 일본정신박약자애호협회의 자립훈련사업소에서도 당사자에 의한 의견 발표가 도입되었다. 그리고 1991년에 도쿄에서 열린 육성회 전국대회 본인 분과 모임인 '청년의 주장'에서 본격적으로 당사자의 기획, 운영 참가가 시도되었다. 준비 단계부터 몇 명의 당사자가 관여하고 사회도 보았다. 전국에서 30명이 의견을 발표했다. 그리고 이때 참가한 당사자에 의해서 '사쿠라회さくら會'가 결성되었다. 그 후 그들은 당사자 분과 모임 발표 원고를 바탕으로 책을 만들고(元氣のでる本 편집위원회 1992) "정신박약이라는 말은 쓰지 말자," "육성회 전국대회를 토요일, 일요일에 개최하자" 등의 바라는 바를 육성회에 제출했다. 그 밖에 대화, 시설견학, 공부 모임, 레크리에이션을 기획하거나 '힘이 나는 책' 시리즈(元氣のでる本 편집위원회 1993, 1995, 1996) 편집에 관여했다.

3. 피플퍼스트가 시작되다

94년, 95년에 세계대회 참가를 통해 서로 알게 된, 오사카, 도쿄, 시즈오카, 고베 등의 사람들에 의해 벚꽃놀이와 교류회가 몇 번 열렸다. 이 모임이 바탕이 되어 94년 10월에 오사카 모리노미야森ノ宮에서 제1회 지적장애인 교류집회가 개최되었다. 전체 모임, 오사카의 작업소 견학, 교류회, 분과 모임이라는 일정으로 2박 3일간의 집회가 이루어졌다.

1994년 7월에는 미국의 전국 조직인 SABE가 주최하는 전국 집회에 일본에서 20명 정도가 참가했다. 큰 충격을 받았다. 호텔을 대절해 큰 연회장에서 개최되는 대회. 모든 것이 당사자에 의해서 진행되고, 모두가 줄을 서서 발언한다. 장애인이 아니라는 생각도 들었다.

1995년 여름, 도쿄에 사는 몇 명이 지진으로 피해를 입은 사람들을 격려해 주기 위해서 고베의 공동작업소인 '연필의 집'을 방문하는 기획이 있었다. 어디에선가 이 이야기를 들었는데, 굿라이프의 오쿠보荻久保 씨가 당시 JIL 사무국에서 주 2회 아르바이트를 하고 있던 나에게 전화를 걸어왔다. 오쿠보 씨가 고베에 동행한 것을 계기로, 그 후 열린 제2회 지적장애인 교류집회 준비 모임에도 굿라이프의 이시다石田 씨와 나카무라中村 씨가 함께 하게 되었다.

95년 11월에는 도쿄의 토야마선라이즈와 도청에서 제2회 집회가 열렸다. 도쿄와 오사카의 사람들이 많았던 것 같은데, 시즈오카와 고베의 사람들도 100명 정도 참가했다. 처음에는 전원 자기소개부터 시작했다. 이틀째에는 분과 모임으로 나뉘어 '일과 돈' '자립, 그룹홈, 시설에서의 생활' '취미, 연애와 결혼' '바람직한 지원'을 주제로 이야기를 나누었다. 오후에는 지적장애인과 도쿄도 공무원과의 대화시간도 있었다.

95년 도쿄대회 이후, 송년회에서 피플퍼스트를 만들자는 의견이 나왔다. 한 달에 한 번 정도, 공공시설의 회의실을 빌려서 만남을 가졌다.[6]

96년 여름부터는 지역복지진흥사업으로부터 보조금을 받아 사무실을 빌릴 수 있었다. 처음에는 주 3회 정도 사무실을 개방하여 시설에 사는 사람들과 부모와 함께 사는 사람들이 들락거렸다.

피플퍼스트 활동 안에서 처음으로 시설에서 나와 자립생활을 시작한 사람은 오다小田 씨였다. 지원관계에 있던 자립생활센터 굿라이프와 협력하여 자립생활 프로그램을 진행하고, 97년 2월 22일에 시설을 나와 아파트에서 살기 시작했다.

그 외 활동으로 때때로 소식지를 만들어 전국의 지적장애인 집과 지적장애인 단체, 작업소, 관계자들에게 발송했다.

1998년 4월, 알래스카 주 앵커리지에서 개최된 피플퍼스트 세계대회에 참가했다. 일본의 참가자는 당사자, 지원자, 관계자를 포함해서 80명 정도였다. 일본 사람들도 분과 모임에 참가하여 보고했다(寺本 1998).

오사카, 도쿄에서 시작된 지적장애인 전국 교류집회는 그 후로 96년 고베, 97년 시즈오카, 98년 나라, 99년 오사카 등에서 매년 열리게 됨으로써, 참가자도 1,000명 규모가 되었다. 98년

6, 초기 활동의 한 가지로 다니엘 메도즈 씨와 그 지원자 캔 번즈 씨의 강연회를 열었다. 다니엘은 피플퍼스트 스탁턴을 조직하고, 장애인의 자기결정·자기주장이 가능한 지원과 정보제공 등을 목표로 하여 Partners in Consulting이라는 그룹을 조직했다. 그들과는 1995년 여름에 캘리포니아 주에서 연 1회 개최된 '자립생활 지원집회Supported Life Conference'의 참가를 통해 알게 되었다. '자신감을 갖기 위한 10가지 열쇠'라는 워크숍이었는데, 그 후 유명해져서 2008년 피플퍼스트 대회에서도 다니엘 워크숍을 참고로 한 분과 모임이 열렸다.

부터는 '지적장애인'이라는 말을 빼고 피플퍼스트 대회로 명칭
을 바꿨다. 대회실행위원회는 개최지에서 돌아가며 맡았고, 장
애당사자가 중심이 되어 회의와 준비가 이루어졌다. 거기에 오
사카와 도쿄 등 이미 대회를 개최한 지역의 사람들이 도움을
주었다.

4. 당사자 주체, 그것을 지원하는 일

피플퍼스트에서는 장애인들이 주체로서 중심이 된다. 그 외
누군가가 본인 대신에 발언하거나 무언가를 하지 않는다. 그
리고 장애인들이 주체가 되기 위한 지원을 해야 한다고, 지원
이 필요하다고 말한다. 하지만 그 '지원'이란 무엇인지, '지원'
의 위치, 바람직한 방법에 대해서 끊임없이 되묻게 되었다.

사람이 스스로 무언가를 결정하기 위해서는 그 전제가 되
는 선택지와 정보가 이용 가능해야 한다. 하지만 지적장애인은
'이해 못하는 사람'이라는 편견이 있어 여러 가지 정보와 선택
지가 제한되고 전달되지 않았다. 그렇기 때문에 피플퍼스트에
서는 'facilitator(용이하게 하는 사람)' 또는 'advisor(조언자)'라고
부르는 지원자가 선택지와 정보를 알기 쉽게 제공한다.

필요한 것은 당사자 주체를 제일 앞에 놓고 '지원,' 자기결정
과 자기주장을 지지하는 것이지, '관리'와 '대행'이 아니다.

95년부터 99년까지 일본 전국 육성회에서 당사자 활동(본인

활동) 지원에 대한 활발한 논의가 이루어졌다. 거기에서 그때까지 있었던 지적장애인 지원 방법, 관리와 대행에 대한 비판이 이루어졌고, 당사자 활동과 그에 대한 바람직한 지원 방법이 모색되었다.

부모와 시설 직원과 교사를 전형으로 하는 지원자들은 힘을 가지고 있고, 바른 것을 가르치려 드는 사람들, 말이 많고 난해한 말로 제압하는 사람들이다. 그런 과거 복지와 지원의 관계성을 반성, 부정해야 한다. 그때까지의 '지원자 주체'가 아니라, 이제부터 복지와 지원과 그 제도의 설계 운용은 '당사자 주체'여야 한다고 활발히 주장했다.

하지만 사태는 그렇게 깔끔하게 정리되지 않는다.

이를테면 지원의 개입이나 유도, 또는 지원자의 이상을 당사자의 입으로 '말하게 하는' 것이 해결해야 할 문제로 여겨진다.

"처음 단계에서는 우리들 지원자가 기획의 상당부분을 생각하고 유도해 냈다"(全日本手をつなぐ育成會 1995: 22).

"'당사자에 의한 당사자를 위한 활동'임에도 불구하고 타인이 마음대로 개입하거나 관리할 때가 있다"(全日本手をつなぐ育成會 1997: 8).

"당사자 이외의 사람이 참가하지 않았으면 좋겠다는 의사는 확실히 강합니다. 그것은 지원자나 부모가 관여하면 하고 싶은 말을 할 수 없다는 현재 상황을 의미하기도 합니다"(全日本手をつなぐ育成會 1996: 24).

"지원자는 조연으로서 회의 시에 좌석을 구분하게 했습니다. 지원자는 가능하면 발언하지 않도록…"(全日本手をつなぐ育成會 1995: 78).

피플퍼스트에서도, 처음에는, 지원자가 아무것도 말하지 않거나 아무것도 하지 않을 때가 있었다. 당사자들은 발언을 잘하는 지원자에게 굴복하거나, 지원자의 얼굴을 보면서 의견을 구하는 경우가 있었다. 지원자 입장에서는 그에 따른 망설임이 있었다. 이를테면 '아무것도 말하지 않는 것'이 지원이라고 말이다.

하지만, 그것은 모순일지도 모른다. 지원자가 잠자코 있으면 그 무엇도 일어나지 않고 시간이 흘러가거나, 당사자 측은 한가로운 시간을 보내곤 한다. 아무것도 결정되지 않거나, 일이 진척되지 않기도 한다. 그것은 당사자의 경험 부족 또는 경험을 빼앗겨 온 결과라고 여겨져 왔다. 우선은 지원하는 쪽에서 일을 먼저 진행해 버리거나 하는 일도 있었지만, 그것에 대한 비판도 있었다.

동시에 '우리들이 결정한다,' '우리들을 빼고 결정하지 말라'라는 말을 들었다. 하지만, 무언가를 말하고, 무언가를 대화로써 결정한다는 것은 말을 통해 이루어지는 것이지만, 나는 오고 가는 말들이 정말로 그 사람의 생각인지 의문이 들기도 했다. 회의 등을 통해 결정하지만, 그 후에 어떻게 진행할 지에 대한 부분은 별도의 과제로 남았다. 그럴 때에 누가 어떤 지원을 할 필요가 있는지에 대해서는 시행착오가 있었다.

나는, 예를 들어 일을 알기 쉽게 전달하려고 한다든지, 이야기를 교통 정리하려고 한다든지, 문장에 열심히 밑줄을 긋기도 했다. 가능하면 중립적으로 관여하고, 중립적으로 선택지를 나열했다. 하지만 그렇게 하면 사태는 '진행되지 않는다'는 생각이 들기도 하고, 어떻게 하면 좋을지 몰라서 쓸데없이 혼란스러워질 때도 있었다. 그렇기 때문에 우선은 지원자가 밑바닥에서부터 일을 진행시켜서 마지막까지 해보는 것이 중요하다는 사람도 있고, 우선은 실패하지 않는 것이 중요하다고 말하는 사람도 있다.

"지원자들이 같은 방법으로 지원해야 한다"고 주장하는 사람도 있지만, 여러 가지 생각을 가진 사람이 있는 것이 중요하다고 말하는 사람도 있다.

육성회 회의에서, 지원자가 당사자의 생활에 이해관계가 있으면, 당사자는 말하고 싶은 것을 말할 수 없다는 이야기를 들었다. 그렇기 때문에 당사자 활동의 지원자는 이해관계가 없는 사람이어야 한다는 의견도 있었다. 더 나아가 자원봉사자여야 한다는 의견도 있었다. 생활 지원의 장은 지배-피지배 관계이고, 그렇기 때문에 당사자 활동과 생활 지원에 대한 지원은 나뉘어야 한다고 말이다. 당시의 당사자 활동의 지원자들은 각자 일해 온 업계와 복지에 대한 '과거'를 짊어지고 있었고, 그것을 긍정하든 반성하든, 과거와 비교하며 지금의 당사자 활동과 지원을 말하고 논의했다.

하지만 나에게는 그런 '과거'가 없었다. 현장에서 비판받는 이유를 감각만으로는 이해할 수 없었다. 생활 지원과 관련되지 않은 지원자를 확보하는 것은 현실적으로 어렵다. 그와 같은 사람을 확보하기 어려움. 생활 지원과의 연계가 없으면, 구체적인 문제를 해결하려 할 때 행동을 취하기 어렵다.

또한, 어느 모임에서 사회자 지원을 할 때, 회의를 원만하게 진행하기 위해서 말을 덧붙인 적이 있는데, 그로 인해 비판받은 적이 있다. 말을 보충한 나의 행동은 분명히 당사자의 말이 그대로 받아들여지지 않을 것이라는 생각에서 나온 것이고, 또 '회의가 원만하게 진행되어야 한다'는 일방적인 생각을 근거로 당사자의 흐름을 부정하고 말을 갈취하는 꼴이 되어버린 것이다.

비판받은 가장 큰 이유는 지원자가 당사자의 말을 가로막는 것으로 인식되었기 때문이다. 하지만 한편으로는 당사자가 발언할 수 있도록 정확히 지원해 달라는 의미가 담겨 있었던 것 같기도 하다.

하지만 지원한다는 것은, 어떤 사람이 어떤 행동을 취하든, 그것 자체가 개입이다. 개입을 피하려고 한다면, 아무 말도 하지 않고, 당사자가 말하는 것에 따라서만 움직이게 된다. 물론 그와 같은 지원이 지지받는 경우도 있지만, 그것으로 할 수 있는 것은 거의 없다. 그렇지만 지원의 능동성을 인정한다면, 오직 지원만이 상황을 움직이게 하는 경우도 생긴다. 당사자 측으로부터 불만이 나오기도 하지만, 나로서는 '그럼 네가 해 봐'라고 말하고 싶어진다. 그렇게 되면 시비가 붙는 것처럼 '지원 안 할래?'라고 반론당하는 경우도 생긴다.

지원은 먼저 움직여야 하는가, 뒤에서 쫓아가야 하는가의 고민을 끊임없이 하게 한다. 한편으로는, 모순된다고 해야 할까, 알맹이도 뚜껑도 없는 이야기이다. 그러면 나는 어디에 서서 무엇을 해야 할까? 나는 이용당하는 입장이지만, 많은 책임을 떠맡고도 결정권은 없는, 어느 쪽에도 갈 수 없는 장소에 놓인 기분이다.

또 하나의 어려움은 어떤 상황에서의 특정 개인에 관한 일이라든지 1대1의 관계, 곧 개별지원과 단체 운영과 활동에 관한 상황, 즉 그룹과 회의 지원의 차이에서 생겨나는 것이라고 생각한다.

당사자 활동에서 지원자는 아마도 몸 둘 곳 없는 공간 안에서 이리저리 헤매게 된다. 대부분의 사람들이 깊이 생각하지 않는 의문, 장소일지도 모른다. 하지만, 고민하지 않고 "해결됐어"라고 말하는 부분이기도 하다.

참고 문헌

安積純子 · 尾中文哉 · 岡原正幸 · 立岩真也 (1990 = 1995), 『生の技法 一家と施設を出て暮らす障碍者の社会学 〈増補 · 改訂版〉』, 藤原書

店.

荒井摂子 (1996), 「インタビューダニエル・メドウズ 一人ひとりがスーパ
　ースター」, 『季刊福祉労働』, 70: 8-11.

石毛えい子 (1992), 「知的障害をもつコニーさんの自立生活」, 『季刊福
　祉労働』, 54: 134-7.

William, Paul & Shoultz, Bonnie (1982), *We Can Speak for Ourselves:
　Self-Advocacy by Mentally Handicapped People*, Indiana University
　Press.

Worrell, Bill (1988), *Advice for Advisors*, National People First
　Project(=[1996] 河東田博 訳編, 『ピープルファースト:支援者のため
　の手引きー当事者活動の支援と当事者参加・参画推進のために』,
　現代書館).

大賀重太郎 (1993), 「『アドバイザーになってほしい』といま、知的障害を
　持つ友人から言われたら…」, 『季刊福祉労働』, 61: 71-7.

大澤たみ (1996), 「『東京で・話し合おう会』をふり返って」, 『季刊福祉
　労働』, 70: 146-54.

河東田博 (1996), 「日本における当事者活動の実態と課題」, Worrell
　(1988 = 1996: 101-33).

Goodley, Dan (2000), *Self-Advocacy in the Lives of People With Learning
　Difficulties: The Politics of Resilience* (Disability, Human Rights, and
　Society), Open University Press.

元気のでる本編集委員会 編 (1992), 『私たちにも言わせて ぼくたち私
　たちのしょうらいについてー元気のでる本』, 全日本精神薄弱者育成
　会.

―― (1993), 『私たちにも言わせて ゆめときぼうー元気のでる本』, 全日
　本手をつなぐ育成会.

―― (1995), 『私たちにも言わせて 希望へのスタートー元気のでる本』,

全日本手をつなぐ育成会.

―― (1996),『私たちにも言わせて もっと2―元気のでる本』, 全日本手
をつなぐ育成会.

国際会議旅行団 (1994),『第3回ピープルファースト国際会議感想・報
告文集』, 国際会議旅行団.

斎藤明子 (1993),「キャピトル・ピープル・ファーストのリーダーたちとの
会合」,『季刊福祉労働』, 61: 40-7.

佐々木信行 (1995),「アメリカへの旅」,『季刊福祉労働』, 69: 125-7.

Self-Advocates Becoming Empowered (1994), *Taking Place Starting Up
and Speaking Out about Living in Our Communities*, Self-Advocates
Becoming Empowered.

Shapiro, Joseph P. (1993), *No Pity: Forging a New Civil Rights Movement*
(= [1999] 秋山愛子訳,『哀れみはいらない ― 全米障害者運動の軌
跡』, 現代書館).

全国自立生活センター協議会 編 (1996),『ピープルファースト、一歩前
へ！』, 全国自立生活センター協議会.

全日本手をつなぐ育成会 (1995),『本人活動への支援者の役割』, 全日
本手をつなぐ育成会.

―― (1996),『どうかかわる!? 本人活動 第1回本人活動支援者セミナー
報告書』, 全日本手をつなぐ育成会.

Dybwad, Gunnar & Bersani, Hank A. (1996), *New Voices: Self-Advocacy
by People with Disabilities*, Brookline Books.

寺本晃久 (1998),「挑戦し続けよう! ― 第4回ピープルファースト世界大
会(アラスカ)に参加して」,『季刊福祉労働』, 80: 131-4.

鍋島康秀 (1995),「なかま会ができた「わけ」」,『手をつなぐ』, 1995-12:
13.

ノーマライゼーションの現代シンポ実行委員会 (1992),『ノーマライゼー

ションの現代─当事者決定の論理』, 現代書館.

林淑美(1995),「さて、これから何ができるかな?」,『季刊福祉労働』, 69:
　　129-34.

People First of California (1984), *Surviving in the System: Mental
　　Retardation and the Retarding Environment* (=[2006]　秋山愛子・斎
　　藤明子 訳,『私たち、遅れているの? ─ 知的障害者は作られる』, 現
　　代書館).

八木雅弘 (1995),「大事なことは、これからもいろんな人が会議に参加
　　していくこと」,『季刊福祉労働』, 69: 127-9.

横須賀俊司 (1992),「『障害者』の自立と自立生活センター」,『ノーマラ
　　イゼーション研究』, 一九九二念年報 90-102.

Longhurst, Nancy Anne (1994), *The Self-Advocacy Movement by People
　　with Developmental Disabilities: A Denigraphic Study and Directory of
　　Self-Advocacy Groups in the United States*, AAMR.

제2부

자립하기, 지원의 준비

제3장

자립생활로 가는 각자의 길과
자립생활 획득을 위한 지원

이와하시 세이지

1. 시작하며

현재 타마 시에는 10명이 넘는 중증의 지적장애당사자(이하 지적장애인) 또는 자폐증을 가진 사람들이 아파트나 그룹홈에서 자립생활을 하고 있다.

또 지금은 부모와 함께 살고 있는 지적장애인과 그 가족 중에도 '자립생활'을 바라는 사람이 늘어나고 있어서 '30세까지는 반드시 자립'한다는 목소리가 일상생활 안에서 자주 들린다. 주변에 자립하여 살아가는 사람이 늘어나고, '자립생활'이 개념적인 것, 이념·이상으로서가 아니라 눈앞에서 실감할 수 있는 현실로서 받아들여지게 되었기 때문이라고 생각한다.

하지만, 전국을 돌아보면 중증의 지체장애인(이하 지체장애인)의 자립생활은 그 나름대로 증가해 왔지만, 중증의 지적장

애인 또는 지적장애를 동반한 자폐성 장애인들의 자립생활은
굉장히 드문 일처럼 보인다.

중증 지체장애인의 자립은 오랜 시간에 걸친 당사자 자립생
활운동의 결과이다. 또 당사자에 의한 자립생활 프로그램과
동료상담이라고 하는 방법에 의해 자립생활을 획득하는 '과정'
이 어느 정도 확립되고 공유되었다. 하지만 '의사 결정'에 어려
움을 겪는 지적장애인의 자립생활의 경우, 지금까지 지체장애
당사자들이 노력해 온 것과는 다르게, '지원'이라는 '비당사자'
의 노력이 필요한 것 같다.

단, 그 노력은 부모 또는 전문가라고 하는 사람들이 하는
'훈련'이란 것과는 다르다. '지원계획'이라는 이름으로 지적장
애인을 궤도 위에 올리는 것이 아니다. 지원하는 쪽이 당사자
를 자립시킨다는 의미가 결코 아니라, 지체장애당사자가 의문
을 품어온 당사자성의 연장선상에 '지원'이라는 윤곽을 더하
는 모습으로 구상하고 있다.

'지원'이라는 윤곽이 있다고 지적장애당사자의 자립생활이
가능하다는 것이 아니라, '생활을 한다'는 전제가 우선 깔려 있
고, 거기에 '지원'이라는 노력을 더함으로써 자립생활이 실현
가능한 것으로 변화할 수 있다고 생각한다.

여기에서는 내가 관계를 쌓아 온 지적장애당사자들 중 5명
을 사례로 들어 그들이 자립생활에 이를 때까지의 과정을 '지
원'이라는 입장에서 생각해 보고자 한다.

타마 시에서 자립생활을 가장 오래 한 사람은 23년째를 맞

고 있다. 그리고 타코노키たこの木[1]가 아닌 다른 곳의 지원을 받으며 막 자립생활을 시작하려고 하는 사람도 있다. 당사자 각자의 장애 정도와 의식 차이는 당연히 있기 마련이고, 23년간 장애인복지는 크게 변했다. 각각의 사례는 결코 단순하게 비교할 수 있는 것이 아니다. 5개의 '사례'로서 바라보는 것이 아니라, 5명 전부의 다른 자립생활의 과정 안에서 어떤 과제를 찾아내고, 지원하는 입장에서 무엇을 쌓아 왔는지 생각해 보고자 한다. 그리고 그 지원 경험을 쌓아감으로써 현재 10명이 넘는 지적장애당사자가 자립생활을 꾸려가고, 계속 자립생활을 원하는 당사자와 가족이 있는 이곳 타마에서 벌어지고 있는 상황에 대해서도 생각해 보고자 한다.

2. 23년 전 입소시설을 나와 자립생활을 시작한
중증 지적장애당사자 J씨의 사례

(1) 시설 퇴소
J씨는 어릴 때부터 중증 심신장애아동 시설에 들어가 있었는데, 어느 날 그 시설의 직원이었던 A씨가 J씨를 양자로 삼아 시설에서 퇴소시켰다. 자세한 사정은 모르겠지만, 사업을 하며

---

1. 타코노키. 도쿄도 타마 시에서 활동하는 시민단체의 이름. 지역에서 살아가는 지적·자폐성 장애인들의 '자기선택' '자기결정' '자기실현'을 지원하고 있다.

함께 일하기 위해 J씨를 퇴소시켰다고 한다.

A씨는 J씨를 위해 집을 빌렸다. J씨는 A씨의 도움을 받으며 자립생활을 시작했다. 하지만 매일 A씨 혼자서는 감당할 수 없었다. 당시 시내에서 '지역에서 함께 살자'는 활동을 전개하고 있었던 전 직장 동료 I씨를 통해 J씨의 존재는 지역 사람들에게 알려졌다. 그리고 '함께 살자'라는 취지에서 지역의 모든 사람이 J씨의 생활을 지지해 나아갈 수 있기를 바라며 체제를 만들기 시작했다.

하지만, 허망하게도 A씨의 지원은 약 반년 후에 좌절되고 말았다. 열정을 가지고 임한 것은 사실이었다. 그러나 A씨에게도 가족이 있었고, 생각만으로 전부를 짊어지지는 못했다. J씨와 새롭게 시작한 사업도 궤도에 오르지 못하면서, A씨는 J씨의 모든 생활에서 도망쳐버리게 되었다.

I씨를 통해 J씨의 존재를 알게 된 우리들은 당시 '타마 시에서 함께 사는 모임'이라는 것을 열었다. '누구나 지역에서 함께 살자'라는 취지로 장애 유무에 상관없이 아이들이 함께 살고 자랄 수 있도록 노력하고 있었다.[2] 또 통합 보육을 열심히 짊어지고 있던 보육원 사람들은 '생활을 함께 한 아이들의 장래를 생각해 함께 일하는 장소를 만들고 싶다'는 염원에서 일하는 장소를 만드는 데도 힘쓰고 있었다.

---

2. 당시 타마 시에서는 '교육연구회' '취학 시의 건강진단을 생각하는 모임' '타마 시에서 함께 사는 모임' 등 장애를 가진 아이들과 함께 살아갈 것을 요구하는, 주로 교육과 관련된 노력이 활발히 이루어지고 있었다.

A씨는 좌절했지만, 이미 J씨와 관계를 맺고 있던 사람들에게 J씨가 다시 시설에 들어가는 것은 결코 용납할 수 없는 일이 되었다. 왜냐하면 J씨가 시설에 들어가게 되면 눈앞에 있는 장애아동들의 장래는 결국 '시설 입소'라는 것을 인정해버리는 꼴이 되기 때문이었다.

지역에서 활동하던 모든 사람들은 J씨의 자립생활을 지원한다기보다는 J씨가 계속 생활하는 모습에 아이들의 장래를 투영시켜 보고, 자신들의 노력을 스스로 부정하지 않기 위하여 J씨의 자립생활에 보다 힘을 쏟았다고 생각한다.

J씨의 인품에 의한 것도 크다고 생각하지만, 당시 아이들과 관련된 문제 해결에 힘을 쏟아온 타마 사람들에게 있어서 J씨의 존재는 아이들의 장래의 상징과도 같았다. 그 시대는 지금처럼 활동보조인 제도도 없었고, '지원'이라는 개념조차 없었다. 하지만 '함께 살자,' '함께 지지하자'라는 주변 사람들의 의지로 J씨의 자립생활은 유지되었다고 생각한다.

(2) J씨의 자립생활과 지원 방법

A씨는 좌절했지만, A씨 명의로 빌린 집에서 J씨는 계속 생활하게 되었다. 낮에는 '치이로바ちぃろば'³에서 일하고, 밤에는 많

---

3. 보육원을 운영하는 사람들과 보육원의 요청으로 모인 사람들에 의해 '함께 일하는' 장소를 만들기 위한 노력이 전개되고 있었다. 날짜 지난 신문 수거로부터 시작하여 재활용센터를 만들었고, 처음에는 '장애 유무와 상관없이 동일 임금 체계'로 함께 일하는 것을 목표로 했다. J씨도 그곳에서 일하며 많을 때에는 10만 엔을 월급으로 받기도 했다. 현재는 '장애를 가진 동료가 일하는 가게'라는 이름으로, 동일 임금 체계는 아니지만, 단순한 직장으로

은 자원봉사자로부터 지원받았다. 생활비 등 종합적인 지원은 I씨[4]가 짊어지고, 자원봉사자 구인이나 활동보조인 모집은 내가 했다.

지금과 같은 재택 개호가 없던 때에 국가로부터의 지원은 주 1일, 3시간의 시청 직원 헬퍼에 의한 J씨 가정방문과 월 40시간뿐인 가정봉사원[5]의 긴급일시보호[6]라는 제도뿐이었다.

따라서 J씨의 자립생활 지원은 대부분이 무급 자원봉사자에 의해 이루어졌다. 지금처럼 '계약'이나 '구분 인정,'[7] '지급 결정'[8]이라고 하는 것이 전혀 없었고, 모든 것을 인간관계로 짊어진 지원은 현재와는 다르기도 하고 무척이나 느긋하면서 적당한 지원이었다는 생각이 든다.

예를 들어, 처음에 야간 활동보조를 포함하여 24시간 지원

서가 아니라 여러 가지 형태로 그의 자립생활을 지원해 나가는 장소가 되었다.

4. A씨가 좌절한 후, 부모는 우리들에게 숨기고 시설 입소를 준비하고 있었다. 그러나 우리는 그 사실을 알고 J씨가 다시 입소당하지 않도록 힘을 쏟았다.

5. 자격 등은 없으며 '열심히 하는 사람'이 봉사원의 요건이었다.

6. 긴급한 상황의 장애아동 또는 성인을 보호하는 것을 목적으로 하는 도쿄도의 제도로 시市가 실시하는 제도였다. 긴급 시의 보호가 주요 목적이었으나, 가정봉사원이 긴급 시에 장애아동과 성인을 맡기 위해서는 평소의 관계가 중요하다고 주장하며 일상적으로 이 제도를 이용했다. 그 외 시설에 의한 보호·병원에 의한 긴급일시보호라는 것이 있었지만, 우리들은 이용할 일이 전혀 없었다.

7. 장애인자립지원법에 따라 지체, 지적, 정신 장애인에게 필요한 개호시간을 통일된 기준으로 산정하고 해당무, 구분 1부터 구분 6까지 일곱 단계로 나누는 제도/구분에 따라 받을 수 있는 복지서비스가 결정된다: 옮긴이.

8. 장애인이 복지서비스를 이용하는 것에 대해 행정기관이 심사하는 것을 말한다: 옮긴이.

체제로 되어 있었는데, 당사자의 모습을 보고 있으면 '야간 활동보조가 따로 필요 없는 거 아닌가?'라는 생각이 들어서 "오늘은 이만 퇴근할게"라고 하며 야간 활동보조인이 퇴근하거나 "J씨 집에서 밥하는 거 귀찮으니까, 우리 집으로 와"라고 활동보조인이 자신의 집에 초대하거나, 밥을 잘 못하는 남성은 자주 선술집으로 당사자를 불러내어 늦게까지 함께 술을 마시면서 저녁 식사를 대신하기도 했다.

지금이라면 '활동보조인 임의대로 야간 활동보조를 빠지는 것은 계약위반,' '활동보조인의 집에서 식사하는 것은 활동보조인의 사정으로 당사자의 의사를 무시하는 것,' '선술집에 데리고 가는 것은 당사자의 건강상태를 고려하지 않는 것' 등으로 비판받을지도 모른다.

하지만 당시에는 '지원'이라는 개념뿐만 아니라 '계약'이나 '활동보조 노동'이라는 개념도 없었다. 장애 유무와 상관없이 오직 '함께 산다'는 것이 무엇인지만 열심히 고민했다.

이것은 극단적인 이야기지만, '장애가 있는 J씨의 삶을 지지해 주세요'라는 문구가 적힌 전단지를 뿌리거나 모임 소식지에 '장애가 있는 J씨의 삶' 등과 '장애'를 강조하는 글귀를 넣으면 '당신은 장애 유무로 사람을 구분하고 있다'라고 비판받던 시기이기도 했다. '지원이란 무엇인가?'라는 것보다도 '함께 사는 것'의 의미를 항상 고민하던 때였으므로, 지역에서 그의 생활은 '지적장애인 J씨'가 아니라 '혼자 사는 데 어려움을 겪는 J씨'로서 받아들여지고 있었다. '적절한 지원'이라 할 때의 '적절함'이 평가받고, 사람의 행위에 있어서 애매한 부분이 중요하게 다루어진 것 같다.

'J씨를 지역에서 빼앗기지 않기' 위해 무엇을 할 것인가. 지원에 임하고 있던 사람들은 최소한 '먹고 자는 일만은 확보하기'를 최우선으로 생각하고 있었다. 내가 맡고 있던 활동보조인 모집도 '우선 먹는 것만 해결되면 그 후의 일은 어떻게든 된다'는 생각으로 하고 있었다. 하지만, 거꾸로 이렇게 한 것이 J씨와 만나는 한 사람 한 사람이 J씨의 생활에 대하여 고민하게 만드는 계기가 되기도 했다.

어느 정도 헬퍼 제도가 정비된 지금, 당사자들의 생활은 활동보조인이 짊어지게 되었고, 무언가 당사자에게 불이익이 닥치면 그것은 활동보조인의 책임이 되어버리는 면이 있다.

하지만, 당시에는 '당사자가 무엇을 어떻게 원하는지' '장애당사자에게 지원이란'이라는 물음과 '헬퍼의 역할' '헬퍼의 책임'이라고 하는 것보다도 '함께 산다'는 말의 '함께'라는 게 무엇인가, 대등한 관계라는 것은 무엇인가를 토론하고, 당장의 J씨 생활을 관계자와 함께 어떻게 만들어갈 것인가를 모두 함께 고민하고 있었다.

그것은 J씨에게 어떤 것이었을까. 어렸을 때부터 시설에서 생활하였던 그에게 자립생활은 매일같이 새로운 사람과의 만남을 의미했고, 일어나는 모든 일을 신선하고 즐겁게 받아들임으로써 기쁘게 생활하고 있었던 것처럼 생각된다. 오랜 기간 동안 생활했던 시설에서는 직원의 일방적인 지시에 따르는 생활뿐이었고, 매일 똑같은 직원 똑같은 장애인과 마주칠 뿐이었다. 지역의 자립생활은, 비록 충분하지 못한 생활이었을지라도, 입소시설에서 찾아볼 수 없는 자유로움과 주위로부터 인정받는 기분을 실감케 했을 것이다.

그리고 그가 생활해 나가는 모습을 보고 지역 사람들 사이에서도 J씨를 지지해 나가자는 목소리가 생겨났고, 이로부터 J씨의 자립생활이 오늘에까지 이를 수 있었다고 생각한다.

(3) J씨의 존재가 지역을 열다

이렇게 23년간의 J씨의 자립생활을 돌아보니, 오늘의 타마시를 있게 만든, 없어서는 안 될 존재라는 사실을 새삼 깨닫게 된다.

지역 사람들의 지지가 있어야만 자립생활이 가능한 면도 있다. 그러나 한편으로 J씨의 존재가 오늘 지적장애당사자의 자립생활을 개척했다고 생각하게 만드는 많은 부분들이 있다.

중증 지체장애인의 경우, 투쟁과 행정 교섭을 통해 개호보장을 쟁취해 왔다. 쟁취한 활동보조를 이용하여 지체장애인은 스스로 생활을 만들어 왔다. 그 운동의 강력함은 행정기관을 규탄하며 새로운 개호보장을 낳았고, 활동보조를 짊어진 사람들에게 많은 질문을 제기했다.

당사자의 강력함 앞에서 우리들은 단지 당사자로부터 추궁당하는 입장일 수밖에 없었다. 조금씩 그 양상도 변했지만, 그 근본에 있는 당사자와 지원자의 관계는 변하지 않았다고 생각한다. 오랜 시간에 걸친 지체장애인의 자립생활운동은 우리들에게도 여러 가지 문제를 제기했다. 그것의 존재는 나에게 있어서도 큰 것이다.

J씨가 23년 전에 시작한 자립생활이 우리들에게 던진 것은 지체장애당사자의 호소와 마찬가지로 크고, 전국을 통틀어 찾아볼 수 없는 지적장애인의 자립생활이 영위되고 있는 현재 타마 시에서 그 근본이 되는 부분을 J씨 스스로가 개척해 왔다는 걸 나는 절감한다.

그렇게 느끼게 한 하나의 에피소드를 소개한다.

그가 자립생활을 시작하고서 처음 10년은, 앞에서 이야기한 것처럼, 느긋하고 적당하게 상황이 이어져 왔다. 가장 대충한 일이라고 생각되는 것은 그의 저녁 식사였다.

처음에는 지체장애당사자의 자립생활을 공부하고, '그의 자립생활이니까 그의 집에 가서 식사를 만든다'는 것을 원칙으로 삼고 있었다. 그러나 교통편이 나빴던 J씨의 집까지 매일 누군가가 식사를 만들러 간다는 것은 상당히 힘든 일이었다. 왜냐하면 식사를 만드는 사람은 모두 무급으로 담당하고 있었기 때문이다. 그래서 J씨를 '초대하는' 형태가 생기고, J씨는 '남의 집에서 식사하는' 비율이 매년 늘어났으며, 어느새 '매일 여러 사람의 집에 먹으러 가는' 형태가 되고, 나는 식사를 만들려고 노력하기보다 '오늘은 누구 집에 가서 먹지?'라는 쪽으로 변해 갔다.

'남의 집에서 식사를 하기' 위해서는 그 사람의 집까지 가야 한다. 그는 몇 번 정도 함께 가면, 걸어서 갈 수 있는 가까운 거

리의 경우, 어디라도 갈 수 있는 사람이었다. 또 낮에 '치이로
바'에서 하는 일이 물건 배달이나 회수였기 때문에, 트럭으로
매일 시내를 돌고 있었다. 그렇기 때문에, J씨는 길을 기억하는
것이나 걸어서 외출하는 것을 별로 힘들게 생각하지 않았다.

여러 집을 들르고, 그곳에서 가족의 일원처럼 식사를 하는
것이 J씨의 생활에서 즐거움의 일부분이었다. 일을 마친 후에
한 시간이나 넘게 걸어가는 것조차도 그에게는 즐거운 일의
하나였다.

점점 무성의하게 된 우리는 새로운 집에 그를 데리고 가는
것조차 귀찮아하게 되었고, 그가 기억한 많은 사람의 집에 혼
자서 갈 수 있도록 갖가지 연구를 했다.

그런 J씨와 함께 길을 가고 있었는데, 지나가는 많은 사람들
이 그에게 말을 걸어왔다. J씨에게 물어봐도 어디 사는 누구인
지 모르고, 그냥 "J씨 유명하네"라고 말하고 신경 쓰지 않았지
만, 전혀 관계도 없는 사람들이 빈번하게 말을 걸어오니, 어느
날에는 상대방에게 "J씨와 어떤 관계세요?"라고 물었다. 그러
자 상대방은 "성이 J였구나" "그와는 종종 스쳐지나가는데, 인
사를 너무 잘해 줘요"라고 대답했다. 완전 남이라고 할 수 있
는, 얼굴만 아는 사이였던 것이다.

어쨌든 혼자서 식사하러 외출하면 여러 사람에게 인사를 하
며 자신의 존재를 알리고 있었던 것 같다.

J씨의 성격이 좋은 것도 큰 요인이겠지만, 그가 혼자서 즐겁
게 돌아다니는 모습을 통해 중증 지적장애당사자가 지역에서

생활하는 게 당연한 일이라는 사실을 지역 사람들에게 자연스럽게 알릴 수 있게 되었다.

그리고 '치이로바'가 재활용센터였기 때문에, 물건을 사려는 손님과 자연스럽게 만남을 가지게 되고, 지역 사람들에게 그의 자립생활이 화제로서 받아들여지는 기회가 된 것도 매우 컸다.

대충 이루어지는 지원만으로는 식사할 만한 곳을 찾을 수 없었던 우리의 사정 때문에 J씨를 잘 데리고 다녔는데, 식사하는 곳에서 그를 소개하는 일이 많은 사람들에게 그의 존재를 알리는 기회가 되었다.

술을 자주 마시던 때에는 그도 자주 함께 술집에 갔다. '오늘은 누가 J씨의 활동보조'랄 것도 없이 모두 함께 술을 마셨다. J씨에게는 그곳에서 오고가는 대화 내용이 이해하기 힘들었을 수도 있었을 것이다. 하지만 '시민활동'을 짊어진 사람들에게 있어서는 그 자리에 있는 J씨의 존재를 염두에 두지 않고서는 쉽게 말할 수 없는 상황에까지 이르렀다.

'타마'라는 지역은 뉴타운 단지로 새로 생긴 도시이다. 베이비붐 시기에 태어난 사람들이 많고, 당시부터 장애인복지에 국한되지 않고, 교육과 환경, 의료 등 여러 가지 활동이 활발히 이루어지고 있었다. 그런 과제를 짊어지고 있는 사람들 안에 J씨가 존재하면, 가령 복지라는 관점이 없더라도 J씨를 포함한 '시민' 활동을 생각하지 않을 수 없다. 그런 상황을 사실 J씨 자신이 만들어 내고 있었던 것이다.[9]

---

9. 예를 들어, '육아지원'을 생각할 때, '장애아동은 별도'로 생각할 수 있는

그는 결코 무언가를 말하거나 외치지 않았다. 하지만 그의 존재가 타마 시에 사는 많은 사람들에게 영향을 주어 왔다.

(4) 롤 모델로서의 J씨

매일같이 걸어서 이곳저곳의 집에 들르는 J씨. 사실, 지역을 개척한 것 이상으로, 이후 세대를 책임질 아이들에게 큰 영향을 주었다.

최근에 헬퍼를 시작한 젊은 U씨에게 "왜 이 일을 선택했니?"라고 물으니, "어렸을 때 지적장애인이 집에 와서…"라는 대답이 돌아왔다. "혹시 ○○에 사는 U씨 아들?"이라고 되물으니, "네. 그렇습니다"라는 답변. 그 지적장애인은 J씨였던 것이다.

20년이 넘는 시간이 흐르고, U씨 이외에도 동일한 경험을 가진 젊은이들과의 만남이 늘어났다. 어느 날 갑자기 찾아온 J씨에게 큰소리로 울거나 함께 크게 웃기도 하면서 식사를 했던 아이들이 지금은 청년들이 되었다. 어린아이들 입장에서 보면, '이상한 아저씨'가 갑자기 찾아왔다. 그리고 이후에도 가끔 불쑥 집에 찾아오곤 하였다. 처음에는 이상하다고 생각했지만, 어느새 생활의 일부가 되었던 것 같다.

식사에 초대한 사람들은 앞에서 이야기한 '함께 산다'는 생각으로 J씨를 자신의 집에 초대하였던 것이다. U씨의 부모와 J씨와의 관계는 '장애인 J씨를 위해서' 식사를 대접한다는 것보

경향이 생기지만, J씨와 평소 접하던 사람들에게 '육아지원'도 자연스럽게 장애아동을 포함하여 생각할 수 있게 된다.

다도 '그냥 우리 집에도 밥 먹으러 와도 돼'라는 것이었다. 부모와 J씨가 자연스럽게 사귀게 되면서, 아이들은 부모 이상으로 J씨의 존재를 자연스럽게 인정하게 되었다.[10] 당시 나도 아이들을 상대로 '함께 살아가는 것'을 테마로 활동하고 있었다. 그 자리에 모인 아이들도 J씨를 비롯하여 장애를 가진 아이들과 사귀게 되면서, 장애인들이 자신들과 같은 공간에 있는 것을 자연스럽게 받아들였다.

그리고 어느새 J씨는 장애를 가진 아이들과 아이들의 장래를 상상케 하는 롤 모델과 같은 존재가 되었다.

(5) 애매함 속에서

오늘날 재택 개호나 주간활동 지원, 이동 지원, 취업 지원이라는 이름으로 지적장애인에 대한 '지원'의 윤곽이 그려졌다. 그것이 충분한지 그렇지 않은지는 차치하고, 중증 지적장애당사자에게도 지역에서 살기 위한 지원, 활동보조 보장은 반드시 필요하다.

우리들도 긴 시간 그와 같은 제도를 요구해 왔다. 하지만 제도가 정비되면 될수록 당사자의 삶은 통째로 절단되고 있는 것처럼 느껴진다.

재택 개호, 이동 지원과 생활 개호, 이들 각각을 이용하여 자립생활을 하고 있는 사람은 지원에 있어서는 보장받고 있다. 그러나 그 연계에 있어서는 변칙을 허용하지 않는 빠듯한 지

---

10. 당시 J씨를 초대한 집들은 50가구 정도 되었다고 기억한다.

원체제로 이루어져 있다.

J씨가 자립생활을 시작한 당시에는 모든 것에 걸쳐 비공식적인 지원이 이루어졌으며, 활동보조 보장이라는 점에 있어서는 상당히 불안정했다. 그러나 "다음 활동보조인이 늦으면 기다릴게요"라고 가볍게 받아들였고, 활동보조에 임하는 사람이 각자 시간을 내어 J씨의 삶을 지탱하고 있었다.

당사자의 의사보다도 주위 사람들의 사정에 따라 J씨의 자립생활이 성립되었다고도 말할 수 있다. 그러나 서로의 생활 속에서 여러 사정을 맞추고 지원하는 데 노력하고 있었던 것이다.

제도가 정비되어 가면서 각각의 역할 분담이 생겨나고, 역할 이외의 일은 하지 않는 상황이 생겨나고 있는 것 같다. 물론, 제도가 생기기 이전으로 돌아가기를 원하는 것은 아니다. 단, 제도가 없을 때에 전국을 뛰어다니며 J씨의 자립생활을 지탱한 경험에서 말할 수 있는 것은 지원의 내용과 존재 방식을 고민하기 전에 생활인으로서의 당사자가 존재한다는 사실을 실감하는 것이 중요하다. 그것은 당사자가 여러 가지 연결 안에서, 또 연속성 안에서 살아가고 있다는 실감인 것이다.

현재 지역에서 지적장애당사자가 살아가기 위한 여러 가지 지원 제도가 생겨나고 있다. 그러나 그 제도와 지원들을 따로 분리해서 생각하고 이용하면, 당사자의 삶은 제도에 의해 끊겨버린다. 그것을 보완하기 위해서 각 사업소의 연계를 강화하는 노력이 이야기되고 있지만, 당사자가 살아간다는 감각 없이 이루어지는 사업소, 지원자 사이의 연계는 거꾸로 당사자의 삶을 관리하는 것으로 이어지지 않을까 우려된다.

반복하지만, 옛날로 돌아가자는 말이 아니다. 단지, 지원을 하는 사람으로서, 제도가 없었을 때에 J씨의 삶이 지역의 여러 사람과의 관계에 의해 이루어졌다는 사실을 의식하는 것은 장애인 지원 이전에 그 사람의 삶이 있고, 거기에서 이후의 지원을 고민하는 일로 이어질 수 있다고 생각한다.

3. 본인의 의지가 아닌 부모의 한계에서 자립생활을 시작한 N씨의 사례

(1) 자립생활은 벌인가?

J씨가 자립생활을 시작하고 10년쯤 지났을 때, 성장과 함께 부모의 책임 아래 놓아둘 수 없게 된 아이가 나타났다.

타마 시에서 두 번째로 자립생활을 시작한 N씨는 중증과 경증 사이의 지적장애인으로서 자폐를 동반하는 사람이었다. 어머니와 둘이서 생활하던 N씨는 차분한 성격의 소유자였지만, 사춘기에 들어서는 하루가 다르게 행동이 격해졌다.

N씨는 초등학교 시절부터 타마 시에서 '함께 살기를 바라는 아이들의 음악교실'을 열고 있던 S씨와 관계를 맺고 있었다. 부모는 특수학교를 선택했지만, 방과 후에는 음악교실을 중간에 넣어 지역 아이들과 만날 수 있도록 했다.

20살이 되었을 때, S씨로부터 갑자기 전화가 걸려와서는, "N 씨의 어머니가 N씨를 시설에 넣으려고 시청에 상담하러 갔는데, 장애 정도가 중증이 아니어서 바로 들어갈 수 있는 시설이 없다는 답변을 듣고는 이쪽으로 상담하러 왔어"라고 했다.

S씨도 나도 N씨가 시설에 입소하는 것에 대해서는 반대했다. 하지만, 집 안의 물건을 부수고, 어머니를 물어서 잇자국을 남기는 N씨와 어머니가 계속 함께 사는 것이 무리라는 것은 알고 있었다.

그러던 참에 당시 '타코노키 클럽'[11] 사무실에서 임대한 아파트에 N씨를 데리고 가서, "여기에서 자립생활을 연습하자"라고 권했다.

첫날 밤, 시설 입소를 피한 것과 이후 N씨와 함께 그의 생활을 만들어 나갈 것이라는 기쁨으로 그에게 이야기했다.

"너도 20살이 되고 곧 어른이니까, 지금까지의 생활을 떠나 '타코노키 히로바'[12]로 생활의 터전을 옮겨서 자립생활을 향해 함께 나아가자."

그렇게 이야기하니, N씨는 "자립생활이란 게 벌이야?" "내가 엄마를 물어서 자립생활을 하는 거야?"라는 물음이 되돌아왔다. 나는 그 말에 아연실색했다.

---

11. 타코노키 클럽たこの木クラブ은 1987년에 '장애 유무와 상관없이 아이들끼리 관계 만들기'를 취지로 활동을 시작한 시민단체이다. 현재 지적장애인의 '자기선택' '자기결정' '자기실현'을 지원하는 단체로서 활동하고 있는데, 그것을 계기로 해 N씨의 자립생활 지원에 큰 영향을 주었다.
12. 타코노키 클럽의 사무실 명칭

나도 S씨도, N씨를 알고 있는 지역의 많은 사람들도 그가 어머니 곁을 떠나 자립생활을 시작하는 것을 환영했지만, 그에게는 좋아하는 어머니와 함께 살 수 없는 '벌로서의 자립생활'로 받아들여질 수밖에 없었다.

내 자신이 그의 생각을 어떻게 받아들여야 좋을지 고민했다. 지체장애당사자들이 스스로의 의지로 자립생활을 원하는 것에 반해, 지금 당장 N씨는 결코 자립생활을 원하지 않는다. 자립생활보다도 어머니와 함께 살기를 바라고 있다. 그런 그에게 '자립생활'이라는 우리의 논리가 성립될 수 있을까 고민하고, 'N씨는 어머니와 함께 살기를 원하는구나'라고 인정할 수밖에 없었다.

하지만 시설에 들어가면 그는 어머니와 만날 수 없게 될 가능성이 있다. N씨에게 "네가 좋아하는 엄마가 너를 시설에 넣으려고 하고 있어"라고는 결코 말할 수 없다. 어머니 자신도 시설 입소를 원하지 않았고, 같은 공간 안에서 살기에는 이젠 한계에 이르렀다는 것을 어떻게 N씨에게 전할까 고민했다.

나를 포함하여 주위의 모든 사람들은 일정 시기가 되면 부모 곁을 떠나 각자의 삶을 시작한다. 그것은 N씨에게 있어서도 마찬가지의 일로, N씨 스스로가 자신의 생활을 만들어 가기 위하여 '타코노키 히로바'에서 잠시 지내기로 했고, 이후의 생활을 N씨 스스로가 만들어 갈 수 있도록 하기 위해서 우리들이 옆에 있다고 전했다.

당사자에게 우리의 생각이 어디까지 전해졌는지는 모른다.

하지만, 그의 생각이 '벌로서의 자립생활'이라 하더라도, 그를 지역에서 빼앗기지 않기 위해서, 우리의 생각과 과제로 일단 시작해야 했다. 그렇게 합리화했다.

(2) 만남 안에서 변화하는 N씨

N씨의 생활은, 어머니와 지낸 시간이 우리들과 지내는 것으로 바뀌었을 뿐, 그 이외의 것은 일절 변하지 않았다. 낮에는 작업장에 다녔고, 밤에는 어머니 곁이 아닌 '타코노키 히로바'로 돌아갔다. 휴일에는 이 사람 저 사람 할 것 없이 N씨와 함께 지낼 기회를 제공하여 '타코노키 히로바'에서의 생활이 시작되었다.

J씨의 경우는 시설에서 퇴소한 사람이었기 때문에 지역과의 관계를 새롭게 만드는 것부터 시작했지만, N씨의 경우에는 지금까지의 관계를 잘 활용하여 그의 생활을 만들어야 한다는 점에서 큰 차이가 있었다.

J씨의 자립생활이 이미 10년 이상 계속되고 있었기 때문에, N씨 주위 사람들도 N씨의 자립생활을 당치도 않은 일이라고는 생각하지 않았다.

N씨가 어렸을 때부터 가져온 관계는 우리들에게 있어서 새로운 관계였고, 우리들이 활동을 통해 만들어 온 사람들과의 관계는 N씨에게 있어서 새로운 관계였다. 이처럼 '타코노키 히로바'를 매개로 하여 여러 사람과의 만남을 서로 공유하면서 일상생활을 이어나갔다.

당시, '타마 시 취학건강검진에 반대하는 모임'[13]과 이후에 결성된 '지진재해지 장애인을 응원하는 타마 시 모임'[14]이 '타코노키 히로바'를 이용했고, 협의와 활동 준비를 위해 연일 많은 사람들이 방문했다. 매일같이 다른 사람이 왔지만, 그들이 N씨를 만나기 위해 온 것은 아니었다. 하지만, '타코노키'에 계속 머물고 있는 N씨에게 관심과 흥미를 가지지 않을 수 없었다.

회의 중간의 쉬는 시간에 사람들은 각자 N씨와 이야기했고, 나도 그들에게 N씨의 향후 거취에 대한 지원을 부탁했다.

N씨에게 있어서 '벌'이기도 했던 '타코노키 히로바'에서의 생활이 언젠가부터 많은 사람들과의 만남이 있는 매우 즐거운 시간으로 변화하기 시작했다.

"오늘은 누가 오지?"라고 묻는 그에게, 그를 위해 사람들이 오는 것은 아니므로, "글쎄. 누가 올지 모르겠는데"라고 답변할 뿐이었다. 하지만, 그가 누군가를 만나고 싶어 하고, 누군가와 이야기를 하고 싶어 하고, 누군가와 생각을 나누고 싶어 하는 기대는 날이 갈수록 커져 갔다.

---

13. 취학건강검진에 반대하는 모임: 매년 가을 취학 시의 건강검진 반대를 주장하는 전단지를 타마 시 각 가정에 4만여 장 배부하고 있다. 회원은 일반 회사에 근무하는 사람들이 대부분이어서 일을 마치고 귀가하는 길에 타코노키 히로바에 모여 전단지 작업 등을 한다.

14. 지진재해 후에 피해지역에 사는 장애인을 응원하기 위해서 자원봉사자를 파견하는 시민모임. 경비를 절감하기 위해서 야간버스를 이용하여 자원봉사자를 파견했기 때문에, 야간에 타코노키 히로바에 모이는 기회가 잦았다.

'엄마 곁으로 돌아가고 싶다'는 생각이 결코 사라졌다고는 할 수 없을 것이다. 때때로 N씨는 '타코노키 히로바'에 돌아오지 않았고, 그때마다 어머니가 있는 곳에 들르기도 했다.

그러나 그 이상으로, 남들과 만날 기회가 넘치는 '타코노키 히로바'에서의 생활이 그다지 싫지도 않다는 생각을 하고 있었던 것 같다.

(3) 만남이 N씨를 변화시키고, 만남이 N씨를 결단시켰다

매일같이 오는 사람이 바뀌는 '타코노키 클럽'에서의 생활이 약 3개월쯤 되었을 때, N씨에게 있어서 하루 하루가 특별하지 않은, 당연하고 평범한 삶으로 변화했다. 그리고 보니, 사무실 겸 숙소에는 개별실이 있을 리가 없었다. '타코노키 히로바'에는 그의 사생활을 보호할 공간이 전혀 없다는 것을 본인도 깨닫기 시작했다.

"(빨리 자고 싶은데) 언제 집에 가?"라는 말이 빈번하게 나왔다. "언제 와?"라는 말도 처음에는 '또 와'라는 의미였지만, '이제 안 와도 돼'라는 뉘앙스로 변했다.

우리들은 3개월 동안 그에게 '자립생활 하기'에 대해서 이것저것 말해 왔다. 그중 절반은 이해가 안 되었을 것이다. 그러나 이곳에서의 생활이 종착점이 아니라 자립생활을 향한 통과점이라는 것은 왠지 이해하고 있었던 것 같다.

어느 날, 많은 사람이 모여 한창 회의를 하고 있을 때, 갑자기 N씨가 "모두 돌아가!"라고 소리쳤다. 갑자기 튀어나온 그

의 말에 모두가 깜짝 놀랐다. 하지만 "근데, 여기는 타코노키
지 N씨의 방이 아니니까, 회의 끝나면 갈 거야"라는 말과 함
께, 비정하게도 그의 호소는 받아들여지지 않았다.

"(그러면) 내 방이 있으면 좋겠어"라는 N씨. 그 말은 나에게
도 큰 의미가 있었기 때문에, "그러면 집을 찾아보자!"라고 말
하며, 회의는 접어놓은 채 N씨와 이야기를 시작했다.

그의 기분이 바뀌기 전에, 당장 그 다음날부터 아파트를 찾
기 시작했다. 하지만 지적장애당사자에게 집을 빌려주려는 집
주인은 좀체 없었다. 그러나 당시 중증 지체장애당사자의 자
립생활을 지원한 경험도 있고 부동산업자와의 연결끈도 있어
서, 약 보름간 매일같이 아침저녁으로 집을 알아본 결과 집을
찾았고, 그의 자립생활이 시작되었다.

(4) 의사를 가진다? 의사를 묻는다?

N씨에게 있어서 자립생활은 '벌'로 시작되었다. 거기에 본인
의 의사는 없었고, 오직 부모의 육아에 대한 한계와 주변 사람
들의 N씨에 대한 동정만이 있었다. '내 방을 갖고 싶어'라는 외
침도 '자립생활을 하고 싶어'라는 의미가 아니라 번잡함에서
튀어나온 외침이었다고 생각한다.

지체장애당사자의 경우, '자립생활'에는 명확한 의사를 필
요로 한다. 자립생활운동이 그런 의사를 가진 중증 지체장애
당사자로부터 시작되었고, 뒤이은 사람도 항상 명확한 의사를
가짐으로써 자립생활을 실현해 왔기 때문이다. 사회로부터 그

존재를 부정당해 온 당사자에게 있어서, 그런 시대 배경 안에서는 무엇보다도 의사를 이야기하는 것이 중요했다.

하지만, 의사 결정에 곤란함을 안고 있는 지적장애당사자에게 자립생활에 대해 명확한 의사를 묻게 된다면, 특히 중증 지적장애당사자에게 있어서 자립생활은 전혀 불가능한 것이 되어버린다. 경증이나 그보다 조금 중증이면서 언어 장애가 없는 사람이라 하더라도, 주위를 납득시킬 만한 생각을 가지고 주장한다는 것은 굉장히 어려운 일이라 생각된다.

지체장애당사자 운동도 결코 하루아침에 가능했던 것은 아니고, 스스로의 존재와 생각을 긴 시간 동안 주장함으로써 현재의 모습을 만들 수 있었다. 그 어려운 일이 지적장애당사자에게 요구된다면, 사회뿐만 아니라 같은 장애당사자들에게도 호소해 나가야 한다. 그러나 '지적' 부분에 장애를 가지고 있는 사람들이 그것을 계속 짊어지고 나가는 것은 상당히 곤란한 일이다.

N씨의 자립생활은 결코 그의 의사에 의해 시작된 것은 아니다. 또 우리들의 노력으로 그가 자기 고유의 의사를 갖기 시작한 것도 아니다. 처음에는 '벌'이라는 생각을 하고 3개월이 지난 후 '엄마가 있는 곳으로 돌아가고 싶다'고 외쳤을 수도 있다. 하지만, 그는 '내 방을 갖고 싶다'고 외쳤다. 거기에 큰 의미가 있다. N씨와 앞으로도 '함께 살고 싶다' '함께 계속해 나가고 싶다'는 우리들의 바람을 그가 받아들여 준 것 같다.

당사자의 의사가 명확하지 않은 가운데, 어쨌든 집을 구하고, 그에게 주어진 아파트라는 유일한 공간에서 생활을 함께 만들어 가고, 그 안에서 당사자가 "나는 자립생활을 하고 있어"라고 말해 줄 그런 날이 오기를 기다린다. 그것이 지원하는 우리 쪽에서 해야 할 일이라는 것을 "이거 벌이야?"라는 말에서 배운 것 같다.

그리고 10년이 넘은 지금, 당시 '벌'이라 말한 N씨에게 "왜 자립생활을 하고 있어?"라고 물으면, "엄마는 언젠가 돌아가시니까"라는 답변을 들을 수 있다. 최근에 안정된 생활을 하고 있는 N씨는 어머니의 집에 빈번하게 드나드는 것 같다. 그러면서 '엄마는 돌아가신다'고 대답을 하는 그는 10년의 경험에 따라 '자립생활'이라는 것을 어떻게든 실감하고 있는 것 같다.

(5) 지역연계와 제도 이용 — 등록 헬퍼 제도의 활용

두 번째인 N씨의 자립생활도 J씨 때와 마찬가지로 지역연계에 입각하여 유지해 나가도록 힘썼다.

그러나 한 명이 자립생활을 하는 것 자체가 많은 지원을 필요로 하고, 두 명의 경우에는 그 배가 되는 지원이 필요하다. 지원하는 쪽의 열정만으로는 끌어안을 수 없는 현실에 부딪히기도 한다.

평소 한 달에 한두 번 당사자를 초대하여 식사하던 사람도, 당사자가 두 명이 되면, 초대 횟수도 한 달에 서너 번으로 늘어난다. J씨와 N씨는 10살 이상 차이가 나므로 휴일에 시간을 보내는 법도 다르다. 또 평소에 연락하는 지인들도 조금 다르다.

앞으로 자립하고자 하는 당사자가 계속 늘어나고 한 명에게
많은 지원이 필요하다면, '함께 살자'라는 생각만으로 모든 것
을 전부 지원하지는 못할 것이라는 생각이 든다. 또 당시에 활
발하게 벌이고 있던 중증 지체장애당사자의 개호보장운동도
지적장애당사자의 개호보장과 마찬가지일 거라 생각하고 있
었다. 따라서 두 사람을 한데 모아서 지원할 방법에 대해 적지
않은 의문을 가지고 있었다.

또한, 먼저 자립생활을 시작한 J씨는 자립생활 10년 선배로,
게다가 N씨보다도 연상이다. J씨에게도 자존심이 있었다. 예를
들어, 두 사람이 다 알고 있는 누군가를 동시에 만나면, J씨 쪽
이 "나와 알고 지낸 기간이 길어!!"라고 하면서 N씨를 제압하
는 일도 가끔 있다.[15]

J씨와 N씨의 관계에 대해서는 여러 가지 생각이 들지만, 어
쨌든 함께 지원하는 것은 J씨와 N씨에게 거부당한 느낌이 확
실하고, 따라서 각각 따로 지원해야 했다.

하지만, 그렇다고 해서 새로운 사람을 확보하는 것이 가능
한 것도 아니다. 또 J씨의 경우는 입소시설에서 나왔기 때문에
부모를 의식하는 마음은 조금도 없었고, '적절한 지원'을 모두
함께 고민하고 진행하는 것이 가능했다. 그리고 J씨만 납득하
면 그만이라고 여기는 면이 있었다.

그러나 N씨의 경우는 지역 안에서 지내 온 만큼 부모의 존재

---

15. 사실은 어렸을 때부터 지역에서 자라온 N씨가 J씨보다 오래된 관계였으
나, 그 일을 J씨는 모르고, N씨 자신도 깨닫지 못하는 상황이었다.

를 빼 놓을 수 없다.

N씨의 생활 모습은 소문으로 어머니의 귀에 들어가기도 했고, 그 이야기가 어머니를 불안하게 하는 일이 종종 있었다. 우리들은 어디까지나 당사자의 지원을 생각하고 있었지만, '어머니의 말'은 영향력이 컸으므로, 불안에서 나온 어머니의 말은 J씨 때와는 다른 지원 방법을 모색하게 하기도 했다.

또한, N씨는 불안해지면 물건을 부수는 일이 있었는데, 그 이유를 본인에게 물어도 이쪽은 이해하기 어려웠고, 그의 생활 전체 안에서 그가 품고 있는 어려움을 이해하기 위해서는 지원하는 우리가 항상 지켜보는 방법밖에 없었다.

지금까지 '적당한 지원'으로 지역의 모두가 서로를 지지해 왔지만, N씨의 '개인생활'을 지지하는 자립생활을 성립시키기 위해서는 '지원'이라는 것을 새롭게 의식해야만 했다.

'적당한 지원'에서 '정확한 지원'으로 변화하기 위해서, 모든 것을 자원봉사자만으로 꾸려나가기에는 무리가 있었다. 거기에서 나온 것이 헬퍼 제도의 활용이다. 유급으로 N씨의 지원에 참여하게 함으로써, 계속 관계를 가져 나가려고 생각했다.

하지만, 행정기관에서 지급하는 파견 시간만으로는 그의 생활 전부에 걸쳐 지원이 불가능했다. 또 헬퍼 파견을 위탁받은 가정부소개소에서 파견한 헬퍼에게 N씨의 지원은 어렵게 느껴졌고, N씨에게도 모르는 사람이 집에 와서 엄마처럼 일을 하는 것은 그를 힘들게 만드는 것이었다.

그때 그의 생활을 지지하고 있던 주요 멤버가 시에서 위탁한 가정부소개소에 등록을 하고 헬퍼로서 그의 지원에 참여하게 되었다. 부족한 시간 수는, 헬퍼를 통해 번 돈을 일단 모은 다음, 실제로 참여한 사람들에게 재분배하는 형태로 확보하려고 노력했다. 당시 헬퍼 시급은 1,470엔으로, 그것을 재분배하면 시급 700엔 정도가 되었다. 무급으로 지원에 참여한 사람도 꽤 있었기 때문에 재분배가 가능했던 금액이다.

제도를 이용하여 N씨의 자립생활을 지원하려고 했을 때, 지금까지의 '함께 살자' '함께 지지해 가자'라는 생각과 '당사자의 생활을 지원한다'라는 생각이 복잡하게 뒤얽히면서, '지원이란 무엇인가?' '함께 산다는 것의 소중함' '개별 지원의 필요성'이라는 것에 대해 새롭게 고민하는 계기가 되었다.

4. 가족이라는 단위가 성립되지 못한 M씨의 경우

(1) 함께 자라고, 함께 산다는 생각 안에서

세 번째로 자립생활을 시작하게 된 M씨는 항상 '함께 자라고, 함께 산다'는 것을 바라는 사람들 사이에서 자랐다.

초등학교와 중학교를 일반 학급에서 다녔고, 방과 후에는 학동클럽이나 아동관에서 지역의 아이들과 지냈으며, 중학교 졸업 후에는 도립 고교에 진학하였다. 그리고 본인과 주변 아이들에게 있어서는 극히 당연한 일로서, 지역 안에 융화되어 있었다.[16]

  (2) 육아의 한계가 아닌 육아의 기한을

 하지만, 고교 3학년 즈음부터 사춘기와 반항기를 맞이했고, N씨와 마찬가지로, 가족이 손을 댈 수 없는 상태에 이르렀다.

 가정 안에서 M씨가 휘두르는 폭력에 대해서는 어머니로부터 몇 번 상담을 받았다. J씨나 N씨의 자립생활을 알고 있는 어머니로서는 자립생활도 눈에 들어왔다. 그러나 그가 아직 미성년자라는 사실과 부모로서 체면도 있어서, 가족끼리 그의 상태를 받아들이고 어떻게든 해결해 보려 했다.

 고교 4학년[17]이 되자 M씨의 상태는 더 심해졌다. 정신안정제를 먹기도 했고, 정신과로 입원과 퇴원을 반복했다. 어쨌든 견뎌야 하는 상황은 날이 갈수록 심해졌다.

 그리고 4학년 때이던 19살 가을, 아들의 폭력을 더 이상 참기 어려웠던 어머니는 경찰서에 신고하였고, M씨를 가족에 의한 보호 입원 형태로 정신과에 긴급 입원시켜버렸다.

 아들을 입원시킨 밤에, 어머니는 "아들을 입원시켜버렸어"라고 '타코노키'에 알리러 왔다. 그 얼굴은 스스로의 미숙함에 대한 부끄러운 마음과 안도하는 마음, 그 양면을 지닌 복잡한 표정이었다.

 하지만, 그를 어렸을 때부터 알았고, 최근 몇 번에 걸쳐 상

---

16. 자립생활을 시작하고 조금 지났을 무렵, M씨로부터 "내가 지체장애인이야?"라는 질문을 받고, "너의 경우는 지적장애인이라고 하는 거야"라고 대답한 기억이 있다. 그는 극히 당연하게 자라왔고, 스스로를 '장애인'이라 생각하지 않았던 것 같다.
17. M씨는 도립 정시제(4년제)에 다니고 있었기 때문이다.

담을 해온 나로서는 그런 방법으로 입원시키는 건 용서할 수가 없었다. 그리고 "그는 결코 입원을 필요로 하는 사람이 아니다." "이 입원은 부모의 한계를 당사자에게 덮어씌우는 것에 지나지 않는다"고 강한 어조로 어머니에게 호소했다.

그리고 부모와 함께 사는 것이 한계에 이르렀다 하더라도, 그것이 곧 M씨가 앞으로 지역에서 살아가는 데 있어 한계를 의미하는 것은 아니므로, "J씨나 N씨와 마찬가지로 자립생활을 시키자"라는 뜻을 전했다.

긴급 입원한 곳에서 다른 병원으로 옮긴 지 이틀 후에, M씨의 부모와 나는 병원을 방문했다. 아버지는 담당 의사로부터 "잠시 입원이 필요하다는 말을 들었다"고 나에게 말했다.

나는 "입원은 필요 없다," "의사라는 전문가를 믿을 것인지, 지금까지 만들어 온 지역과의 관계를 믿을 것인지, 그 선택밖에 없다"고 하면서, 지금 와서 생각해 보면 아무 근거도 없는 무모한 압박을 가했다. 하지만, 어렸을 때부터 지역에서 함께 자라온 M씨가 이대로 입원해버리면, 뒤따를 당사자들의 장래에 크나큰 불안을 줄 수 있을 것이라 생각한 나는 M씨의 부모를 필사적으로 설득했다.

"부모가 한계에 이르렀어도, 그의 장래가 한계에 이른 것은 아니다. 또 지역 사람들의 한계도 아니다"라는 내용으로 어쨌든 주장했다. 앞에서 이야기한 N씨의 자립생활을 향한 노력의 과정에서, N씨와 마찬가지의 일이 일어날 때를 대비해 '타코노키 클럽'은 자립체험실[18]을 빌린 상태였고, 따라서 바로 체험홈

생활을 시작할 것을 제안했다.

그러자 부모는 의사로부터 '절대 입원'을 당부 받은 상황에서, 우리들을 신뢰하여 바로 퇴원 수속을 밟았다.[19]

N씨의 경우도 그랬지만, 부모는 아이를 한계 직전까지 끌어안고 가다, 갑자기 자신의 본심과 관계없이 시설 입소나 입원이라는 선택을 한다. 어차피 그렇게 된다면, 한계에 이른 다음에서야 고민할 것 없이, 처음부터 육아의 기한을 정한 다음 그때까지 필사적으로 노력하고, 기한이 지나면 지역에 맡기는 것과 같은 형태가 필요하지 않을까.

오랜 기간 동안 입소시설에 있었던 사람이라도, 지체장애당사자라면, 당사자 본인이 지역에 나가서 자립생활을 시작하겠다는 명확한 의사 표현이 가능하다. 하지만 명확하게 의사를 표현할 수 없는 지적장애당사자의 경우, 아무리 부모 본심과는 다른 어쩔 수 없는 시설 입소라 하더라도, 그런 부모의 판단이 지역에서 당사자를 빼앗아가는 결과로 이어진다.

우선 육아의 기한을 정하고, 그 기한까지 부모는 육아를 해나간다. 지원하는 쪽은 그 기한에 맞추어 준비를 한다. 그것이 지적장애당사자의 자립생활을 잇는 중요한 시점이라는 것을 M씨의 사례로부터 생각했다.

---

18. 명칭: 타코노키 카보챠바타케たこの木かぼちゃ畑.

19. '절대 입원'이라는 의사 판단에 반하여 퇴원을 결정한 부모. 의사는, "가족의 의사에 따라 퇴원함. 어떤 문제가 발생하더라도 병원과는 일절 관계없음"이라는 각서를 쓰라고 부모를 압박하였는데, 부모는 그대로 각서를 쓰고 M씨를 퇴원시켰다.

(3) 자립생활 체험실 ― 당사자의 감각에 근거한 지원

M씨는 퇴원 후 바로 '카보챠바타케'로 향했고, 그날 밤부터 그곳에서 지내게 되었다.

M씨는 몇 번인가 정신과에 입원한 적이 있어서 병원 생활이 어떤 것인지 알고 있었다. 그렇기 때문에 그에게 '카보챠바타케'의 생활은 병원 생활보다 낫다고 할 수 있었고, '카보챠바타케'에서 지내는 것을 거부한 적이 없었다.

하지만 M씨는 매일 불안정한 상황이 계속 되었다. 활동보조인에게는 마구 화를 냈고, 생활은 남에게 떠맡겼다. 활동보조인의 눈을 피해 외출하면, 밖에서는 물건을 훔치거나 어린아이나 할머니를 들이받아서, 나로서도 어떻게 지원해야 좋을지 망설이곤 했다.

M씨는 N씨와 달리 남에게 해를 입히거나 남의 신체를 만지는 행위를 반복했기 때문에, 24시간 절대 눈을 뗄 수 없었다. 긴급 사태가 일어났을 때는 몇 명이 지원에 나서 주었다. 하지만, 매일 24시간 지원체제가 바로 갖추어질 리 없고, 처음에는 적은 인원이 필사적으로 그의 카보챠바타케에서의 생활을 지탱하고 있었다.

지체장애인은 제도가 없던 시절에 스스로 전단지를 배포하며 모집에 힘을 쏟은 결과, 활동보조인을 확보할 수 있었다. 그러나 지적장애인인 M씨는 자신의 힘만으로 사람을 모을 수는 없다. 차분할 수 있다면 여러 가지 일을 할 수도 있겠지만, 불안정한 그에게 '자신의 생활을 위해' 모집을 요구한다면, 오히려 불안정한 모습이 점점 늘어나서 수습이 불가능해질 지도 모른다. 생활의 하나하나를 스스로 책임질 수도 없고, 불안정한 모습 안에서는 일절 의사소통도 할 수 없기 때문에, 어쨌든 우선 차분한 생활이 가능하도록 '카보챠바타케에서 M씨의 생활을 어떻게든 해결한다'는 생각으로 24시간 지원체제를 꾸렸다.

우리들은 카보챠바타케에서 그가 바라는 생활이 가능하도록 한결같이 지원해 나갔다. 그것으로 그의 불안정한 모습을 해소하려 했다. 그러나 '바라던 생활'이라고는 해도, 결코 그가 원하던 지원이라고 말할 수는 없다.

예를 들어, 좋아하는 음식을 먹고 싶어 하더라도, 항상 좋아하는 음식을 제공할 수는 없다. 좋아하는 음식을 먹기 위해서는 어떻게 하면 좋을지를 지원해야 한다.

우리들은 좋아하는 음식을 먹으려면, 가게에 들러 돈을 내고 사서 먹는다. 그러나 그는 '절도'라는 행위로 손에 넣으려 한다. 활동보조인이 있으면 '절도'는 할 수 없겠지만, 그는 활동보조인의 눈을 다른 곳으로 돌린 다음 '절도'를 한다. 지금까지는 그와 같은 행위를 하더라도 그의 부모가 돈을 지불하면서 사죄하거나 점원이 그가 지적장애인이라는 사실을 알고 용서해 주곤 했다. 경찰서까지 가더라도 지적장애인이라는 이유로 기소당하지는 않았고, 그의 입장에서 보자면 잔소리만 조금 들으면 끝이라는 생각을 했다.

훔친다는 것의 의미를 이해하지 못하고 살아온 그에게, 우선, 절도를 하더라도 결국 자신이 돈을 내고 변상해야 하니까 물건을 훔치기보다는 구입하게끔 설명을 시도했다. 그리고 돈이 없어도 뭔가를 사려고 하는 그에게, 빚을 지고 돈을 구해야만 살 수 있고, 빚을 지면 나중에 자신이 힘들게 된다는 것을 말이 아닌 그 결과로 전달해 갔다. 이와 같은 일을 포함하여, '바라던 생활'이 가능하려면 어떻게 하면 좋을지를 지원해 나간 것이다.

예를 들어, '방청소는 하기 싫다.' → '그럼 안 해도 된다.'

그 결과, 방은 언젠가 악취를 풍기는 상태가 된다. 그 결과로부터 다시 한 번 어떻게 하면 좋을지를 그와 이야기하고, 청소를 하지 않으면 스스로가 곤란해진다는 사실을 깨닫게 한다.

감정 상태가 안 좋을 때, 창문 유리를 깨거나 물건을 던져서 부수는 일이 있었다. 창문 유리를 깨거나 물건을 던지는 행위는 감정 상태가 안 좋았을 때의 결과로 알고 있었지만, 유리를 깸으로써 일어나는 결과를 어떤 방법으로 본인이 받아들이도록 할까 고민했다. 유리를 깨면 방은 추워진다. 곧바로 유리를 교체하려고 해도 돈이 없으면 불가능하고, 며칠간 추운 방 안에서 생활하게 된다. 빚을 지고 유리를 갈아 끼우면, 빚을 진 만큼 다른 곳에 돈을 쓸 수 없다. 그렇다면 유리를 깨뜨리지 않는 편이 좋다는 사실을, 실제 결과를 통해서, 그가 실감할 수 있도록 지원에 임했다.

'하지 않는다,' '시키지 않는다'는 것을 어떻게 하면 그가 실감하고 행동할 수 있을지를 지원하면서, 한편으로는 '어떻게 하면 그 자신에게 이득이 되는 체험을 하게 만들 수 있을까'에 대해서도 고민했다.

자신이 부정당하는 경험이 많았던 그에게, 그가 존재함으로써 자신에게도 주변 사람들에게도 좋다고 생각할 수 있을 만한 체험을 제공해 나갔다.

그 하나가 바로 카보챠바타케에서 '자립생활 연습'을 하는 것이다. 그에게 카보챠바타케에서의 생활은 부모 곁에서 생활하는 게 불가능하기 때문이라는 부정적인 이미지를 갖고 있었다. 그러나 젊은 그가 혼자 살기 시작한 것은 남보다 앞서가는 일로서 전달하고, 그것에 대해 그가 긍정적인 이미지를 갖게끔 노력했다.

더 나아가 그를 강연회에 세워 그가 스스로에 대해 이야기할 기회를 제공함으로써, 주위로부터 주목받는 자신을 의식하고, 앞날을 스스로 만들어 가는 계기로서 제공했다.

그의 카보챠바타케에서의 '자립 연습'은 생활을 가능하게 하는 훈련이 아니라 스스로의 생활을 실감하게 하는 것이면서, 지원하는 쪽에서는 그에게 필요한 지원을 제공하는 일과 그가 스스로 해야 하는 일을 정리하는 기간이었다고 생각한다.

장애당사자의 '자립'을 생각하면, 가능한 일만을 요구할 때가 자주 있다. 휠체어를 이용하는 지체장애인에게 걸을 수 있게 노력할 것을 요구하지 않는다. 그러나 지적장애인의 경우, 주변에서는 할 수 있을 것 같으면서 못하는 일에 대해 항상 가능하도록 노력할 것을 요구한다.

그러나 가능하게 되는 것은 결과이고, 가능해지는 것을 원하는지 어떤지는 본인의 의사로서, 우리는 그 의사에 근거하여 가능하게 되도록 지원한다. 그렇지 않다면, 그는 항상 불가능한 사람이며, 우리들은 가능케 하는 사람으로 남는다.

그의 자립생활 체험실 생활을 통해 당사자가 실감하도록 하는 지원, 당사자가 실제로 느끼는 바에 근거한 지원이란 무엇인지를 우리는 고민해 나아가야 한다고 생각했다.

(4) 지역 생활과 안고 있는 어려움 ― 당사자의 현실과
　　우리 스스로의 지원

그는 약 반년 동안 카보챠바타케에서 생활하고 난 뒤, 아파트를 구해서 자립생활을 시작했다. 카보챠바타케에서는 24시간 체제로 지원했지만, 새로운 거주지에서는 "야간 지원은 필요없다"고 그 스스로가 말해서, 한낮에만 활동보조인을 이용하게 되었다.

그가 자립생활을 시작했을 때는 등록 헬퍼 제도라는 것이 있어서, 그를 지원하는 사람은 시의 헬퍼로 등록하고 지원을 할 수 있게 되었다.

또 그 후에 '타코노키 클럽'은 NPO법인[20]을 세워, 지원비제도가 시작되기 전년도에, 시의 위탁을 받은 재택개호사업소로서 그의 지원체제를 만들어 갔다.

---

20. 특정비영리활동법인: 사단법인의 일종으로, NPO법에 근거하여 행정기관의 인정을 받아 설립된 법인을 말한다. '특정비영리활동'이란 법이 정하는 20여 개 분야에 해당하는 것으로, 불특정 다수의 이익 증진에 기여하는 목적을 가진 활동을 말한다.

또한 지원비제도가 시작되면서, 타 사업소로부터 파견도 받게 되어 그의 생활은 순조롭게 돌아간 것 같다.

하지만, 지원체제가 갖추어짐에 따라 그의 생활 전체를 파악하는 사람이 사라지고, 각각의 정해진 지원만 하는 사람들은 눈앞에 있는 그의 모습밖에 보지 못하면서, 당사자는 많은 스트레스를 안게 되었다.

스스로 원해서 야간 활동보조인이 필요 없다고 했지만, 한밤중에 점점 빈번하게 문제를 일으키게 되었다. 119에 '불이 났다'고 신고하여 많은 소방차를 오게 하거나, '몸 상태가 안 좋다'고 구급차를 불러 몇 번 응급실에 실려 갔고, 그쪽으로 활동보조인을 오도록 했다. 한밤중에 뛰쳐나가 무전취식을 하고, 돈을 내기 위해 활동보조인에게 연락하기를 수차례 거듭하기도 했다. 그와 같은 일 하나하나를 다 그와 의사소통하기 위한 계기로써 삼아 왔지만, 남의 집 벨을 누르고 도망치거나 우편함에 돌을 넣어놓는 등 모르는 곳에서 하는 행동은 대응할 수가 없었다.

그의 입장에서 보자면, 이런 행동은 스트레스라는 괴로움을 누군가가 알아주었으면 하는 마음에서 한 행동이었던 것 같다. 그러나 그런 행위로 인해 그는 아파트로부터 퇴거를 요구당하는 일까지 겪게 되었다. 부동산업자로부터 퇴거 이야기가 나왔을 때, 우리들은 처음으로 모르는 곳에서 그가 일으킨 일들을 알게 되었다. 부동산업자로부터 "앞으로 똑같은 일이 벌어질 때에는 퇴거시키겠다"는 말을 들었다. 처음으로 알게 된

일들에 대해 그 스스로가 실감하고 그만둘 수 있도록 시도했다.

그러나 이 시도는 그에게 공염불에 지나지 않았다. 그는 곧바로 '똑같은 일'을 일으킨 탓에, 아파트에서 퇴거당하는 결과를 초래하였다. 더 나쁘게는, 싱크대 개수대에서 헝겊을 태우고 끈 후 소방차를 불렀던 소동이 부동산업자의 귀에 들어갔고, 업자들 사이에 이런 소문이 퍼진 탓에 다른 아파트를 구하기가 어려워졌다.

퇴거 기한이 다가왔지만, 이사할 마땅한 집을 찾지 못하는 현실에서 그가 살아갈 방식을 찾아나갔다. 그가 일으킨 일들 자체보다도, 일을 벌이는 스스로를 어떻게 깨닫게 하고, 활동보조인이나 지원자가 어떻게 함께 걸어갈 것인가를 찾아나갔다. 한편에서는 지원이 바람직했는지 다시 생각했다. 그가 끌어안고 있는 어려움을 어디까지 이해했는가? 이해한 후에 어떤 식으로 지원할 것인가? 그의 지금 모습을 인정하면서 지원 가능한 역량을 어떻게 키울 것인가에 대해 다시 생각했다. 더 나아가, M씨와 함께, 이와 같은 사태로까지 된 것은 행정기관의 활동보조 보장이 불충분하였기 때문이라는 것을 호소하고, 이런 현실에 대해 행정기관으로서 어떻게 대응할 것인가를 호소해 나갔다.

우리들은 당사자, 지원, 행정 모두가 크게 변화하지 않으면 앞으로 그의 생활은 유지될 수 없을 것이라 생각했다. 그러나 다음 방법이 없는 상황에서 퇴거 기한이 다가왔고, 그는 정신

과에 입원하게 되었다.[21]

그의 입원은 결코 병으로 인한 것이 아니고, 사태 수습을 위한 피난이라고 할 수 있다. 하지만 병원 생활은 그의 스트레스나 불안을 증폭시킬 뿐이고, 의사는 그런 그의 행동에 대해 더욱더 입원이 필요하다는 판단을 할지도 모른다는 생각이 들었다.

실제로, 입원하고서 바로 병원 안에서 문제를 일으킨 탓에 개방병동에서 폐쇄병동으로 옮겨졌으며, 폐쇄병동 안에서도 문제를 일으키면서 보호실에 넣어졌고, 더 나아가 구속까지 당하는 사태에 이르렀다. 우리들은 그에게 우리들의 지원이 불충분했다고 사과하고, 이런 현실로부터 그에게 변화하기를 요구했다. 그리고 행정기관에는 시급히 퇴원할 수 있는 방법을 계속 요구했다.

그리고 정확히 1개월이 흐른 뒤, 새로운 지원단체로부터 지원을 받아 우선 퇴원을 하게 되었다. 그로부터 수개월이 지난 뒤에 새로운 아파트를 찾았으며, 두 번째 자립생활을 시작하여 지금에 이르고 있다.

그에 대한 지원이 막히고, 우리가 가진 방법만으로는 어찌할 도리가 없어서, 우리들과 마찬가지로 지적장애인의 자립생활을 지원하고 있는 단체의 대표와 상담하기도 했다.

그때, 그 대표는 우리에게 "그래도 당신들은 지원하는 일을 계속할 거 아닙니까"라는 말을 했다. 또 구체적인 방법도 알려

---

21. 병원에 의한 긴급일시보호를 위한 입원.

주었다.

M씨의 9년에 걸친 두 번의 자립생활의 여정은 정말로 지원하는 쪽이 당사자와 함께 계속할 것인지 그 각오를 추궁당하는 기분을 느끼게 했다. 당시에는 필사적으로 계속 해 나갈 수밖에 없는 상황이었지만, 지금에 와서 생각하면 각오만 되어 있다면 어떻게든 된다는 것을 실감할 수 있었던 것 같다.

지체장애당사자의 경우에는 아마도 스스로의 각오를 이야기하겠지만, 지적장애당사자의 자립생활은 당사자의 각오가 아니라 지원하는 쪽의 각오가 필요하다고 생각한다.

5. 부모가 오랫동안 자립생활을 바란 K씨의 사례

(1) 일한다는 것

4번째인 K씨의 경우는 그 각오가 더욱 필요한 자폐증을 동반한 중증의 지적장애인이다. 나에게 K씨는 M씨 이상으로 오랫동안 알고 지내 온 사람이다.

그도 어릴 때부터 지역의 보통 학급에 다니며 초·중학교를 졸업했다. 그는 중학교 졸업 후에 진학을 희망하지 않고, 사회인으로서 사는 길을 선택했다. 그리고 우리들은 그의 선택을 실현하기 위해, 그가 하루를 보낼 수 있는 거점으로 '타코노키히로바'를 확보했다.

'사회인으로 살아간다'는 말을 일반적으로 깊이 생각해 보면, '일한다'는 문제가 있다. K씨의 일을 계기로, '타코노키' 안에 '일하는' 것을 취지로 하는 활동이 생기게 되었다.

(2)부모의 의사와 본인의 의사

그런 그의 어머니는 N씨와 M씨와는 달랐다. 자립생활을 시작한다는 전제로, 어머니 자신도 '타코노키 클럽' 활동이나 자립생활운동을 하고 있는 다른 단체에도 참여하면서, 자식의 자립생활을 마음속에 그리고 있었다.

'타코노키 클럽'은 아이들끼리의 관계 형성을 취지로 하여 발족한 모임으로, 현재는 장애당사자의 '자기선택' '자기결정' '자기실현'을 지원하는 단체이다. 우리들은 지역 안에서 장애당사자가 당연하게 살 수 없는 현실을 당사자 본인이나 그 가족의 문제가 아니라 사회의 문제로 삼아 왔다. 그리고 그 문제해결에 임하는 것을 장애당사자 본인과 가족이 아니라 사회가 풀어야 하는 과제로 여겨 왔다. 그러므로 장애아동의 부모가 '타코노키' 활동에 함께 하는 일은 없었지만, K씨의 어머니만은 항상 '타코노키' 활동에 어떤 형태로든 참여해 왔다. 또 우리들도 다른 어머니들과는 다른 그녀의 참여를 긍정적으로 여기고 있었다. 왜냐하면 K씨의 어머니가 함께 해온 일들은 '어떻게 하면 아들을 사람들에게 맡길까'라는 것이었기 때문이다.

그녀는 어떻게 하면 다른 사람에게 아이를 맡길 수 있을지 고민하는 일을 포함해 아이를 위한 장소가 아닌 자기 자신이 풀어야 할 문제로서 타코노키를 보았고, 타코노키에 참여해 왔다고 생각한다.

그런 어머니 밑에서 자란 K씨의 자립은, 자립생활에 대한 희망 유무를 떠나서, 자립생활의 시기를 언제로 할 것인지가 중요했던 것 같다.

K씨가 자립생활을 시작하면, 어머니 자신은 아들의 생활에 간섭하고 싶은 마음이 들면서도, '지금까지 관계를 만들어 온 사람들에게 맡기는 거니까, 또 간섭하면 맡겼다고 할 수 없는' 것이므로, K씨의 삶 전체를 지원하는 사람들에게 맡기고 그 관계로부터 걸어 나간 것이다.

그와 같은 일은 세상에서 '아이를 버렸다'고까지 표현되지만, 그래도 자신이 그곳에 간섭하지 않도록 필사적으로 그 감정을 억누르고 있었던 모양이다. 우리들도 K씨의 자립생활을 언제쯤 시작할지 고민하며 그와 함께 살아왔다.

그 시기는 가족의 환경이 변했을 때 다가왔다. 가족의 환경이 변하면서, K씨가 집에 있는 시간이 적어지고, 집에 있을 때도 가족이 잠든 후에 활동하게 되었다.

불안정한 날들이 더욱 늘어나기 시작했고, 항상 힘든 표정으로 사람과 만나는 그였다. 처음에는 그 원인을 몰랐지만, 여러 가지를 찾아본 다음, 자립생활, 부모와 떨어져서 생활하기를 바라는 것 외에 다른 원인을 찾을 수 없다는 결론을 내렸다.

그 원인을 어머니에게 설명하니, 어머니는 그렇다면 아들이 사는 데 익숙한 장소가 앞으로의 자립생활을 하기에도 좋을 것이라며, 부모가 집을 나가고 K씨가 지금의 공간에서 거주하자는 제안을 했다.

우리들은 어머니의 그 제안을 어느 날 K씨에게 전달했다. "K 씨, 지금 이곳에 4명이 살고 있는데, 부모님이 나가시면 어떨 까?" "K씨도 J씨나 N씨, M씨처럼 자립생활을 시작하는 건 어 때?"라고 물었다. 그는 바로 "좋아요"라고만 했다. 그 이야기 를 한 날을 경계로 그는 안정감을 되찾았고, 자립생활을 희망 하고 있다는 사실을 확인할 수 있었다. 그리고 지금 사는 곳에 서 가족이 나가면서 그의 자립생활은 시작되었다.

지금까지 자립생활을 해온 당사자들은 결코 스스로 원해서 시작한 자립생활이 아니었다. 실제로 생활을 해 나가면서 자립 생활의 의미를 알고, 그 생활을 받아들인 것 같다. 그러나 K씨 의 경우에는 명확하게 자립생활의 의사를 표현하지는 않았지 만, 지금까지의 흐름으로 보아 그와 같은 의사가 있다는 걸 부 모와 주변 사람들이 확인하고, K씨의 자립생활이 시작되었다.

(3) 남매간의 거리

부모와 우리들, 우리들과 K씨 사이에서 확인된 자립생활을 시작하려 했을 때, K씨의 누나가 부모와 우리의 준비와는 좀 다른 움직임을 보였다.

우리들은 누나와도 어렸을 때부터 알고 있었기 때문에, 남동 생이 자립생활을 시작함에 있어서 어떤 위화감도 없을 것이라 고 생각했다. 그러나 가족이 나가고 K씨 혼자 지금의 집에서 산다는 사실에 대해서, 누나도 자신이 지내던 방에서 계속 살고 싶어 했다.

　그것은 부모를 대신해서 남동생을 돌본다는 생각과는 달랐다. 굳이 이야기하자면, '집세가 싸다,' '자신에게도 지역과 관계가 있다'는 이유로 자신도 여기에서 계속 살겠다고 주장하는 것이었는데, 누나와 남동생이 집을 나누는 상황이 벌어졌다.

　누나는 이미 직장생활을 하고 있었기 때문에, K씨와 관계된 가사는 헬퍼가 들어가기로 했다. 집을 나눴다고는 하지만, 남매 사이이기 때문에, 식사를 만드는 김에 남동생의 것도 만든다든가 세탁하는 김에 동생 빨래도 함께 하는 식으로 하고 있었다.

　또 누나가 집에 있을 때에 헬퍼가 집에 오는 것은 싫다는 이유로, 휴일에는 헬퍼가 가지 않고, 식사 등은 누나가 만들곤 했다. 하지만 누나가 휴일에 외출할 때에는 헬퍼가 가서 K씨의 지원을 했다.

　장애인의 형제 관계는 부모와는 또 다른 어딘가 복잡한 관계가 있는 것 같다. 하지만 K씨와 누나의 관계는 지극히 자연스런 누나와 남동생의 관계였으며, 그로부터 얼마 지나지 않아 누나가 결혼을 하게 되어 집을 나갔는데, 그 모습을 주변에서도 평범하게 받아들였다.

　그와 같은 관계가 어디에서 생겨났는가. 둘이 아직 초등학생이었을 때, 어머니가 K씨의 일로 전문가와 상담을 했는데, '누나를 결코 어머니 대신으로 생각하게 해서는 안 된다는 말을 들었다'는 것이다. 어머니는 그 말을 항상 의식하고 누나와 남동생의 관계를 평범한 관계로 생각하려고 노력했으며, 그 이야기를 알게 된 주위 사람들도 'K씨는 K씨' '누나는 누나'라는 사실을 의식하며 지내왔던 것 같다.

(4) 지역주민과의 관계

K씨에게 익숙한 장소라는 이유로 부모가 집을 양보하였고, 누나도 결혼과 동시에 그 집을 나가게 되었다.

하지만 누나가 집을 나가고 K씨 혼자 산다는 사실을 알게 된 주민들은 그 사태에 맹렬히 반대하면서, 자치회 결의라는 형태로 K씨를 내쫓으려 했다. 몇 번에 걸쳐 대화했지만, 주민들로부터 나온 내용은 지금껏 주변에서 살아오면서 쌓아둔 고충들이 주였다. 그 안에는 K씨가 결코 한 적이 없는 일까지도 포함되어 있는 것처럼 생각되었지만, 그 사실 관계를 조사할 기술도 없고, 또 주민 감정이 그와 같은 곳에서 K씨가 계속 사는 것도 K씨에게 굉장히 힘든 일이 될 수 있으므로, 그리고 그 힘든 마음에서 그가 어떤 행동을 일으킬지 예상이 되지 않았기 때문에, 그곳에서 이사하기로 했다.

도에서 운영하는 주택에서 살고 있던 K씨의 이사 갈 곳에 대해, 그의 거주권과 불합리한 요구를 하는 주민과의 사이를 고려하여 새로운 주택으로 이사시켜 줄 것을 건의하는 신청서를 시와 도에 넣은 결과, 도에서 운영하는 주택으로 이사를 갈 수 있게 되었다.

그러나 이사 갈 곳에서는 '지적장애인'이라는 이유만으로 차별과 편견이 넘치는 주민의 대응이 있었다. 우리들은 자폐증을 동반한 중증 지적장애인인 그에 대하여, 대응 방법을 포함하여 이해를 요구했다. 하지만 자폐증을 가진 사람에 대한 대응 방법을 이야기하면 할수록, 그 정보를 사용하여 그를 혼란과 공황상태에 빠뜨리는 행위가 반복되었다.

예를 들어, "갑자기 말을 걸면 혼란스러워하므로 가만히 두는 편이 낫다"라고 하면, 모두가 "안녕"이라고 말을 건다. 그리고 혼란스러워진 그를 두고 "나는 인사했을 뿐인데, 갑자기 큰소리를 내며 달려들었다"고 주민들에게 이야기하면서, 그가 얼마나 폐를 끼치고 있는지 호소한다.

"계속 쳐다보면 상대가 무슨 생각을 하고 있는지 몰라서 공황상태에 빠지기 쉬우므로 그를 계속 쳐다보지 말아 주세요"라고 하면, 일부러 밖에서 엿보기도 한다. "일단 공황상태가되면 안정을 되찾을 때까지 지켜보는 편이 낫다"고 하면, "옆에 있는 헬퍼는 K씨가 난폭해져 있는 상태를 보고만 있다"고 주변 사람들에게 소문을 낸다.

K씨에게 있어서 새로운 집은 굉장히 괴로운 장소가 되었고, 점점 안정되지 못한 나날을 보내는 결과를 낳았다.

주민의 차별과 편견에 대해, 지체장애당사자도 마찬가지로 싸워 왔다. 그러나 K씨의 경우, 주민의 차별과 편견이 있었다 하더라도, 그런 일로 인하여 불쾌한 소리를 내고 공황상태가되어 남을 들이받곤 했다. 주민은 그 원인이 자신들에게 있다 하더라도, 그가 일으킨 행위만을 부각시키며 그를 몰아붙였다.

권리옹호위원회 등에 호소하거나 변호사에게 상담해도, 눈에 보이는 형태로 그가 일으킨 일과 눈에 보이지 않는 곳에서 주민이 K씨에게 주고 있는 영향 관계 안에서, K씨에 대한 이해는 얻지 못하고 K씨나 지원자만 나무라는 결과가 나오곤 했다.

중증의 지적장애인이 혼자 사는 것은, 본인과 지원자의 의사소통뿐만 아니라, 주민의 이해가 없으면 성립되지 않는다는 사실을 절감했다.

다시 이사해야 하는 상황에 놓이게 된 K씨는 작은 아파트로 이사하여 안정을 되찾고 생활을 계속하게 되었다.

그로부터 몇 개월 뒤, K씨가 살았던 동네주민 몇 명과 만날 기회가 있었다. 대부분의 사람이 "K씨는 그 이후에 어떻게 지내요?" "그때는 미안했다"고 말했다. 이야기를 들어보니, 일부의 사람이 시끄럽게 만들었고, 그 소동에 함께 하지 않으면 나중에 자신이 책임을 지게 될까 두려워 동조한 것이었다.

현재 살고 있는 아파트에서는, 이사하고 얼마 동안 잠시 소란을 피워 위층에 폐를 끼쳤지만, 그의 행동에 대해 이해받으면서, 지금 K씨는 평온한 생활을 계속하고 있다. 지적장애인의 자립생활에 있어서, 주민의 이해는 빼놓을 수 없는 부분이다.

(5) 복수의 재택개호사업소의 관계

K씨는 일단 패닉 상태에 빠지면 그 누구도 멈출 수 없다. 공황상태의 원인은 오랫동안 알고 지내온 사람에게는 어느 정도

이해 가능하지만, 지역에서 살아가다 보면 여러 상황이 있기 때문에, 어디에 그의 공황상태의 원인이 있는지 찾는 것은 쉬운 일이 아니다.

K씨의 공황상태를 몇 번 경험하면서, 그의 지원에 임해 온 사람들은 그가 어떤 상황에서 공황상태에 빠지는가에 대해 지나치게 신경을 쓰는 경향을 보였다. 공황상태로 인해 주민으로부터 불만의 소리를 여러 번 듣다 보면, 헬퍼들에게는 그것이 트라우마가 되어, K씨가 주민으로부터 불만을 듣지 않는 것이 최우선 과제가 되곤 했다. 지원을 코디네이트 하는 사업소도 새로운 헬퍼를 투입할 때에는 그 일을 강조해서 전달하기 때문에, 새롭게 투입되는 헬퍼도 비슷한 분위기를 가지게 되었다.

거기서 새로운 사업소와 관계를 맺고, 지금까지의 일을 잘 모르는 헬퍼를 참여시켜 그 트라우마를 해소하도록 노력했다.

K씨의 지금까지의 사정을 이야기로만 들은 사람들이 지금까지 계속 투입된 사람들과는 다른 의식을 가지고 지원하러 들어가면서 K씨의 새로운 면을 알게 되고, 새로운 면을 알게 되면서 지금까지 투입된 사람들과는 다른 눈으로 K씨를 바라볼 수 있게 되었다.

지체장애당사자들은 스스로 사업소를 열고, 자신들에게 필요한 활동보조를 스스로 만들어 낼 수 있다. 그러나 스스로 지원을 만들 수 없는 지적장애당사자의 경우, K씨처럼 일단 사업소 쪽이 신중해지기 시작하면, 사업소가 원하는 바에 따라 당사자가 스스로를 변화시키는 것은 굉장히 어렵다. 또 어느 날 갑자기 사업소로부터 거절당하면, 당사자 스스로가 새로운 사업소를 찾는 것도, 새로운 사업소와 의사소통을 시작하는 것도 불가능하다.

지적장애당사자가 장래에 자립생활을 영위하기 위해서는, 복수의 사업소가 관여하여 각각의 관점에서 당사자를 지원하는 것이 필요하다. 복수의 사업소로부터 파견을 받고 있으면, 한 사업소가 파견을 단념하더라도 다른 사업소가 계속해서 파견할 수 있기 때문이다.

6. 본인의 의사에 따라 자립생활을 시작한 Y씨의 경우

(1) 의사소통에 어려움을 겪는 사람의 의사

5번째인 중증의 지적장애당사자 Y씨는 언어라는 도구로는 의사소통이 전혀 불가능한 사람이다.

그러나 지금까지의 사람들과는 달리, 본인이 명확하게 의사를 표현하고 자립생활을 시작한 최초의 사람이었다.

"아~" "우~" "헤~"라는 식으로 소리를 낼 수밖에 없는 Y씨. 제스처를 섞어서 열심히 이야기하는 Y씨이지만, 정말 무엇을 이야기하고 싶은 건지 전혀 모르겠다. '예' '아니요'로 물으면 그 나름대로 대답이 돌아오지만, 정확하지 않은 대답을 하고 있다는 느낌도 든다.

그런 Y씨가 어떻게 '자립생활을 시작하고 싶어'라는 자신의 의지를 명확하게 표현했는지, 그리고 어떻게 주변에서 받아들였는지에 대해 지금부터 이야기하고자 한다.

다섯 번째로 자립생활을 시작한 Y씨이지만, 사실 M씨의 자립생활이 궤도에 오를 즈음에 술자리에서 Y씨에게 "다음은 Y씨야"라고 자립생활에 대해서 이야기를 하곤 했다. 그러나 그 다음으로 K씨의 자립생활 준비가 시작되고, 나 자신도 Y씨에게 그런 이야기를 했는지 까먹고 있었다.

하지만 K씨의 자립생활이 안정되기 시작했을 무렵부터 평소 무척 조용한 Y씨가 무턱대고 나에게 큰소리로 말을 걸어오기 시작했다. "뭔가 얘기하고 싶은 게 있어?"라고 물어도 대답할 줄 모르는 Y씨. 하지만 말을 걸면 걸수록 뭔가를 말하고 싶어하는 그를 느꼈다.

무엇을 말하고 싶은 건지 모른 채 수개월이 지났고, 그사이에 "뭐지?" "뭘 이야기하고 싶어?"라고 계속 물으며 요점을 찾기 위해 노력했다. 그리고 어느 날 둘이서 술을 마시러 나갔는데, 문득, 이전에 같은 술집에서 그에게 자립생활 이야기를 한 것을 기억해 내고 "혹시 Y씨도 자립생활 하고 싶어?"라고 묻자마자, Y씨는 의자에서 벌떡 일어서며 큰소리로 "우~!"라고 외쳤다. 최근 몇 개월 동안 무엇을 말하고 싶은 건지 찾아온 그 대답이 '자립생활'인 건가 생각했다. 정말로 그런 건지 그 시점에서는 확실히 말할 수 없었지만, 확률상 자립생활을 원하는 게 맞다고 판단한 나는 그 시점부터 그 후의 Y씨를 관찰

해 나갔다.

그러자 자립생활에 관한 이야기를 할 때의 반응이 다른 사람과 달랐다. '동생이 최근 부모 곁을 떠나서 자립생활을 시작했다,' '같은 직장의 K씨도 자립생활을 하고 있다,' 등의 그런 구체적인 상황도 있었고, 반신반의하는 주위 사람들도 Y씨에게 자립생활 이야기를 하면 나에게 보인 것과 동일하게 반응한다는 것을 알아챘다. 자립생활에 대한 반응이 날이 갈수록 강해지고 있다는 생각이 들었다.

정말로 그런 건가 확인하기 위해서 '카보챠바타케'에서 일주일간 지냈다. 그 후 부모 곁에서 지내는 모습을 확인했다. 또 여러 사람에게 Y씨가 어떤 생각을 가지고 있는지 찾아 듣고, 거기에서 Y씨의 마음을 헤아려 보았다. 그와 같이 확인을 해 나가는 중에 그가 자립생활을 원하고 있다는 생각은 주위에서도 사실로 받아들여졌다.

그리고 Y씨와 함께 아버지를 앞에 두고 그 일을 알렸다. Y씨의 자립생활에 소극적인 아버지가 Y씨에게 "정말로 혼자 살 거야?"라고 물었을 때, "웃!"이라고 큰 목소리로 대답한 것으로 보아, 그는 자립생활을 원한다고 확실하게 표현한 것이다.

지적장애인이 의사를 표현하는 것. 특히 언어라는 도구가 없는 Y씨와 같은 사람의 의사는 때때로 주위의 제멋대로의 상상에 따라 결정되는 경우도 많다. 또 언어를 가지고 있다 하더라도, 정말로 생각을 언어로 말할 수 있는가라고 한다면, 꼭 그렇지는 않다.

그러나 본인의 생각을 알기 위해서 여러 가지 수단을 구사하여 들으려고 하면 들을 수 있다는 사실을 Y씨가 가르쳐 주었다.

(2) 자기선택, 자기결정, 자기실현의 지원

지체장애당사자들은 개호자에게 지시를 하고, 자신의 생각을 개호자를 이용하여 실현해 간다. 그러나 '지적'인 장애가 있는 사람은 무엇을 어떻게 선택하고, 어떻게 실현해 가는지에 대해서도 지원이 필요하다.

Y씨뿐만 아니라 자립생활을 하면서 매일 요구당하는 자기선택, 자기결정, 자기실현이 얼마나 보장되는가의 한 사례로서 '오늘은 무엇을 먹을까'라는 고민이 있다.

메뉴를 고를 수 있고, 메뉴를 결정할 수 있고, 결정한 메뉴를 먹을 수 있다는 것이 매일의 삶 안에서 얼마나 보장되고 있는가라는 것이다.

지체장애당사자라면, 스스로가 요리책을 보고 오늘의 메뉴를 결정할 것이다. 또 자신이 먹고 싶은 메뉴를 개호자가 만들 수 없다고 생각되면, 그 나름대로 메뉴를 조정하는 것도 가능하다.

하지만 Y씨의 경우에는 무엇이 먹고 싶은지 모른다.

자립생활을 시작했을 때, 요리책을 펴서 헬퍼에게 '닭튀김'을 부탁했다. 확실히 그는 닭튀김을 좋아하므로 어떤 의심도 하지 않았다. 하지만 매일 바뀌는 헬퍼에게 매일 닭튀김을 부탁했다.

그런데, 사실 그는 닭튀김을 매일 먹고 싶었던 것이 아니라, 요리책에 실려 있는 닭튀김 사진 옆의 맥주를 가리키면서 '맥주 마시고 싶어'라고 표현하였던 것이다.

그러나 그 사실을 모른 채 "그는 내가 가면 닭튀김만 요구한다"라고 헬퍼는 오해하고 있었다.

지금은 메뉴가 겹치지 않도록, 그날 헬퍼가 만든 음식을 기입해 두도록 했지만, 그것을 잘 들여다보면 각 활동보조인에 따라 메뉴를 정하고 있는 것처럼 보인다.

그건 혹시 '이 헬퍼는 이 메뉴를 만들 수 없다,' '전에 만든 게 맛있었어'라는 생각을 하면서 Y씨가 요구하고 있는 건지도 모른다.

단, 매일 다른 헬퍼로, 메뉴도 그 나름대로 달리하고 있기 때문에, 그 이상의 것을 헬퍼나 Y씨에게 요구하는 일은 없지만, '정말 그게 먹고 싶은 건가'라는 의문은 항상 남아 있다.

한편으로, '매번 결정하는 게 귀찮으니까'라는 이유도 생각할 수 있다.

입소시설에서는 영양사가 당사자의 건강 면을 고려하여 메뉴를 정한다. 당사자는 좋고 싫음 없이 나온 음식을 먹을 수밖에 없다.

그런 점에서는, 자립생활을 시작하면, 먹고 싶은 것을 먹을 수 있기 때문에 기쁠 것이다.

그러나 매번 '좋아하니까'라는 이유로 같은 메뉴를 선택하면 질리기도 한다. 또 건강 면에서도 걱정이 생긴다.

지적장애당사자를 지원하는 쪽에서는 본인의 요구대로 지원을 하는 것이 전부는 아니다. 왜 그가 그것을 요구하는 것인가? 그 결과는 어떻게 되는가? 당사자는 그것을 어디까지 이해하고 요구하는 것인가? 라는 의문을 빼고, 눈앞에 있는 요구만으로 본인의 의사에 근거한 지원이라고 말할 수는 없다.

그렇다고 해서 지원하는 쪽의 의사만을 밀어붙여서는 안 되고, 사실 매일의 식사는 지적장애인의 자기선택, 자기결정, 자기실현을 항상 생각하게 만드는 장면과 기회가 되어야 한다고 생각한다.

(3) 자기실현의 지원 — 고등학교에 가고 싶다

Y씨는 K씨와 같은 학년으로, 초·중학교를 보통 학급에서 지냈다. 그러나 Y씨는 중학교 2학년 때부터 학교에 안 가기 시작해서, 중학교를 졸업할 무렵에는 '고등학교에 안 가고 싶어'라고 명확히 의사 표현을 하고, K씨와 함께 '타코노키 클럽'에서 사회인으로서 첫 발을 내딛기 시작했다.

최근에 Y씨는 강사로서 자신이 자립생활에 이르게 된 이야기를 하기 위해 나와 준비를 함께 하고 있었다. 덕분에 중학교 졸업 후의 이야기를 다시금 들을 기회가 있었다. "Y씨는 중학교에 가지 않게 되면서 고등학교도 가기 싫어진 거구나"라고 말하니, "우~!"라고 하며 강하게 부정했다. 내가 다시 한 번 확인하니, '그런 말 한 적 없어'라고 확실하게 말하진 않지만, 큰 제스처를 섞어서 부정하는 것이다. "Y씨는 고등학교에 가고 싶었어?"라고 묻자, "웃!"이라며 거꾸로 긍정하는 큰 제스처를 취했다. 당시 '학교'라는 단어를 싫어하고 부정하던 그였기에, 그때는 고등학교에 가기 싫어했던 것이 틀림없다.

그럼 "지금은 고등학교에 가고 싶어?"라고 물으니, 다시금 크게 긍정하는 Y씨. 중학교를 졸업하고 성인이 된 후 다시 고등학교에 다니고 싶어 하는 사람은 세상에 많다. Y씨가 그렇게 생각하는 것도 신기한 일은 아니다.

자립생활을 시작한 중증의 지적장애당사자 중에서 꽤나 순조로운 편인 Y씨. "최근, 자립생활을 우습게 보는 거 아니야?" "장애인이면서 잘 나가네"라는 놀림을 받을 정도로 자립생활에 여유를 보이는 Y씨. 자립생활을 하면서 생각이 바뀌었나? 새로운 도전에 어떻게 응하면 좋을까.

지원하는 입장에서 생각하면, '지금 와서 고등학교라니,' '장애인이 고등학교에 가는 건 힘들어,' '고등학교는 의미 없어'라고 부정적으로 보면서, '특별히 갈 필요는 없어'라고 그를 대할 수도 있다.

그러나 그건 '지적장애인의 자립생활은 무리'라고 생각하는 사회 사람들의 생각과 별반 차이가 없는 것으로, 그렇게 '대우하면' 그렇게 되어버리는 당사자의 상황과 어떤 차이도 없다. 그리고 나 자신도 사실 그의 바람을 안 들은 걸로 하고 싶기도 하다. '고등학교 진학'[22]을 위한 방법을 강구하기보다, '다른 당

---

22. Y씨가 말하려는 것은 '학교에 가고 싶다'는 것인데, 타코노키에서는 지금까지 '장애아동·장애인의 고교 진학'에 노력해 온 내력이 있기 때문에,

사자의 자립생활'을 생각하면 Y씨의 바람에 답할 여유가 없고, 가능하다면 피해 지나쳐버리고 싶은 생각이 들기도 한다.

그러나 그의 신청을 이쪽 이론으로 부정할 수는 없고, 어떻게든 해야 한다는 고민은 머릿속에서 계속하고 있다.

7. 자립생활 획득 프로그램이라는 지원자 프로그램

(1) 타코노키 클럽의 자립생활 획득 프로그램

타코노키 클럽에서는 '지적장애당사자의 자립생활 획득 프로그램'을 실시하고 있다. N씨가 자립생활을 획득해 나가는 과정에서 배우고, M씨 이후, 타코노키 클럽을 끼고 자립생활을 시작하는 지적장애당사자는 모두 이 프로그램을 받으면서 각자의 자립생활을 획득하고 있다.

프로그램이라고는 하지만, 실제로 각자의 자립생활을 위한 준비는 다양하다. 여기에서는 J씨부터 Y씨에 이르는 각각의 자립생활 획득 과정으로부터 그 내용을 들여다보고자 한다.

(2) 어쨌든 우선 생활을 해 본다

이 프로그램의 큰 특징은 '우선 부모 곁을 떠나 카보챠바타

'고교 진학'이라고 보고 있다. 그러나 Y씨는 대학의 세미나와 강의에 강사로 초대되어 강연을 한 경험에서 대학과 같은 곳을 '학교'라고 이해했을 수 있다. 따라서 '고교 진학'이 아니라, '대학에 가고 싶다'고 해도 사리에 맞는 것이다.

케에서 실제로 생활해 본다'는 것이다.

지원하는 우리들 입장에서 보면, '양육'이라는 부모의 '지원'에서 '자립생활'을 하는 장소의 '지원'으로 이어지는 중간 지점에 이 프로그램이 위치한다고 본다.[23]

프로그램에 따라 생활하다 보면, 그동안 부모에게서 들은 당사자의 정보는 '새로운 생활공간'의 '새로운 인간관계' 안에서 조금씩 변해 간다. 따라서 부모 곁을 떠나 실제로 생활해 보면서 생활 하나하나를 당사자와 지원자가 함께 만들어 가는 기간이 필요한 것 같다.

예를 들어, 카보챠바타케에서 실제로 헬퍼를 이용하며 생활해 보면, '불가능'하다고 들어왔던 일이 '가능'하거나, '가능'하다고 들어왔던 일이 '불가능'한 일인 경우가 많이 있다.

이것은 부모 곁에서 '불가능'한 게 아니라 도전해 볼 수 있는 기회가 없었기 때문이다. '가능'하다고 생각한 일은 부모의 괜찮은 시선 때문에 가능했던 것이다. 그런 것이 모르는 사람 앞에서는 '불가능하게 되는' 일도 많다. 자폐증을 가진 사람의 집착도 '부모에 대한 집착'이었다면, '새로운 사람 앞'에서는 집착하지 않는다. 역으로 당사자를 이해하고 있지 않으면, 전혀 다른 새로운 집착을 낳을 때도 있다.

부모와의 관계에서 일어나는 본인의 상태와 다른 사람과의

---

23. 지체장애인의 자립생활운동이 '시설에서 지역으로'라는 견해를 보이고 있는 것에 대해, 우리는 '지역에서 자란다' '지역에서 살아간다'는 바람으로 활동해 왔다. 그러하므로 '자립생활'은 아이에서 어른이 되는 연장선상의 일로, '잇는다'는 발상도 거기서 나오는 것이다.

의사소통에서 일어나는 본인의 상태는 반드시 일치하지 않는
다. 사실, 부모 곁을 떠나 카보챠바타케에서 생활하는 것은, 부
모로부터의 정보는 하나의 정보로 취급하면서, 실제로 지원에
임하는 사람들이 당사자와의 관계성 안에서 그의 상태를 들여
다보는 데 목적이 있다.

　장애인의 자립을 말할 때, 생활하는 데 꼭 필요한 일을 '스스
로 할 수 있도록' 당사자에게 요구하는 일이 많다. 그러나 우리
들은 앞으로 관계를 가져 나갈 사람과 그 관계성 안에서 당사
자를 아는 것에서부터 시작한다. 그렇기 때문에 부모의 영향에
서 벗어나 생활 안에서 있는 그대로의 당사자와 상대할 기회
를 가장 먼저 갖고 있다.

(3) 본인이 변하기보다도 지원자가 변할 것

　최근에 참가한 세미나에서 "중증 장애인이 일상 안에서 살
아가기 힘들다고 느끼는 이유는 스스로 무언가를 할 수 없거
나 잘 모르기 때문이 아니라, 자신의 의도나 생각이 전달되지
않거나 상대방이 받아들여 주지 않기 때문이다"라는 말을 들
었다.

　'의도나 생각이 전달되지 않는다,' '상대방이 받아들여 주지
않는다'는 생각을 갖는 사람이 우선 상대방과 마주하는 일부
터 시작하는 이 프로그램은 정곡을 찌르고 있다.

　그러나 일상생활에서, 게다가 처음 만나는 당사자와 지원자
의 관계에서 상대의 생각을 바로 알 수는 없다(오랫동안 서로를

알아 온 부모 역시 완벽히 이해하고 있다고 할 수 없다).

당사자와 생활하면서 활동보조인이 제지 불가능한 상황과 맞닥뜨렸을 때, 예를 들어 집착이 강한 나머지 활동보조인의 지시를 듣지 않을 때, 당사자 스스로가 자제할 수 있게 만들거나 집착을 없애게 하는 것이 아니라 있는 그대로의 모습을 계속해서 받아들이고, 활동보조인이 어떻게 당사자의 상황과 타협점을 찾아내면서 갈 것인가를 고민한다.

중증일수록 당사자가 변하기는 어렵다. 그러나 그 어떤 당사자더라도 지원하는 쪽이 당사자를 이해하고, 지원하는 쪽이 변하는 것은 충분히 가능하다.

예를 들어, 종이를 찢는 일에 집착하는 당사자가 있다고 하자. 그러나 잘 보면 네모난 종이의 네 귀퉁이를 잡아 뜯고 싶은 마음일 뿐 종이 전체를 찢으려고 하는 것이 아니다. 근데 세상에는 중요한 서류도 있기 때문에, 네 귀퉁이를 잡아 뜯지 않도록 당사자를 변화시키려고 하면, 집착은 점점 심해져서 잡아 뜯는 데 그치지 않고 종이 전체를 찢어버릴 정도로 격해진다.

그러나 네 귀퉁이에 신경을 쓴다면, 그것을 처음부터 잘라두면 어떨까라는 생각을 했고, 시도해 보니 전혀 관심을 두지 않았다. 그렇다면 눈앞에 놓인 종이는 모조리 네 귀퉁이를 잡아 뜯게 한다. 손으로 잡아 뜯는 것보다 가위로 자르는 편이 보기에 좋다면서 자르게끔 한다. 그러자 언제부터인가 집착의 정도가 내려갔다. '네모 난 서류는 네모가 아니면 안 된다'라는 지원자의 생각을 '네 귀퉁이가 잘려 있으면 당사자가 봤다는 증

거'라는 식으로 바꾸어 가면, 어떤 문제도 없이 지낼 수 있다.

모든 것이 잘 될 수는 없다. 단, 당사자를 변화시키는 것보다 지원하는 쪽의 가치관을 바꾸는 것으로부터 당사자의 삶이 바뀌는 일이 많다. 사실 그것을 지원하는 쪽이 깨닫도록 기회를 제공하는 프로그램이기도 하다.

(4) 매일 다른 지원자가 투입되기에 보이는 당사자의 모습

부모 곁에 있으면, 매일같이 부모가 같은 형태로 당사자를 접한다. 그러나 자립생활을 시작하면 매일 다른 지원자가 투입되고, 일단 대응을 위한 정보가 전달되긴 하지만, 각 지원자의 대응 모습은 지원자 한 명 한 명마다 다르다.

자폐증을 동반하는 사람의 경우, 일정한 대응 모습에 따라 안정된 생활이 가능하다고 한다. 그러나 자립생활을 시작하면 여러 사람이 대응하기 때문에 일정한 대응 방법은 불가능하다. 또 부모 곁에서는 생활의 대부분을 부모가 맡기 때문에, 본인 스스로가 관계를 가져 나가는 것은 극히 일부분이다. 그러나 자립생활을 시작하면 모든 것에서 본인이 관계를 맺어 나가야 한다.

따라서 '자폐증을 동반한 지적장애인의 자립생활은 무리'라고들 한다. 그러나 부모나 특정인들만의 일정한 대응 방법도 실제로는 속수무책인 경우가 많다. 그렇다 보니 부모가 죽으면 시설로 들어가는 사례가 많다.

하지만 매일 바뀌는 지원자를 두면, 한 가지 상황에서 어느

지원자일 때는 원활하게 진행되고, 다른 지원자일 때는 힘든 상황이 벌어지기도 한다. A씨일 때는 괜찮고, B씨일 때는 혼란스러워 한다. 사실은, 그 차이로부터 당사자가 무엇을 어떻게 인식하고, 어떻게 지원하면 좋을지 알게 된다.

목욕을 예로 들면, A씨일 때는 여유롭게 욕조에 몸을 담갔다는 보고가 있고, B씨일 때는 거의 욕조에 들어가 있지 않고 나왔다는 보고가 있다. 또 A씨는 "스스로가 몸을 씻지 못하므로 활동보조가 필요하다"라는 보고를 했으며, B씨는 "스스로 목욕을 잘하고 있다"는 보고를 했다. 그것만으로는 왜 그와 같은 차이가 나타났는지 모른다.

당시의 모습을 좀 더 상세하게 들어보면, A씨는 당사자가 욕조에 몸을 담글 때 "50까지 숫자 세는 법을 가르쳐 줄게"라고 말하며 함께 숫자를 세었기 때문에 천천히 욕조에 몸을 담글 수 있었다. 또 B씨는 당사자와 함께 욕조에 들어가서 함께 목욕한다. 당사자는 그것을 흉내 내면서 씻었기 때문에 '잘 씻을 수 있었다'는 사실을 알았다. 또한 A씨는 욕실 바깥에서 말을 걸었고, B씨는 함께 욕실에 들어갔다는 차이가 있는데, 사실은 그 차이가 당사자의 다른 모습으로 나타났다는 것을 알았다.

음식을 만들 때에도, C씨는 "요리도 혼자서 가능하다"고 하고, D씨는 "활동보조인이 하지 않으면 잘 못한다"고 했으며, E씨는 "위험해서 칼을 손에 쥐게 하는 것은 어렵다"는 보고를 했다. 그 차이가 어디에서 비롯되었는지를 목욕과 마찬가지로 상세하게 들어보았다. 그랬더니 C씨는 당사자가 만들 수 있는 요리를 궁리했고, D씨는 당사자의 영양을 생각한 메뉴를 만들었고, E씨는 완벽한 요리에 집착했기에 당사자와 타협점을 찾지 못하고 당사자를 긴장시키는 차이를 보였던 것이다. 이것을 보면 어떻게 지원하는 것이 좋은지 보인다.

여러 지원자가 투입되는 것은, 당사자와 대면하는 방법이 각기 다르고, 그때그때의 정보를 공유할 수 있기 때문에, 당사자는 지원자가 제공하는 무엇을 보고 이해하는가를 알 수 있다는 장점이 있다.

(5) 당사자를 시험한다

실제로 자립생활을 시작하면 여러 상황과 맞닥뜨린다. 지금까지 나는 '무슨 일이든 각오만 되어 있으면' 된다고 생각했는데, 무슨 일이 일어날지 모르는 것이 지적장애당사자의 자립생활이며, 갑자기 당사자가 공황상태가 되어 지원자가 '버겁다'고 느껴버리면, 지원자를 확보하는 것도 곤란해진다.

그렇기 때문에 프로그램 기간 중에는 여러 가지 상황을 예상하고, 당사자의 허용 범위를 알아내기 위한 '시험'이나 확인 작업을 많이 실행한다.

전철, 버스에 탄다. 인파 사이를 걷는다. 밖에서 밥을 먹는다. 술집에 간다. 함께 회의에 참석한다. 함께 집안일을 한다. 자는 시간에 말을 걸지 않는다. 아침에 깨우지 않는다. 옷을 자유롭게 고르게 한다. 집착하는 물건을 눈앞에 둔다. 예정되지 않은 시간에 만나러 간다. 평소 때와는 다른 상황을 설정한다.

아마도 자폐증을 가진 사람에게는 혼란스러울 상황을 만들어 시험한다.

시험을 하고 결과나 그 이후의 모습을 점검하고, 반복해 보고, 변화를 듣고, 다음으로 활동보조인의 지원의 허용량을 넘지 않는 범위, '아마도 괜찮겠지'라는 범위, 어떤 지원을 하면 당사자와 타협점을 찾을 수 있는지도 시험한다.

예를 들어, 사람들이 많은 곳에 가면, 귀가 후에 상태가 이상할 때가 있다. 그러나 전혀 변화가 없을 때도 있고, 힘이 넘칠 때도 있다. 옷을 자유롭게 고르게 하면 계절에 걸맞지 않은 옷에 집착을 보일 때도 있고, 말끔하게 갈아입는 경우도 있다. 집착하던 물건에 눈길조차 주지 않을 때가 있거니와, 집착한 나머지 필요도 없는 물건에 열을 올릴 때도 있다.

그 차이가 어디에 있는지를 포함하여 당사자를 시험함으로써, 당사자를 이해하는 실마리를 찾아내고 있다. 그러나 그것은 당사자를 시험한다기보다도, 그와 같은 당사자와 계속 대면하기 위해 지원하는 쪽이 어떻게 관계를 가져가면 좋을지를 고민하는 기회로서 삼고 있다.

(6) 지원자 간의 연계를 어떻게 만들어 낼 것인가

각 지원자는 시간 단위로 당사자 지원에 투입된다. 지원자는 그 시간을 열심히 짊어지지만, 그 전후의 모습은 알지 못한다. 교대 시에 서로가 정보를 공유할 수 있지만, 이전의 지원자가 당사자에게 영향을 주고 있을 경우에는, 이해가 불가능할 때도 있다.

또한, 각 지원자가 자신이 담당하는 시간에 당사자와 열심히 관계를 가져 나가는 것은 좋은 것처럼 보이지만, 계속 교대되는 지원자 모두가 열심히 관계를 가져 나가면, 당사자 입장에서는 잠시도 숨을 돌릴 틈이 없게 된다.

그렇다고 해서 모든 지원자가 태만하게 지내서는 생활의 활기가 없어진다.

다른 사람이 눈앞의 당사자와 어떻게 대응하는지 파악하고 난 후, 자신이 맡은 시간에 어떻게 대응할지 강구한다. 당사자의 삶은 항상 연속성을 지니고 있다는 사실을 지원자가 알고, 지원 간의 연속성을 갖기 위해 지원자 간의 연계를 어떻게 할 것인가를 생각해야 한다. 그러나 J씨의 사례에서도 썼지만, 지원자 간의 연계가 당사자를 관리하는 쪽으로 흘러가서는 안된다.

⑺ 당사자보다도 지원자의 연습을 위한 자립 획득 프로그램

각각의 단계마다 여러 가지 준비가 있고, 한꺼번에 말할 수 없는 부분도 많이 있다. 또 지금까지의 많은 경험은 한 명, 한 명의 당사자 고유의 것으로, 모든 당사자에게 들어맞는 것도 아니다. 그러나 이 프로그램을 '당사자 스스로가 자립생활을 획득하기 위한 프로그램'이 아니라 '당사자가 자립하는 데 필요한 지원 측의 지원 능력 획득 프로그램'으로서 설정한다면, 각각 차이가 있는 당사자와의 의사소통도 '지원'이라는 꾸러

미 안에 쌓아가는 것으로 생각할 수 있다.

사회의 많은 사람들은 지적장애당사자에게 "왜 자립생활을 하는가?"라고 질문한다.

"본인에게 그 생활이 유익한 것인가"라는 말도 듣는다.

그러나 우리들은 결코 당사자가 자립생활을 하는가 혹은 하지 않는가를 물은 적이 없다. 비장애인이라 불리는 사람들은 부모 곁을 떠나갈 때, "왜 자립하는가?"라고 질문 받지 않는다. 거꾸로 나이를 먹고도 부모 곁에 있으면 "왜 부모 곁에 있는가?"라고 질문한다. 장애당사자의 경우, "왜 시설에 들어가는가?"라는 질문을 던지는 사람은 적고, '자립생활'에 대해 의문을 던지는 많은 사람들이 그걸 이상하다고 생각한다.

그건 우리가 하는 일이 입소시설에서 지역으로 나오는 것에 대한 일이 아니라, 지역 안에서 태어나고 자란 아이들이 어른이 되어, 장애가 있거나 없거나 간에, 지역 안에서 계속 살아가는 것을 전제로 하고 있기 때문이다.

계속 살아가기 위해서 필요한 것이 '지원'이다. 지금 이 시대에는 중증의 지체장애인에게 걸을 수 있게 되면 자립할 수 있다고 말하지 않는다. 그것과 마찬가지로, 어떤 지적장애가 있더라도 지역 안에서 계속 살아가기를 원할 때, 장애를 가진 쪽을 변화시키는 것이 아니라 지원하는 우리 쪽이 변함으로써, 누구나 지역 안에서 계속 살아갈 수 있다고 생각한다.

단, 각기 다른 당사자를 어떻게 지원하는 것이 좋은지, 그것을 명확하게 하는 것이 이 자립생활 획득 프로그램이다.

'타코노키 클럽'에서는 이 프로그램을 약 3개월간 계속한다. 그리고 그 후 새로운 주거를 획득하면 이 프로그램을 종료한다.

지체장애당사자들은 '자립생활 프로그램'이라는 자립생활에 이르는 과정을 만들어 냈다. 그러나 우리들은 거기에 '획득'이라는 생각을 심어 넣었다. '이 프로그램을 이용하는 당사자는 확실하게 자립생활을 획득한다,' '자립생활을 시작한다'는 것을 전제로, 각자의 생활, 각자의 지원을 조합해 나간다고 생각한다.

그 후, 약 3년간을 애프터팔로우 프로그램이라 칭하고, 실제 생활이 궤도에 오를 때까지 그 시간을 이 '타코노키 클럽'에서 당사자의 자립생활 지원의 최종라인을 짊어지고 간다.

그러나 거기에서도 자립생활을 하는 많은 지적장애당사자를 타코노키가 끌어안는 것이 아니라 '타코노키 클럽이 없어도 성립되는 자립생활'을 목표로, 실제 생활 상황 안에서 새로운 지원의 틀이나 방법을 계속 모색해 나갈 것이다.

그리고 타코노키의 손을 벗어나 자립생활을 시작하는 지적장애당사자가 생겨나고, 또 다음의 새로운 지적장애당사자의 자립생활을 획득하기 위한 지원에 힘쓰고 있다.

8. 마치며

우리들에게 아이를 맡기는 부모는 모두 "우리 아이의 자립생활은 괜찮나요?"라며, 자립생활을 시작할 때도, 또 하고 있는 중에도 불안한 마음을 가지고 있다. 또 많은 장애아동 부모가 '부모 사후'의 아이를 걱정하고 있다. 결코 처음부터 아이를 입소시설에 들여보내고 싶어 하지는 않는다. 그러나 현실에서 장애아동의 부모는 우리들이 상상하는 것 이상으로 복잡한 심경을 끌어안고 있다. 그리고 한편으로는 '타코노키'에 대해 과대 평가를 하기도 한다.

우리들은 결코 '부모 사후'나 부모를 대신하여 '육아'를 담당하는 것이 아니다. 20년 전에 '아이들끼리 관계 만들기'를 취지로 하여 일을 시작하게 된 '타코노키'는 아이들을 대면하면서, '아이'가 '어른'이 되어감으로써 생기는 과제를 계속 짊어지고, 그 연장선에서 '자립생활'이라는 과제, '지원'이라는 과제에 힘을 쏟게 된 것이다.

J씨부터 시작된 지적장애당사자의 자립생활 지원 준비. 오늘날 타마에서는 우리들의 모임 이외에서도 자립생활을 시작하는 지적장애당사자가 생겨나고 있다. J씨는 23년 전, N씨는 13년 전, M씨는 9년 전, K씨는 6년 전, Y씨는 3년 전에 자립생활을 시작했다. J씨와 N씨 사이에는 10년이라는 시간이 있었지만, 우리들 이외의 단체가 하는 일까지 포함하면, 새롭게 자립생활을 시작하는 지적장애당사자의 출현 사이클은 해마다 짧아지고 있다. Y씨 이후에도 4명의 지적장애당사자가 자립생활을 시작했다. 또 '다음은 내 차례'라는 당사자도 있다.

지금의 자립지원법에서는 각각의 당사자가 당연하게 자립

생활을 할 수 있다는 보장은 전혀 없다고 해도 과언이 아니다. 따라서 우리들은 항상 행정기관과 교섭을 계속하고 있다.

J씨의 시대는 공적 지원이 전혀 없던 시기였다. 그러나 J씨는 현재까지 자립생활을 계속하고 있다. '벌로서의 자립생활'을 시작한 N씨도 지금은 강연회에서 스스로 '자립생활을 시작해서 다행이다'라고 말하기 시작했다. M씨도 K씨도 많은 문제를 계속 일으키지만, 지원 측이 포기하지 않고 계속 짊어지고 온 결과, M씨는 타코노키를 떠나 새로운 지원자들과 자기 자신의 생활을 하려고 하고, K씨도 매일같이 지원자와의 관계에서 고생하지만, 생활을 계속 이어나가고 있다. Y씨도, 그 외 적잖은 지적장애당사자 모두 각자의 자립생활을 지원자와 함께 만들어 나가고 있다.

내가 20여 년에 걸친 노력 안에서 일관되게 생각한 것은, 장애당사자가 지역에서 살 수 없게 되는 것은 우리들 지원 측의 과제이지 당사자 그들의 과제가 아니라는 것이다. 그리고 자립생활을 위한 노력도 그들의 자립생활을 가능케 하는 지원을 어떻게 만들어 낼 것인가라는 지원자 쪽의 과제라는 것이다.

여기에서는 언급하지 않았지만, J씨와 N씨 사이에 한 명의 당사자가 더 있었다. 그 사람은 지금의 나와 지금의 타코노키 클럽이 하는 일에 큰 영향을 준 사람이다. 그는 가끔 집을 뛰쳐나와 우리 집에 놀러오곤 했다. 사춘기를 지나면서부터 부모는 벅차했다. 그때 지역의 많은 사람들이 그를 지지하기 위한 모임을 만들었다. 그러나 그 부모는 도쿄도가 새로 만든 입소시설에 그를 보내버렸다. 그때의 기분은 지금도 잊을 수 없다.

나도 젊었을 때였고, 이념만 앞선 채 어떠한 실적도 없이 어떻게든 그와 함께 갈 수 있는 길을 만들려고 했다. 그러나 부모의 한마디로 그의 입소는 결정되었다.

장애 유형과 관계없이 함께 싸우자고 하는, 자립생활운동의 선구자격인 중증 지체장애당사자는 정부의 제도에 영향을 줄 만큼 힘을 가지고 있다.

장애 유형과 관계없이 말하자면, 더 많은 지적장애당사자가 지역 안에서 자립생활을 시작해도 좋다고 생각한다. 그러나 현실은 그렇지 못하다.

의사 결정에 어려움을 겪는 지적장애당사자의 의사는 항상 부모나 지원자 손에 끌려가고 있기 때문에, 부모의 의향, 지원자의 의향에 따라 어떻게든 돼버리는 것이다.

그렇기 때문에, 지적장애당사자의 과제가 아니라 지원 쪽의 과제로서, 지역에서 사는 것을 전제로 지원을 고민하고 지원을 만들어 내야 한다.

그 주된 내용과 과제는 당사자의 수만큼 많고, 나 자신도 알 수 없는 과제가 아직도 많이 묻혀 있다. 그러나 지금 보이지 않더라도, 눈앞에 있는 장애인과 계속 관계를 가져 나감에 따라 그 과제가 보일 것이다.

여기에서 말한 '각자의 자립생활을 향한 길'도 제각각이다. 지금까지 말한 것은 당사자 각각의 상황, 각각의 지원을 수행해 온 결과론일 뿐이다. 이것들을 일반론으로서 말하는 것이 아니다.

새로운 지적장애당사자의 자립에 대응할 때마다, 나 자신에게도 새로운 과제가 생겨난다. 그러나 서로 다른 자립생활을 보고 있는 나에게, 각각의 자립생활을 향한 노력 하나 하나가 지원 측의 양식으로서 남게 되는 것이다.

여기에서 말한 내용이 많은 지적장애당사자를 직접 대면하는 지원자 모든 분들에게 문제 제기와 힌트가 되었으면 하는 바이다.

제4장

상자에 넣지 않고
시집을 보내는 것[1]에 대하여

〈지원자로서의 부모〉론

오카베 코우스케

1. 우울한 100미터

학교 정문 앞 신호등에서 100미터 길
이 길을 료우수케[2]는 터벅터벅 걸어갔다

휴일이 끝나고 오직 그만의 블루 먼데이
그 우울함을 그는 (말로) 표현 못한다

게다가 오늘은 가기 싫은 수영 수업이 있는 날
아침에 수영 가방을 둘러싼 항쟁 후

---

1. 이 장에서 '상자(箱)'는 '입소시설'을 의미하며, '시집을 보내는 것'은 지역에서 살도록 '자립시키는 것'을 의미한다. 이 장은 전체적으로 이런 비유에 의해 서술되어 있다: 옮긴이.
2. 필자의 아들임: 옮긴이.

조용히 몰래라는 '약속'하에
수영 가방은 손가방에 밀려 넣어진다
(사실은 그는 알고 있는 '약속')

교문에서 100미터 떨어진 신호등에서
그는 항상 나와 헤어져 걷기 시작한다
평소에는 뛰어가는 길을
오늘은 터벅터벅 걷는 우울한 100미터

배웅하는 아버지 앞에서
갑자기 그는 손가방 안을 들여다본다!

위험하다(수영 가방을 버릴 것인가…)

무의식중에 다가가려고 하는 내 앞에서
그는 불만스럽게 가방 안을 쳐다보고

한순간 망설인 후
다시 터벅터벅 걷기 시작했다

누구나 다 있는 기분의 주기
누구나 다 알고 있는 blue Monday
누구나 다 경험하는 '약속'

누구나 다 고독하게 take responsibility
그러나 그의 경험은 말로는 공유되지 못하고
말로 스트레스가 풀어질 일도 없다

버스로는 혼자 통학할 수 없는 그를
아침에 학교로 데리고 가는 것은 아버지의 역할
아버지는 몰래 이 길을 '자립 로드'라고 명명한다

이 100미터가
어디까지 길어질까
신선한 나무, 새싹으로 싸이고 빛으로 가득 찰 수 있을까

손에 남은 그의 손의 따스함을 느끼면서
아버지는 이 사거리에 멈추어 서서
지켜볼 수밖에 없을 때가 올 것이다

오늘 아침에 아무것도 먹지 않은 그에게
어머니가 조용히 손에 쥐어 준 치즈볼이
지금 그의 뺨을 부풀리고 있다

오전 8시 20분의 '자립 로드'
오카베 료우수케 다음 달이면 9살

자폐증을 가진 사랑의 수첩[3] 2도(지적장애 2급)

성인식[4]까지 앞으로 11년

2. 그로부터 6년이 지나고, 기한을 두자고 생각하다

아침에 일어나서 옷을 갈아입고(어머니가 갈아입히고), 버스가 오는 장소까지 천천히 걷는다(아버지가 같이 걷는다). '난리가 있는 밤'에는 서로 끌어안고 잠이 들지만, 최근에는 그런 일이 적어진 대신, (그럴 만한 나이인지) 아침은 오직 졸릴 뿐이다.

올해 봄부터 고등학교(특수학교) 스쿨버스가 없어졌기 때문에, 매일 아침 차로 태워 주게 되었다. 돌아올 때에는 거의 매일 활동보조인이 데리러 가기는 하지만, 아침 부모와의 '자립 로드'는 계속된다. 언제까지 계속될 수 있을까라는 생각과 함께.

우선, 성인이 될 때까지 선을 그어 본다. 하지만 그때까지 견딜 수 있을까. 예전에는 편식 때문에 호리호리했던 아이는, 편

---

3. 도쿄도東京都에서 지적장애로 판정된 사람에게 교부하는 수첩임. 1도~4도로 구분되며, 1도가 최중증임: 옮긴이.

4. 성인이 된 것을 사회적으로 인지하기 위해 하는 의식임. 일본에서는 만 20살이 되면 법적으로 성인이며, 매년 1월에 자치단체별로 성인식을 한다: 옮긴이.

식하는 건 변함없지만, 잘 먹고 잘 마시는 '폭음·폭식'이 한창인 덕에, 이젠 아버지와 어머니도 올려다보는 거한이 되었다. 되돌아보면, 학령기에는 '주의력결핍 과잉행동장애,' 14살 정도부터 난폭해졌고, 지금은 조금 차분해지기는 했지만, '그럴 만한 나이'는 아직 계속되고 있다. 마치 서서히 높은 파도가 몰아치는 것처럼, 그 정도가 더 심해질 것이다. 아마 그럴 것이다.

'스무 살에 자립'은 이르다고 생각한 적도 있었다. 그럼 스물두 살이나 세 살쯤은 어떨까. 아무리 늦어도 서른 살 때까지는 어떻게든 해야겠지. 그런 생각이 들면서도, 자립할 때까지 계속해서 아이의 성장과 거대한 파도를 받아들이면서 맞서는 일이 가능할지 상당히 불안하다. 불안한 마음은 오랜 시간을 아이와 '함께 살아가는' 일을 강요당하는 엄마에게 더 강하다.

조금 이른 것은 아닐까 싶기도 하고, 막상 자립할 시기가 다가오면 매우 섭섭한 기분이 들 것도 같다. 그러나, 그렇기 때문에 조금 일찍 행동으로 옮기는 편도 낮지 않을까. 열여덟 살, 고졸이라는 그 시기에 굳이 선을 그어 놓고 행동하는 의미를 깊이 생각해 본다.

3. 상자에 넣지 않는다, 그러면 시집을 보내고 싶다는 것

자립생활센터의 문을 두드리고, 10살 때부터 활동보조를 받으며, 가족과 살면서 학교를 다녔다. 주 5일, 월 120시간 정도의 활동보조를 받으면서, 며칠은 활동보조인 집에 놀러가거나 자고 오는 생활을 했다. 즉, 원래부터 거기에는 상자(입소시설)에 넣겠다는 선택지는 없었고, 짧은 기간도 상자 안에서 견딜 수 없을 것 같은 아이로 키운 것에 대해 후회는 없는데, 그럼 이제부터 어떻게 해야 하나 고민되는 시점에 접어들고 있다.

물론 여기에 이르기까지 이쪽 나름대로 각오는 되어 있고, 향후 지원하는 저쪽의 마음가짐과 준비도 되어 있기에, 많지는 않지만 〈자원〉도 확보할 수 있을 것이다. 그러나(그럼에도 불구하고/그렇기에) 거세지는 청춘의 파도의 절정기에 아이를 내보낼 만한 배(상자)는 없기 때문에, 하다못해 〈아내〉로 맞아준다는 약속 정도는 받고 싶다는 마음이 조금은 있다는 것을 인정한다(인정할 수밖에 없다).

어느 장애당사자의 부모가 자식을 상자에 넣는 데 필요한 큰돈을 모으며 '순번 대기'를 하고 있었다. 어느 날 지역의 〈지원자〉가 장애당사자가 상자에 넣어지는 사태를 막으려고 '아내로 맞고 싶다'고 무심결에 뱉은 말에, 그 〈늙은 부모〉는 북받치는 감정을 억누르며 스스로를 원망했다. 즉, 〈가엾은 딸〉을 〈아내로 받아줄 사람〉이 있을 리 없다는 슬픔과 억울함에 기운이 빠지고 또 '지참금'을 내면서까지 '자식 버리기' 준비에 여념이 없던 〈가여운 늙은 부모〉의 상식을 벗어난 애달픈 사연에 대해 다시금 생각하며 어찌할 바를 몰라했던 기억이 난다.

결국 〈부모〉는 염치없고 도리를 모르는 존재이다. 그러나 그런 말에도 정색하는 모습 없이 〈자식〉 옆에 계속 서 있으려 굳게 마음먹으며, 〈사위〉가 자식에게 잘해 주기를 염치없이 바란다.

4. 부모의 상황에 대처하는 것에 대하여

〈아이〉의 육체와 정신이 성장하는 것과 동시에 〈부모〉의 권력과 경제력이 늘어나는 동안에는 (아직) 괜찮다. 그러나 이윽고 〈아이〉의 육체와 정신은 폭발하고, 반대로 〈부모〉의 육체와 정신이 견딜 수 있는 힘은 정체하고(후퇴하고), 그런 '힘의 관계'가 역전된 사람끼리 서로 부딪치고 있는 사이에, 〈부모〉의 권력과 경제력도 약해진다. 그와 같은 '가정'이라는 상자에 갇힌 〈아이〉의 육체와 정신은 올곧게 자라지 못하고, 정체하고, 그대로 늙어 간다. 아니면 갑자기 원하지 않은 죽음을 맞이한다, 이런 결말이 좋을 수가 없다.

즉, 그런 안타까운 일이 발생하는 것을 막기 위해, 지원자가 마음의 준비를 하고, 잘 대처해야 할 것은 무엇인가.

5. 지원자가 구분하고 끊는 것이 낫다

먼저, 어떻든 간에 결의가 필요하고, 그것을 위해서는 기한을 정할 필요가 있을 것이다. 기한을 정하게 되면 〈친정〉 쪽도 〈사위〉 쪽도 '쓸데없이 미리 불안해하는 일'이 없어지고, 진정으로 준비할 시기를 가늠하고 시작할 수 있다. 그러기 위해서 기한이 필요하고, 이를 위해서 가능한 한 신속하고 명확하게 '아내로 맞고 싶다'는 신청이 전달되어야 한다.

그것에 대해 지원자 측은 조금 교활하거나 대등하지 않다고 생각할 수 있다. 그것을 인정하면서도, 그래도 그것이 좋다고 더욱더 강조해야 한다. 왜냐하면 자립하는 사람의 가족과 그 자립을 지원하는 쪽의 관계는 원래 빼앗고 빼앗기는 관계이며, 대등하지 않다는 전제가 있음을 각오한 다음에 잘해 나가는 것이 좋다.

즉, 자립 지원이라는 이름의 '아내 맞기'에는 그 강한 결의뿐만이 아니라, 치밀한 전략과 화술, 그러나 그것을 진정한 사실로 만들 수 있는 물리적·심리적 뒷받침도 필요하다. 그렇게해서 설득당하고 밀리는 형태로밖에 빼앗기는 쪽의 결의는 성립하지 않고, 기한을 정하는 것도 또한 합의되지 않는다. 그런 일이 많은 게 사실이므로, 그것을 리얼리즘이라고 인정하자.

6. 지참금은 필요 없다는 것도

오히려 그런 '구혼'에 대해서도, 〈가엾은 딸〉에게는 〈아내로 받아 줄 사람〉이 나타나지 않을 것이라고 굳게 믿는 〈부모〉일수록 의심하고, 또 제대로 풀리지 않은 의혹을 내버려둔 채 '지참금을 노리는'[5] 곳으로 빠지는 일이 특히 〈늙어가는 부모〉에게 많다. 그러나 그와 같은 사실이 명확하게 드러나는 경우는 거의 없다.

즉, 거기에는 지원자 쪽의 단호한 의사표명이 필요하며, 자립생활센터 등의 〈기구〉에서 적당한 책임자가 '책임을 가지고 대처하겠습니다,' '염치없이 돈을 요구하거나 돈과 관련해 폐를 끼칠 일은 일절 없을 것입니다' 등과 같이, 우선 말로써 그 뜻을 확실히 나타내야 한다. 그 정도까지 신경 써야 하느냐고 생각할 수도 있겠지만, 그러나 각오를 한 지원자라면 거기까지 발을 내딛지 않으면 일이 좌절될 가능성이 높다고도 생각해야 할 것이다.

우물쭈물하다 나이가 들면 〈부모〉는 더욱더 늙어 가고, 아니

---

5. 국가 비용으로 운영되어야 할 상자(입소시설)에 들어갈 때도 기부금이라는 명목의 '보증금' '사례금' 그리고 매월 나오는 장애인연금까지도 '강요당하는 기부'가 현재도 자주 있다는 것이 〈부모〉 사이에서는 '상식'이 되어 있으며, 그렇다 보니 지역에서 살 때도 그런 것이 있을 거라고 연상하는 것은, 그래서 어찌 할 수 없는 일이기도 하다.

면 두 사람 중 한 사람은 돌아가고, 〈가엾은 딸〉의 연금은 낭비되고, 즉 그런 '노장老障 개호' 하에 유쾌하지 않은 공생 상태에 빠진 후 그곳으로부터 벗어나는 것은 더없이 어려운 일이고,[6] 그리고 머지않아 그런 미필적 고의에 의한 안타까운 '사고'가 필연적으로 발생하지 않을까. 그리고 그때까지 모른 척해 왔던 〈지역〉이 순식간에 작동하여, 남겨진 〈아이〉를 멀리 떨어진 상자로 조치해버리는 구조가[7] '계약 복지'라고 말하는 지금도 변함없이 존재하고, 또 계속되고 있다는 사실을 시설 관계자는 다 알고 있다.[8]

'지참금은 필요 없고, 아내로 맞은 이상 결코 처가에 염치없이 금품을 요구하지는 않겠습니다'고 단언하는 것으로 도망갈 길을 끊고, 그렇게 함으로써 〈부모〉도 이쪽 편으로 끌어들이면서 '원래 맞서야 할 공동의 적'과 대치하고, 또 〈아내〉에 대한 소득보장과 개호보장을 요구해 나간다. 그렇게 하는 것이 옳으며, 또한 섭리와 조리에도 맞는다. 그렇지 않은가?

---

6. 그런 의미에서 〈아이〉가 30살, 〈부모〉가 60살 정도가 '기한'의 하나의 한계가 아닐까.

7. 그 전에 자식을 죽이고 부모 스스로도 자살하는 비참한 사태도 일어날 수 있다.

8. 이것이 '지역복지의 중요한 요소'라고 이야기되는 통소시설의 양심 있는 시설장이나 직원들의 가장 큰 정신적 상처이자 무기력감의 원인이 되고 있다는 것을 여기서 공공연하게 이야기할 필요는 없을 것이다.

7. 그리고 〈형제〉에 대한 것

그리고 나서 '마지막 관문,' 또는 '복병'으로서, 장애를 가지지 않은 〈형제〉의 존재를 잊지 말아야 한다.

물론 이것은 장애를 가지지 않은 〈형제〉가 성실하지 않다는 의미가 아니다. 즉, 대부분의 〈형제〉는 장애를 가진 〈형제〉와 함께 자라고(개호하고), 그리고 그것을 불행이라고 생각하지 않고, 오히려 사랑하고 있다는 점을 인정한다.

그러나, 그럼에도 불구하고, 또는 그렇기 때문에, 〈형제〉가 성장해 자신의 가정을 꾸리게 됨에도 불구하고 명시적으로나 암묵적으로 〈형제〉라는 사실 때문에 원하지 않는 기대를 받고, 또 그것을 스스로 되새기는 일은 때때로 '불행'을 만들어 낸다는 사실은 확인해 둘 필요가 있다. 말할 필요도 없지만, 여기에서도 〈형제〉라는 그 사람의 책임은 비교적 가볍고, 문제의 소재는 〈가엾은 아이〉보다 그 〈형제〉를 더 불쌍하게 생각하고 의지하려 하는 그 〈부모〉에게 있다는 사실은 확실히 해 두자.

그리고 가정을 꾸리거나 결혼 적령기를 지나고도 결혼하지 않고 부모와 함께 사는 〈형제〉도 '부모 사후'의 책임, 또는 그전에 발생하는 상속이라는 부분에서 현실적으로 마음이 동요한다. 이와 같이 '시설이 아닌 지역에서 살자'는 당사자와 지원자의 의지를 꺾는 복병으로는 〈부모〉가 〈형제〉를 동정하는 일과 〈형제〉가 지금 와서 무슨 말이냐며 반발하는 일이다. 그런데 이것은 지금도 종종 일어나는 현실이다.

아마 〈형제〉에게는 신경 쓰이지 않도록 알리지 않아야 하지만, 그러나 현실적인 문제기 때문에 그렇게 할 수도 없다. 그러면 어떻게 하면 좋을까, 이것은 꽤 어려운 일이다.

8. 마지막은 어떻게 납득하고/납득되는 것인지

옛날에, 갑자기 얼음같이 차가운 빗속으로 뛰쳐나가는 '주의력결핍 과잉행동장애'를 가진 3살배기 료우수케가 있었다. 옷을 얇게 입은 채 세발자전거를 타고 이가 덜덜거릴 정도로 떨지만, 그래도 앞으로 나아간다는 그 결연한 태도에 기가 막히도록 감명을 받은 나머지, 아빠 역시 우산도 쓰지 않고 같이 떨면서 뒤를 쫓아 '함께 나아간' 것이 어제 일처럼 떠오른다.

그가 오로지 그런 결연한 마음으로 도달한 그 장소에, 그러나 그에게 그다지 필연적인 뭔가가 있었던 것은 아니다. 걷기 시작한 후에 그 걸음을 뒷수습하기 위한 '목적지'로서, 그것은 추후에 정한 것이었을 것이다.

그러나, 그래서 어쨌다는 거냐고 물을 수도 있겠다. 태어난 인생에 미리 정해진 '목적지' 등은 없고, 그러나 나중에는 그

의미를 찾기 위해서, 찾지 않으면 살 수 없는 존재가 〈사람〉이
고, 그리고 타인이 〈사람〉으로서 어떤 일을 이루려고 적극적인
마음으로 사는 그 모습에 공감함으로써 스스로도 살아가는
일에 적극성을 띠게 된다.

즉, 그런 생각들에 대한 서로의 반응이 끊임없이 이어지는 곳
에 〈사회〉가 나타났다. 그렇게 조화롭게 공유하는 공간 속에서
'연대'라는 단어도 원래의 빛을 되찾을 수 있지 않을까.

그렇다면, 그렇게 해서 '의사 능력'이 부족하다고 생각되는
료우스케가 계속 살아가고, '의사소통 능력'이 부족하다고 생
각되는 자폐성 장애인이 〈사람〉과 '함께 살았다'는 것, 〈사람〉
의 자율, 자립, 공생과 연대란 그 이상도 그 이하도 아니고, 그
런 관계성의 모습 속에서 지연·혈연을 초월할 수 있다. 적어
도 초월할 가능성은 있을지도 모른다.

책임과 같은 '어깨띠'를 주고받는 것이 아니라, 이미 〈의사
표현이 서툰 아내〉와 운명의 띠는 이어져 있고, 나머지는 그것
을 발견하고 끌어당기는 〈사위〉의 의지가 필요하다. 즉, 그런
것을 마음 편하게 깨닫는다면, 〈부모〉는 본래부터 저항할 기
술이 필요 없고, 또한 그럴 이유도 없다.

결국 그와 같이 해서 '계획'이 진행되고, '상자에 넣지 않고

시집을 보낸다'는 의미를 납득한다. 그것을 위해 시스템이나
기구 같은 것을 잘 활용했으면 좋겠다. 그렇게 나아가기를 진
심으로 생각하고 원하는 〈부모〉도 틀림없이 있기 때문이다.

참고 문헌

小澤勳 (2007=1984),『自閉症とは何か』, 洋泉社.
高岡健 (2007),『自閉症論の原点 ― 定型発達者との分断線を超える』,
　　雲母書房.
高岡健 編 (2006),『孤立を恐れるな! もうひとつの「一七歳」論』, 批評
　　社.

제5장

의사를 존중한다는 것이란

어느 지원론

데라모토 아키히사

1. 부탁하는 것은 어렵다

자립생활이란 필요에 따라 지원을 이용하며 자기답게 지역 속에서 살아가는 것이다.

굳이 자립생활을 이야기하지 않더라도, 시설 안의 지원에 있어서도 당사자의 의사 존중은 당연한 것처럼 복지 관련 교과서에 나오게 되었다.

지원·활동보조는 당사자의 지시에 근거한다. 예를 들어, 자립생활 프로그램의 목적 중 하나는 활동보조를 이용하는 당사자가 활동보조인이나 주변 사람들에게 어떠한 방법으로 자신이 생각하는 바와 기분을 전달하여 주체적으로 생활해 나갈 수 있을 것인지와 관련한 능력을 길러주는 것이다.

무엇을 하든 의사 존중에 대해 이야기하려면, '의사意思'가 존재한다는 것이 전제이다. 지적장애인도, 적절한 지원과 정보가 준비된다면, 당사자가 어떻게 하고 싶은지, 어떠한 것을 지원받고 싶은지를 표현하고 실행할 수 있다.

내가 활동보조를 막 시작했을 무렵, 당사자가 뭔가 필요하다면, 활동보조 받고 싶은 것이 있다면, 나에게 지시할 것이라고 생각했다.

하지만, 생각보다 지시하는 일이 적었다. 물론 필요한 것이 있다면 부탁을 해 온다. 예를 들어, "잘게," "밥 차려줘" 등과 같은 내용으로는 부탁하지만, 좀 더 구체적으로 세세하게 말해 주면 좋겠다고 생각한 적도 있다. 대략적으로 지시를 받으면 어떻게 하는 게 좋을지 잘 모르기도 했고, 지시하지 않은 일까지 이것저것 해버리면 당사자의 생활방식과 의사를 무시하고 침범하는 것처럼 느껴지기도 했다. 지시가 없으면 나는 어떠한 일도 해서는 안 되니까, 단지 옆에 있는 역할만 해야 하는 것인지, 당사자의 생각에 반하는 짓을 하고 있는 것은 아닌지 항상 불안했다. "자세하게 지시해 주는 사람도 있는데, 이 사람은 왜 지시하지 않는 거야"라고 의문을 품기도 했다.

생각해 보면, 하나부터 열까지 모든 것을 지시하는 것에는 우선 상당한 노력이 필요하다. 예를 들어, 원하는 결과(카레가 먹고 싶음)에 대해서는 지시가 가능하지만, 동작 하나하나까지 진행 과정을 설명하는 것을 당사자가 경험해 본 적이 없기 때문에, 과정(카레를 만드는 법)에 대해서 세세하게 지시하기는 어렵다. 또 과정에 대해 자세한 지시가 가능하다고 하더라도, 당사자와 활동보조인은 다른 육체와 두뇌를 가졌으므로, '당사자의 지시'와 '활동보조인의 행위'에는 반드시 기대 차이가 날 수밖에 없다. 당사자가 자신의 주관적인 생각을 말로 바꿔서 지시할 때는 이해하기 어려운 말일 수도 있다. 그러한 행동을 매일 계속한다는 것은 당사자에게 어려운 일일 수 있다.

다음으로 할일을 '묻는 일'이었다.

우선 "어떻게 할래요?"라고 묻는다. 예를 들어, "저녁 먹을래요?"라고 물으면, 먹을지 말지 당사자가 대답한다. 먹는다면, "무엇으로 할래요?"라고 묻는다. 예, 아니요로 대답할 수 있는 형태로 질문하거나 구체적인 대답이 가능한 형태로 질문을 해 나간다. 판단을 어려워하면, "카레도 만들 수 있고, 볶음도 만들 수 있는데, 어느 쪽으로 할래요?"라고 가능한 몇 개의 선택지에서 고를 수 있게 한다. 그리고 어느 정도 일이 진행되면, "이 방법으로 하는 게 괜찮을까요?"라고 묻는다. 당사자가 괜찮다고 하면 그대로 진행하고, 틀렸다고 하면 방법을 바꾸면 된다.

활동보조인의 입장에서 필요할 것 같다고 생각되는 부분이 있으면, 그럴 때마다 제안해 본다. 예를 들어, 오후 6시가 되면, "슬슬 저녁 준비하면 어떨까요?"라고 묻는다. 어디까지나 활동보조인의 제안이기 때문에, 그 제안은 받아들여질 수도 있고 그렇지 않을 수도 있지만, 구체적인 내용 안에 질문을 삽입하면서 일을 진행할 수 있다.

한편으로 '묻는 것'은 '답변을 쫓는' 행위이기도 하다. 누군가가 물으면 대답해야 하지만, 바로 대답해야 할 필요도 없고, 판단하기까지 시간이 걸릴지도 모른다. 그럴 때는 '기다리는' 자세가 필요하다.

단, 묻든지 기다리든지 간에, 당사자 쪽의 확고한 의사가 있다는 것이 전제이고, 그 의사를 통해 무언가가 지시되고, 활동보조가 이루어진다는 것이다.

활동보조인이 "저녁 식사를 준비할까요?"라고 물으면, 당사자 스스로가 만들려고 할 때도 있다. 이 상황은 "저녁 식사를 (활동보조인이) 만들 건데 괜찮아요?"라고 활동보조인이 당사자에게 묻는 것인데, "지금 저녁 식사를 준비해야 한다," 또는 "저녁 식사를 (당사자가) 준비하세요"와 같이, 당사자는 활동보조인이 명령하는 말로 이해했을지도 모른다. 하지만, 활동보조인의 입장에서는 "당사자가 직접 저녁 준비를 하고 싶어 한다 (그러니까 가만히 있자)"라고 생각할 수 있다.

활동보조인은 활동보조를 의뢰받는다. 하지만 활동보조인 입장에서는 "스스로 할 수 있는 일인데, 왜 활동보조인에게 시키는 거야"라는 생각이 들 때가 자주 있다. 또는 정반대로 "활동보조인으로서 좀 더 도움이 되고 싶은데, 활동보조인에게 부탁을 잘 안 하네"라는 생각이 들 수도 있다.

"내가 할 수 없는 것만 도와주면 좋겠다"든지 "내가 지시한 것만 해 주었으면 좋겠다"고 생각해 온 당사자라도, 관계를 계속 가져가다보면, 무언가를 남에게 부탁하는 일에서 문제가 생길 수 있다.

당사자 스스로가 할 수 있을 것 같은 일을 부탁해 온다. 반대로 부탁하기보다는 스스로 여러 가지 일을 끌어안고 고민하고 있다. 용건이 있으면 하나하나 부탁해 오지만, 물론 활동보조인으로서는 부탁받은 전부를 들어줄 수 없는 경우도 있다. 그렇기 때문에 타인이나 활동보조인에게도 좀 더 부탁해 주면 좋겠지만, 당사자는 좀처럼 부탁을 못 한다. 내가 거절하면, 다른 사람에게 부탁도 하지 않고 못한 채로 가만히 있는다. 당사자가 스스로 하려고 하지 않는 일을 활동보조인에게 던져놓으면, 활동보조인도 하지 못하고, 또 하고 싶지도 않다.

"할 수 없다"는 것과 "하지 않는다"는 것도 구별하기 어렵다. 사실은 무슨 문제가 있어서 "할 수 없는 것"일 수도 있다. 하지만, 어느 쪽인지 모른다. "할 수 없는 것"이란 당사자도, 주변도 잘 모른다.

그러한 일들이 몇 번 반복되면, 나는 "그 당사자는 부탁하는 걸 잘 못한다"고 생각했다. 하지만, 시각을 바꾸어보면, 단순히 부탁을 잘하고 못하는 문제가 아니라, 부탁을 주고받는 행위 자체가 어려운 것임을 깨닫는다.

이것은 그 사람의 이해력이 떨어진다든가, 그 사람이 말을 잘하고 못하는 것과는 상관없이 어려운 것이다.

그러고 보니 나도 부탁을 잘 못해서 고생하고 있다. 왜 부탁하는 게 어려울까 생각해 보니, "부탁한다"는 행위 안에는 (1) 어떤 일을 부탁할지 생각한다. (2) 언제 필요한지, 언제 부탁할지, 누구에게 부탁할지 생각한다. (3) 그것을 어떤 식으로 실행할지, 다른 사람이 할 수 있도록 전달하고 알려준다. 이와 같은 일련의 과정이 그 안에 포함되어 있다.

게다가 부탁할 상대는 자신이 말하는 것을 들어줄 것인지, 이해해 줄 것인지, 부탁한 바를 정확히 해줄 것인지, 너무 큰 부탁이라 해주지 못할 수도 있다는 불안한 마음이 있을지도 모른다.

또는 일반적으로 "스스로 가능한 것은 스스로 한다"는 사고방식을 가진 활동보조인과 당사자가 적지 않게 있다. "이런 거 부탁해도 되나?"라고 고민하면서 애써 부탁하지만, 주변에서는 "스스로 해라"는 말을 듣기도 한다.

이렇게 여러 가지 것들을 고려해야 하지만, 결국 방법을 잘 몰라서 부탁을 못한다. 이것저것 지나치게 부탁하거나, 반대로 부탁하지 못한 채 끙끙 앓으며 할 수 있었던 일도 못하기도 한다.

오래 전부터 자립생활을 해 온 장애인 중에는 정중하고 자세하게 지시하는 사람도 있을 것이다(지금도 물론 있다). 지금보다도(지금도 크게 달라지지 않은 부분도 있다) 가혹한 환경에서 자립했다는 것은 그만큼 당사자의 의지가 강했기에 가능했을 것이다. 한편, 활동보조의 대부분이 자원봉사자로 이루어졌을 때는 불특정 다수의 활동보조인을 상대로 어떤 방법으로 활동보조를 받을지 고민했을 것이다. 배려하고, 준비하며, 많은 것을 포기하면서까지 부탁하는 기술, 전달하는 기술을 길러왔을 것이다.

학교나 일터에서는 "스스로 가능한 것은 스스로 한다," "힘내서 가능하도록 한다"는 것이 요구된다. 하지만 "남에게 부탁하는" 것도 그것만큼 어렵고, 기술과 경험이 필요한 것이다.

처음부터 아무렇지 않게 정중히 지시할 수 있는 사람만이 활동보조인을 쓸 수 있고 자립생활이 가능한 것이 아니라, 활동보조를 쓰는 것은 원래 어렵고 힘든 것이 보통이다. 활동보조인 쪽도 그러한 것을 얼마만큼 이해하고 응할 수 있는지가 문제이다.

그러면 무엇에 따라 활동보조 · 지원하면 좋을까?

「활동보조인 수족론手足論」에서 예로 든 "인간관계에 입각한 활동보조"를 언급해 볼까? 또는 별도의 "객관적" 기준을 예로 들어볼까?

양쪽 다 맞다고 생각하고, 딱히 어느 쪽이라고 할 수 없는 다른 감각이 있다. "인간관계"라고 하더라도, 비즈니스적인 인간관계처럼 해서는 당사자에게 의사소통 능력을 요구하게 되고, 활동보조인 쪽의 주도적이고 일방적인 관계가 되어버린다.

2. 부탁받는다

단지 "지시를 하는 것과 그 지시에 응하는 것"이 최우선의
목적이 아니라, "지역 생활, 자립생활을 지속하는 것과 그것을
지지하는 것"이 먼저이다. 이것은 자기결정이라는 자립의 위상
과는 조금 다른 곳에 있다. 이것을 전제로서 파악해 둘 필요가
있다.

어떤 아버지와 자식이 피플퍼스트를 내방했다. 시설에서 폭
력을 당했다고 한다. 아버지가 자식(자식이라고 하지만 중년에
접어든)의 옷을 걷어 올려서 등의 흉터를 보여 주었다. 그 때문
에 아버지가 자식을 시설에서 꺼내어 집으로 데리고 왔다고
한다.

그 M씨 부자는 그때부터 가끔 사무실에 들렀다. 그리고 언
젠가부터 뜸해진 시기가 있었고, 또 반년쯤 지났을 때에 다시
왔다. 사실은 그사이에 좀 떨어진 입소시설에 들어가 있었다고
한다. 하지만 거기서 M씨가 시설 직원의 냉장고에서 찹쌀떡을
훔치려고 해서 직원에게 맞았다. 아버지는 그 사건을 계기로
또 그를 자택으로 데리고 왔다고 한다.

하지만, 자택으로 데리고 왔지만 갈 곳이 없어 아버지가 계
속 함께 있어야 했고, 아버지의 건강 상태가 나빠지면서 자택
에 계속 있거나 가끔 집 주변을 산책하는 정도였다. 내가 아버
지와 자식 사이에는 떨어져 있는 시간도 필요하다고 제안하

자, 일주일에 한 번 정도 사무실에 나오게 되었다. 나는 아버지
도 지쳤을 것이라 생각해, 길만 기억하면 M씨 혼자서도 사무
실에 올 수 있을 것 같아서 당사자만 혼자 왔으면 좋겠다고 했
지만, 결국 아버지도 자주 왔다. 아버지는 사무실에서 자식의
일상 이야기를 하거나 시설에 대해 비판적인 말을 반복했다.
그때까지 10년 동안 도 내외의 입소시설을 찾아다녔고, M씨는
도내는 물론 현 외부나 섬 안에 있는 시설을 전전하며 살았다
고 한다. 하지만 아버지는 가는 시설마다 처우에 불만을 품고
M씨를 자주 집에 데리고 왔고, 다시 다른 시설에 집어넣는 행
동을 반복했다. 시설의 배식량이 적은 것, 시설이 자행한 폭력
을 사과하지 않는 것, 문제가 있으면 부모나 M씨에게 책임을
전가한 것, 많은 시설이 인적이 드문 산속에 있는 것 등의 불만
을 이야기했다. 한편으로, 아버지는 "내가 죽을 때 이 자식도
함께 죽을 것"이라는 말을 자주 했다.

　그와 같은 일이 일 년 정도 계속됐는데, 어느 날은 아버지가
혼자 사무실에 왔다. 다시 M씨를 입소시설에 단기 입소시켰다
는 것이다.

　시설에 대해 비판적인 이야기를 입에 자주 올리면서도 또 시
설에 넣어버린 것은 자식과 계속 함께 살기 어렵기 때문이라고
생각했다. 우리들은 M씨에게 그룹홈에 살 것을 제안했다. 하
지만 그것은 M씨가 희망한 것이라기보다는, 이대로라면 자택
에서의 생활이 어려울 것이라는 우리들의 위기감과 이제 더 이
상 입소시설에 넣고 싶지 않다는 아버지의 희망에서 시작된 것

이다. 그렇게 해서 그룹홈에서의 생활이 시작됐다.

하지만 그룹홈으로 옮기고 반년 후, 아버지가 돌아가셨다. 그 소식은 장례식이 치러지고 난 뒤, M씨와 우리들에게 연락이 왔다. 나는 친척들이 나쁜 사람들이고, M씨에게 나쁜 마음을 품고 장례식에 참석시키지 않았다는 말을 하고 싶은 게 아니다. 이전에 어딘가의 장례식장에서 M씨가 시끄럽게 한 것, 큰 충격을 받은 M씨가 또 소동을 일으킬 것이라는 불안, 그리고 고인을 잃은 슬픔 때문에 동요를 일으킬 수도 있는 M씨를 받아들이고 대응해야 한다는 부담. 그래서 연락이 나중에 온 것 같다. M씨뿐만 아니라, 장애를 가진 이가 관혼상제에 참석하는 것을 껄끄러워 하는 경우가 적지 않다. 장애로 인해 파생적으로 일어나는 일과 주위와의 예의에 어긋나는 행동 때문이다. 물론, 그렇다고 해서 장애가 있는 이가 자기 아버지의 장례식에 참석하지 않는 것이 좋다는 의견은 결코 아니다.

그리고 사실 M씨와 나는 아버지로부터 투병중이라는 이야기를 들었다. 최근에 개인적으로 만났을 때, 아버지는 M씨를 잘 부탁한다는 말을 건넸다. 그때는 자택에 살면서 평소와 다름없이 대화가 가능해서, 그것이 마지막이 될 거라고는 생각할 수 없었다. 너무 가볍게 생각한 것을 후회했다. M씨는 아버지의 죽음을 볼 수 없었다. 그 후 49재 등 법사에는 활동보조인과 함께 꼭 참석했다. 장례식에 가보지 못한 것을, 과거를 되돌리고 싶어 할 정도로 후회했다.

아버지가 돌아가시면서, 나는 아버지가 해온 것을 실감했다.

지지라고 할까, 존재감이라고 할까, M씨 안에서 아버지의 위치, 비중은 돌아가시고 나서 더욱 커지게 되었다.

M씨의 감정이나 정신적인 면뿐만이 아니다. 장애를 가진 이가 살아가는 데 있어, 일상생활에서 부모가 끌어안고 있는 것은 넓고 크다. 부모 곁에서 생활하고 있는 사람에게도 통소시설이나 헬퍼 등의 지역 지원은 늘어나고 있지만, 아직까지는 극히 일부분에 지나지 않는다.

차원이 다르다고 이야기할 수 있다.

지원자, 활동보조인은 아마도 부모로부터 신뢰받기 어려울 것이다. 그것은 초보적인 실수를 많이 하기 때문이기도 하지만, 부모가 바라는 바나 전달하는 대로 되지 않기 때문이기도 하다. 하지만 다른 지원이나 활동보조가 적절히 지원되었다고 해도 그렇게 생각할 것이다. 최종적으로 그것을 감독하는 것은, 다른 사람도 아니고 부모이기 때문이다.

우선, 부모와 자식은 함께 지내온 시간의 길이와 밀도가 타인에 비해 압도적으로 다르다. 그리고 자식의 생활도 일관성 있게 보고, 고민하고, 도와주고 있다. 한편, 다른 여러 가지 지원이 있어도, 그것들은 몇 시부터 몇 시까지라는 시간적인 한계가 있고, 여기부터 여기까지라는 내용적인 한계가 있어서, 무슨 수를 쓰더라도 한정적이다. 그것들을 연결하는 것은 대부분 부모이다. 자식에게 어떤 과제나 문제가 있으면 즉석에서 대응하거나 그것을 받아들이고, 또 받아들여야만 한다. 그러한 일들이 다른 사람에게 가능할 지는 몹시 의문이다. 부모는 도망칠 수 없고, 또 도망가지 않는다.

장애인이 그러한 부모의 정을 끊어내고 '자립한다'는 스토리는 깔끔해 보이지만, 한편으로 당사자나 지원자의 생각과는 다른 곳에서, 부모는 "누군가에게 맡기는" 모습으로 자립생활이 실현되는 상황에 놓인다.

부모는 입소시설을 계속 찾아다닌다. 자식에게 살기 좋은 장소를 마련해 주기 위해서다. 그것은 "자신이 죽은 후"를 생각하기 때문에, 자식이 살아가기 위해서는 입소시설이라도 어쩔 수 없다는 소극적인 의미일지도 모른다. 또 어떤 부모는 좋은 장소를 "만들기" 위해 많은 일을 해왔는 지도 모른다.

지원은 맡기는 부모 대신에, 하지만 부모가 아닌 입장에서, 부모와 동일해지는 것이 아니라, 무엇을 만들어 가면 좋을지에 대해 모색해 가는 것이라고 생각한다.

부탁하는 사람-부탁을 듣는 사람이라는 틀로 생각하지 말고, 부탁을 듣는 사람으로서 무엇을 할 것인가를 고민할 틈을 남겨두자.

3. 흐름을 읽는다

M씨는 그룹홈에서 살기 시작하면서 처음 일주일간은 아무 일도 없었지만, 그 후 수개월 동안 매일같이 그릇을 던지거나, 달리는 차에 뛰어들기도 했다. 한밤중에 그룹홈을 뛰쳐나가서

속옷차림으로 편의점에 들어가 경찰에 연행되기도 했고, 이웃의 창문을 깨거나 가게의 진열장을 부수고, 전철에서 비상벨을 누르기도 했고, 또 레스토랑에서 유리컵을 던져서 깨뜨리기도 했다. M씨의 입장에서 보면, 급격한 생활의 변화로 혼란스럽고, 부모로부터 버림받았다고 생각할지도 모른다. 하지만 무엇이 원인인지, 어떻게 하면 좋을지, 분명하지 않은 부분이 많았다.

그가 왜 물건을 부수는지, 무엇에 대해 화내고 있는지, 원인이 무엇인지 생각하지만, 나는 모른다. M씨와 이야기를 해도, 맞는지 틀리는지 빗나간 대답이 돌아오는 경우가 대부분이다. 어떻게 해야 좋을지 몰라한 시기가 일 년 동안 계속되었다.

당사자의 의사를 존중한다는 생각에 겉으로 드러나는 의사에 따르다 보면, 물품 파손이나 폭음 폭식으로 인해 돈이 많이 들어서 제대로 된 생활을 하기 어렵다. 그렇기 때문에 활동보조인으로서는 "멈추게 하는 것"을 가장 우선시하게 된다. 더 이상 손을 쓸 수 없는 상황이 되면 늦기 때문에, 무엇이든 멈추게 할 수밖에 없다. 당사자가 무엇을 생각하는지 고민하기 전에 당사자가 무슨 짓을 해댈지 몰라서 나 자신이 불안했다. 그리고 주변의 사소한 의견과 우려에 하나하나 반응하다 보면 풀이 죽는다. 무엇이 일어날지 몰라서 함께 있으면 항상 긴장이 된다. 내가 할 수 없는 것을 솔직히 인정할 수 없고, 인정하고 싶지 않은 감정이 끓어오른다.

M씨는 "상식"이라든가 "보통"이라는 것이 무엇인가를 무척이나 신경 썼다. "~해도 되나요?" "~하면 안 되죠?" 또 "왜 내가 이상하다고들 하며, 보통사람처럼 될 수 없나요?"라고 물어왔다.

"평범함" 또는 "규칙"이라고 하는 것은 폭력이 된다. "자유에는 책임과 의무가 필요"하고, "사회에는 룰이 있다"고 한다. 모든 곳에는 눈에 보이지 않는 규칙이 있다. 눈에 보이지 않기 때문에 이해하기 어렵다. 하지만 지키지 않으면(지킬 수 없으면) 공식/비공식적으로 제재가 가해진다. 사회 안에서 살기 위해서는 규칙이 전혀 필요 없다고 말하고 싶은 것이 아니다. 하지만, 그 규칙을 지키기 위해서, 평범하기 위해서 지불하는 비용에는 사람에 따라 격차가 있다. 그 기준을 완벽히 이행하기 위해 얼마만큼의 노력을 필요로 하고, 얼마만큼의 벌과 조롱을 받아야 할까. 사람이 "평범함"을 이야기할 때, 스스로의 폭력성을 깨닫지 못한다. "평범함"을 이야기하는 사람은 당연히 평범하게 있을 수 있는 사람이다. 하지만 "평범함"이란 무엇인가?

M씨는 컵라면을 가지고 "라면 가게에 가서 뜨거운 물 받을 거야"라고 우겨댔다. 나는 라면 가게에 컵라면을 가져가지 말라고 하고, 스스로 납득케 하여, 보통 식당에 가서 M씨가 스스로 "뜨거운 물 부어주세요"라고 부탁하도록 했다. 그러니 점원이 뜨거운 물을 부어주었다. 나는 부끄러웠지만, 그렇다고 해서 활동보조인이 제지하는 것은 아니라고 생각했다. M씨가 부

탁해서 점원이 부어주고, 그것으로 원하는 바가 이루어진다면, 그것으로 좋은 게 아닌가 생각했다.

커피나 물을 컵에 따를 때, 반드시 찰랑찰랑 할 때까지 따른다. 넘칠 때까지 따른다. 담배에 불을 붙일 때, 여러 가지 방법으로 붙인다. 차에 타고 있으면 굴뚝 수를 세거나 굴뚝의 형상과 높이를 몇 번이고 말한다. 덤프트럭과 콘크리트믹스트럭의 차이나 다른 점을 질문한다. 차의 종류에 따라 타이어의 수가 갖가지인 게 신경 쓰인다. 단어의 글자 수를 계속 센다. 게다가 그와 같은 동일한 이야기를 몇 번이고 한다. 옷을 뒤집어 입는 것에 집착한다. 무언가를 할 때, 몇 개의 순서를 거치지 않으면 다음의 것을 못한다.

그런 갖가지 일이 나에게는 신기하게 생각되었다. 하지만 그것을 하나하나 평가하거나 부정하지 않고, 오히려 즐기고 단순하게 인정했다. 그러고 나니 조금씩 M씨에 대해 이해하게 되었다.

"실제로 이야기하는 것"과 "바라는 것"이 다를 때가 있다. 스스로도 불안하지만, 상대도 불안하다. 그가 폭력적으로 될 때는, 오히려 그가 공포를 느꼈기 때문이 아닐까. 주변이 시끄러운 것을 싫어하는 것 같다. 폭발한다, 죽는다, 부딪힌다, 사고, 활활 타오르는 이미지가 머릿속에 떠오를 때가 있는 것 같다. 과거의 부정적인 기억이 되살아나 보이는 것 같다. 등등.

그러한 것을 말뿐만 아니라 행동이나 표정, 눈빛 등으로 알아차리는 경우가 늘었다. 그래도 잘 모를 때가 있지만. 오히려

웃거나 화내거나 불안해하거나 하는 감정의 변화에 활동보조
인도 일회일비한다.

그래서 M씨 고유의 패턴 흐름을 느끼고, 고통이나 불안을
받아들이고, 우선 편하게 하여 안정시키는 대응을 하지 않으
면 그 다음이란 없다. M씨는 물건을 부수면 남이 화를 낸다고
하는, "간단히 예상 가능한" 대응을 오히려 기대하는 것 같다.
하지만, 그래서 누군가 화를 내면, 그것이 또 부정적인 기억으
로서 각인된다. 각인된 나쁜 이미지가 원인이 되어 또 물건을
부순다. 그와 같은 흐름이 계속 된다고 생각했다.

"규칙"이라든가 "평범함"을 이야기할 때, 그것이 가장 문제
가 되는 순간은 물건을 부수거나 타인 또는 자신을 상처 입히
는 위해(의 가능성)가 있을 때라고 생각한다. 당사자의 입장에
서 보면 집착의 결과나 불안에 의한 행위 자체가 위해를 가하
는 일로 이어질 뿐이지만, 당사자는 "무언가를 하려고 하면 제
지당하고 혼이 난다"는 체험으로 본다. 집착이나 불안이라는
것과 그 결과를 우선 떨어뜨려 놓고 생각해야 한다.

원인을 이것저것 탐구해 가면, 그것을 알게 될 때도 있지만
모를 때도 많다. 그것보다도 일상생활 안에서 어느 정도의 적
절한 대응이 가능하다면, 원인 그것은 해결되지 않지만, 공황
상태나 불쾌한 기분에 대한 대응 조절은 가능하다. 항상 웃는
얼굴로 있게 하는 것이 아니라, 나쁠 때는 나쁠 때 나름의 상
황에 맞추어 대응했다.

4. 어느 쪽도 아닌 것

우선, 당사자가 하고 싶은 것이 있는데, 당사자 혼자서 할 수 없을 때, 그것을 활동보조인에게 부탁하고 할 수 있게 된다면, 그걸로 괜찮다. 하지만, 거기에는 원리적인 곤란이 수반되는 것은 아닐까? 당사자에게 있어서 "할 수 있는 것"과 "할 수 없는 것"은 그렇게 간단히 구별되고 인식할 수 있는 것이 아니다. "할 수 없는 것"은 과거의 경험을 참고로 해서 앞으로 일어날 만한 "할 수 없는 것"을 예측하지만, "할 수 없는 것"이 눈앞에 나타나지 않는 한 "할 수 없는 것"을 인식할 수 없는 경우가 많다. 단, 많은 경우, 장애가 있다는 것에 의해서, 장애가 있기 때문에 할 수 없을 것이라고, 장애가 있기 때문에 모를 것이라고, 주변 사람이 먼저 "할 수 없을 것"이라고 함부로 생각해 왔다. 주위에서 항상 그와 같은 온정주의가 먼저 우선시되는 것을 비판하고, 그런 경우로부터 벗어나는 것이 자립생활이다. 실패하는 것도 당사자의 인생이며, 장애가 없는 사람도 실패하며 뭔가를 해 왔다.

지시에 근거하여 활동보조와 지원을 한다는 가장 기본적인 생각을 무시하고자 하는 것이 아니다. 하지만 단순히 "당사자가 결정한 내용을 활동보조가 보완한다"는 의미는 아니라는 것이다.

예를 들어, 커피를 많이 만들어 마신다고 하자. 문제 해결형의 관점에서 보면, "커피만 집착해서 마시고 있다. 많이 마시면 건강을 해치게 되니 멈추게 해야 한다"는 의견으로 행위를 제한, 금지하거나 여러 가지 방법으로 그 집착을 없애려고 노력할 것이다. "수족"형의 관점에서 보면, "그것은 당사자가 좋아서 하는 거니까, 활동보조인은 아무것도 하지 않는다. 오히려 커피 만드는 것을 돕는다. 그것으로 인하여 건강을 해친다면, 그건 본인의 책임이다"와 같은 의견을 낼 수 있다. 어떤 사람은 커피나 설탕을 많이 섭취했을 때 생기는 해로움에 대해서 상세하게 설명할지도 모른다. 하지만 말로써 설명하더라도, 그것은 장래에 일어날 수 있는 결과에 대한 것이지 현재의 상태가 아니므로, 그것을 이해하기란 어려울 것이다. 또 "설명"이라면 중립적인 인상을 풍기는데, 그 설명은 무엇을 목적으로 행해지는 것인가. 설명을 하더라도 행위를 그만두지 않는다면, 그것을 어떻게 생각하면 좋을까.

그와 같은 대응과 판단을 뒤로 미루고 커피를 만드는 모습을 가만히 보고 있으면, 마시기 위해서라기보다는 "만들기 자체"가 재미있기 때문에 하고 있는 것처럼 보인다. 가루를 떠담는 횟수나 우유와 물의 비율을 갖가지 양으로 바꿔서 넣어보는 것에서 쾌감을 느끼는 것 같다. 또는 "이렇게나 많이 만들고 있자면, 당신(활동보조인)은 당연히 날 멈추려고 하겠지? 자 멈춰봐"라고 하는 것 같기도 하다. 또 만드는 커피를 보고 있으면, 확실히 커피나 설탕을 많이 넣기도 하지만, 물을 찰랑찰랑하게 넘치도록 부어서 내용물이 대부분 흘러넘쳐 버리고, 완성되었을 때에는 비율이 딱 좋거나 싱겁게 된다.

또 예를 들어, 최근에 담배를 피우는 양이 늘었다. 어느 활동보조인은 건강을 위해서 개비 수를 제한하고 싶을지도 모른다. 어떤 사람은 피우고 싶은 사람에게 맡겨버릴지도 모른다. 또 다른 사람은 담배의 위험성에 대해 설명할지도 모른다. 그와 같은 몇 개의 반응이 있다. 하지만 개비 수를 제한하려고 했을 때, 반대로 집착을 보이며 몰래 피우려고 한다. 몰래 피울 경우, 건강뿐만 아니라 불 관리를 잘못해서 오히려 위험하다. 그런데 피울 만큼 피우도록 놔두면, 이번에는 돈을 써버려서 별도의 경제적 문제가 발생한다. 어쨌든 "다른 사람이 피우고 있으면 함께 피우고 싶다," "가게에 진열되어 있는 순번대로 피워보고 싶다," "여러 가지 불 붙이는 방법을 시도해 보고 싶다," "담배에 붙어 있는 증정품이 맘에 들어서 사고 싶다"는 경우를 볼 수 있다.

"멈추게 해야 한다"도 아니고, "그냥 좋을 대로"도 아니고, "정중한 설명"도 중요하지만, 설명만 해서는 알아주지 않는다. 그 당사자가 어떻게 생각하고 있는지를 활동보조인이 알아 가야 한다.

그때, 말로써 이야기할 때도 있지만, 말에만 의존하지 말고, "분위기"로 알 수 있도록 해야 할 때도 있다. 잘 모르는 것을 곧바로 알게끔 하지 않고 지나쳐버리거나, 집착과 불안을 없애는 것이 아니라 보고만 있는다든지, 그 사람 나름대로의 타이밍과 순서에 몸을 맡기는 것으로 활동보조인은 당사자가 가진 흐름을 활동보조인 자신에게 "신체화시켜 가는" 일이 가능할 것 같다. 활동보조인은 때에 맞추어 무언가를 하는 것이 아니라 공기와 같이 그곳에 있으면서, 때에 따라 거리를 두거나 가까이 가면서 항상 느끼고 있는 것이다.

"그 사람의 고유 흐름"을 항상 느끼는 것이 우선되는 전제라고 생각한다. 단순히 "할 수 없는 것"이나 "지시"만 대응해서는 정작 필요할 때 유용한 활동보조를 하기 어렵다. "할 수 없는 것"은 그렇게 쉽게 해결되지 않는다. "무언가를 하기"보다 느끼는 것이 우선 필요한 작업이 아닐까.

그렇기 때문에 "헬퍼라는 이름으로" 이용자의 집을 방문하는 것만으로 가능한 일은 거의 없다. 공적인 활동보조에서 상상되는 이미지는, 활동보조인은 바꿀 수 있다는 것이다. 하지만 여기서 말하는 활동보조의 이미지는 개인적인 관계나 공유한 시간의 축적 정도에 따른 것이다.

5. 거기에 있다

하지만, 역시 모르겠다. 타인일 수밖에 없는 활동보조인이 거기에 있기 때문이다.

당사자가 무언가를 생각하고 무언가를 하려고 할 때, 예를 들어 당사자가 혼자서 "커피를 만들고 있다," "담배를 피우고 있다"가 아니라, 그 순간 · 그때까지 활동보조인이 어떤 위치에

서 무엇을 했는지, 상대방에게 어떻게 보이고 있는가라는 부분
이 영향을 주게 된다.

활동보조의 상대방이 신경을 써 줄 때가 있다. 공개적인 장
소에서의 모습과 사적인 장소에서의 모습은 다르다. 활동보조
인 사이에서도, 활동보조인 A씨와 활동보조인 B씨에게 대하는
태도는 달라진다. 활동보조인이 상대에게 맞추어 주는 이상으
로, 당사자가 맞추어 줄 때가 있다. "내가 상대방을 보고 있는
것"과 동시에 상대방이 나를 보고 있다.

우리는 무엇을 하든지 타인들 속에서 숨을 쉬며 살고 있다
(살 수밖에 없다). 주변 사람들의 인간관계나 자신과의 친분 정
도를 주의 깊게 바라보곤 한다. 때로는 인간관계를 권력관계
로 헤아리는 파워게임에 빠지기도 한다. 그것을 어느 정도로
본인이 의식하고 있는지는 사람에 따라 다르다. 단, 민감하게
헤아려 아는 이들도 있다. 그리고 그것은 우리들의 모습이기도
하다.

하지만, 나는 그러니까 그런 관계는 좋지 않기 때문에 배제
하자고 단언할 수 없다. 활동보조인은 다른 생각과 다른 경험,
다른 개성을 가진 인간이다. 활동보조인이라는 타인이 그곳에
있는 순간부터, 이미 손발이 될 수 없는(되지 않는) 요인을 발생
시킨다. 오히려 자신의 의견을 제시해 보고 가만히 지켜보는
편이 재미있을 것 같다. 단, 그 생각은 스스로의 입장에 따른
것이므로 평범하거나 절대적이지 않다는 근거에 입각하고, 각
자의 생각을 드러내는 관계나 장소가 많이 있었으면 좋겠다.

제6장

당사자에게 물어서는 안 된다

활동보조인이 서 있는 위치에 관해서

스에나가 히로시

1. 시작하며

나는 도쿄도 히가시쿠루메 시東久留米市에 있는 '자립생활센터 굿라이프' 외에도 몇 개의 NPO 법인에서 활동보조 코디네이터라는 입장과 피플퍼스트라는 지적장애인 단체의 지원자라는 두 가지 입장에서, 지체장애인과 지적장애인의 지역에서의 자립생활을 지원해 왔다.

현재 도쿄의 산타마三多摩 지역에 있는 히가시쿠루메 시와 니시도쿄 시西東京市의 주변 지역에서는 자립생활센터와 피플퍼스트 등과 같은 단체의 지원을 받으며 지체장애인 약 60명, 지적장애인 약 20명이 자립생활을 하고 있다. 또 앞으로의 자립생활을 목표로 우리 단체가 운영하고 있는 케어홈에서 살고 있는 지적장애인도 10명 이상이다.

내가 이제까지 20년에 걸쳐서 활동보조인, 지원자, 활동보조 코디네이터로서 장애인의 자립생활을 지원해 오며 고민한 과제 중에서 이 장에서는 당사자(이용자)와 활동보조인(지원자)의 바람직한 관계에 대해, 제9장에서는 지적장애인이 지역에서 생활해 나가기 위해 필요한 '지켜보기'와 그 제도에 관해서 언급해 보겠다.

2. 이용자와 활동보조인이 함께 보내는 시간과 공간

(1) 두 가지 원칙

장애인 이용자가 자신의 집에서 활동보조인과 함께 보내는 시간과 공간에 대해서 생각해 보고 싶다.

그곳에는 물론 이용자와 활동보조인의 조합에 따른 다양한 변화가 있기에, 일률적으로 무엇이 좋고 무엇이 나쁘다는 이야기가 아니다. 단, 기본적인 원칙으로서, 집에서 생활하는 것은 이용자이지 활동보조인은 아니다. 결국 '생활의 주체는 이용자라는 것'(제1원칙). 그것과 동시에 '이용자와 활동보조인이라는 각기 다른 개성을 가진 두 명의 인간이 함께 있다는 것'(제2원칙). 이 두 가지 원칙이 양립하는 장소, 그것을 활동보조 관계의 기본으로 놓을 수 있다.

예를 들면, 자립생활을 하고 있는 지적장애인의 방을 보면, 그곳에서 활동보조인이 평상시에 어떻게 활동보조를 하고 있는지 대부분 알 수 있다. 그 방을 본 순간에 그 이용자다운 방이라고 느낄 수 있는 경우라면, 그곳에서 활동보조인들이 이용자의 개성을 충분히 배려하면서 활동보조를 하고 있다고 상상할 수 있다. 반대로 굉장히 잘 정리되어 있고 사용하기 편리하게 되어 있는 방일지라도 그 이용자의 방 같은 느낌이 들지 않는 경우에는, 그 활동보조인 중의 몇 명이 이용자의 개성을 배려하지 않고 정리와 청소 등을 해버리고 있을 가능성이 높다고 생각한다.

제1원칙인 '생활의 주체는 이용자라는 것'부터 보면, 당연히 그 이용자다운 방인 편이 좋다고 말할 수 있다. 그렇다면 그 이용자다운 방을 유지하기 위해서는 어떻게 활동보조를 하는 게 좋을까? 이용자가 말하는 대로 정리하거나 청소하면 될까? 그러나 이 경우에는 이용자로부터 청소하고 싶다, 청소해 줬으면 좋겠다는 요청이 없으면, 정리와 청소는 안 하게 된다. 그러면 이용자의 요청이 없어도, 매번 이용자에게 하나하나 확인해 가면서 하면 좋은 것일까? 그러나 활동보조인이 "여기 정리해도 좋을까요?"라고 묻고, 이용자의 "예"라는 대답을 듣고 확인했다는 것만으로, 그 이용자다운 부분이 지켜지지는 않는다.

'생활의 주체는 이용자다'라는 제1원칙을 지키기 위해서, 활동보조인이 단순히 이용자에게 의지해서 매사 모든 일을 해서는 충분하지 않다. 활동보조인이 자신의 개성을 가지고 방의 정리와 청소 방법에 관해서 생각하고 난 후, 그 이용자의 개성을 소중하게 지킬 수 있는 방법에 대해 고민해야 실현 가능하다. 활동보조인이 자신의 개성을 지우면서(생각하지 않고, 참으며) 이용자의 개성을 지키는 것이 아니라, 활동보조인 자신의 개성을 발휘하면서(생각하면서 행동하고, 가능한 참지 않으며) 이용자의 개성을 지켜가는 방법, 이것이 '이용자와 활동보조인이라는 각기 다른 개성을 가진 두 명의 인간이 함께 있다'는 제2의 원칙이 의미하는 것이다.

발을 내딛을 자리가 없을 만큼 여러 물건이 어지럽혀져 있는 방에서 활동보조를 하는 경우가 많이 있는데, 잘 보면 이용자 자신이 지나다니는 곳은 확보되어 있다. 활동보조인이 활동보조 중에 지나다니는 자리에 물건이 놓여 있을 뿐이다. 만약 내가 활동보조인라면, 지나다니기가 어려워서 활동보조가 어렵다면 곤란하므로, 이용자를 향해서 "지나다니기 어려우니까 좀 정리할게"라고 혼잣말처럼 속삭이듯 말한 다음 정리를 시작하였을 것이다. 그러나 그럴 때는 당연히 이용자의 시선을 충분히 의식하면서 작업을 진행한다. 즉, 이용자가 평상시 잘 사용하거나 소중하게 여기는 물건은 천천히 잘 보이게 정리하고, 별로 중요하지 않은 물건은 재빠르게 치워 놓는다. 이용자가 보고 있다면 "그건 여기에 둬"라든가 "그건 저쪽 서랍에 넣어둬"라고 지시해 줄 수 있으므로 상당한 도움이 된다.

여기서 중요하게 생각해야 할 내용은 활동보조인이 이용자에게 묻지 않는 것이다. "이거 이 서랍에 넣어도 괜찮을까요?"라는 질문에, 이용자는 자신도 모르게 "예"라고 내뱉는 경우가 많다. 이러한 소통이 계속 반복되다 보면, 작업은 점점 활동보조인의 페이스가 되어버린다. 반대로 이용자에게 물어보지 않고 작업하는 것처럼 보여도, 이용자의 시선을 의식하면서 이용자가 원하는 바를 바로 말할 수 있는 형태로 작업하는 편이 결과적으로는 이용자의 페이스를 지키는 게 된다. 이러한 장면에서는, 이용자의 시선을 의식하면서 일을 진행하느냐, 의식하지 않고(무시하고) 진행하느냐에 따라 결과는 크게 달라진다.

활동보조인으로서 나에 대해 말하자면, 나는 정리와 청소를 싫어해서 일 년에 몇 번밖에 청소하지 않고, 내가 지내는 방은 신문과 책으로 한껏 어지럽혀져 있고, 부엌에는 언제나 쓰레기봉투가 산처럼 쌓여 있다. 그래서 나는 이용자의 방이 지저분하다고 느껴본 적이 없기에, 내 경우에는 그런 것이 별 문제가 되지 않는다. 하지만 여러 의미에서 지저분한 방을 못 참는 활동보조인도 많다. 그것도 활동보조인의 개성이므로 이용자 방에서 함께 보내는 시간이 길면 어떻게든 하는 편이 옳을 것 같다. 예를 들어, 쓰레기 냄새를 싫어하는 사람은 쓰레기를 버리고, 마루가 더러운 것이 신경 쓰이는 사람은 마루를 닦고, 부엌이나 화장실 등 자신이 신경 쓰이는 장소는 그곳을 깨끗하게 청소한다. 이러한 장소를 깨끗하게 청소했다고 해서 이용자가 불평하지는 않는다. 이 경우, 이러한 것은 이용자의 집이기 때문에 이용자가 해야 한다, 혹은 다른 활동보조인은 어째서 아무것도 하지 않고 자기만 하고 있는 걸까? 하는 생각은 버리고 하는 것이 중요하다. 더러워서 괴로운 사람은 이용자가 아닌 활동보조인 자신이고, 다른 활동보조인은 괴롭지 않았기에 하지 않았으므로, 활동보조인 본인이 괴롭다면 스스로 하는 편이 제일 좋다.

이용자가 특히 오랜 시간을 보내는(항상 앉아 있는) 장소 주변은, 이용자에게는 중요한 곳이므로, 활동보조인 마음대로 깨끗하게 할 이유는 없다. 이용자와 함께 그 방에 있는 게 못 참겠다면, 활동보조인은 다른 방에 가 있는 방법도 있다. 아무리해도 보는 것만으로도 못 참겠으면, 앞서 말한 대로, 충분히 이용자의 시선을 의식하면서 신중하게 정리, 청소하면 된다. 반복하지만, 중요한 것은 원래는 이용자가 정리해야 한다는 것. 이용자가 귀찮아서 하지 않은 일을 내가 대신해 주는 것처럼 착각하지 않는 것이다.

방을 정리하고 싶은 것은 이용자가 아니라 활동보조인 자신이다. 그렇기 때문에 이 경우의 위치 관계는, 이용자 방이지만 활동보조인이 참을 수 없다는 이유로, 이용자가 양보하여 활동보조인이 정리하게끔 해 주고 있는 것이 된다. 활동보조인은 어디까지나 정리할 수 있도록 허락받은 겸허한 마음으로 작업을 진행해야 한다. ① 이러한 겸허한 마음, ② 이용자의 시선을 의식하면서 작업을 진행할 것, ③ 이용자의 취향을 생각하면서 할 것. 이 세 가지를 중요하게 생각하면서 활동보조를 한다면, 활동보조인 자신의 개성을 드러내면서 이용자의 개성을 지킬 수 있다.

(2) 시간 보내는 방법

다음으로 이용자와 활동보조인이 함께 보내는 시간에 대해서 생각해 보겠다.

이용자와 활동보조인이 함께 있는 모습을 들여다보면, 둘이 있을 때 시간의 흐름을 대략 알 수 있다. 이용자의 페이스로 시간이 흐르고 있는지, 활동보조인의 페이스로 시간이 흐르고 있는지, 이용자의 마음이 편안한지, 마음이 불편한지. 물론 이용자의 페이스로 시간이 흐르고, 이용자의 마음이 편안하면, 우선 문제는 없다고 말할 수 있다. 그러나 이용자와 활동보조인 두 사람이 있는 이상 항상 그렇게 될 수는 없다. 예를 들면, 내가 소속된 사업소의 미숙한 활동보조인이 어느 자폐증 이용자(좀처럼 활동보조하기 어려운)의 활동보조를 매주 정해진 시간과 요일에 들어가고 있다.

그 활동보조인은 차분하게 가만히 있지를 못하는 타입으로, 여차하면 어디론가 사라졌다. 그런데 오히려 이용자가 신경을 써서 활동보조인에게 따라붙음으로써, 신기하게도 활동보조가 이루어졌다. 이 조합을 따지자면 활동보조인의 페이스로 흘러간다고 볼 수 있지만, 두 사람의 관계를 보면 별로 옳지 않다는 느낌이 들지 않는다. 그것은 아마도 활동보조인이 원래 그런 사람으로, 특히 이용자를 어딘가로 인도하려고 하지 않았기 때문이다.

역으로, 마음에 들지 않는 활동보조는 이용자에게 물어가면서 이용자를 만족시키는 듯 보이지만, 실은 말로 교묘하게 이용자를 자기 페이스에 맞추게 하는 모습이다.

예정에도 없이 이용자가 주말에 어딘가로 외출하고 싶다고 의뢰하는 경우, 외출 활동보조라면 당연히 목적지도 이용자가 결정해서 이용자의 페이스로 시간이 흘러간다. 그러나 매주 들어가는 일상생활 활동보조에서는 서로가 "오늘은 무엇을 할까?"라고 묻는 것에서부터 활동보조가 시작되는 것이 보통이므로, 이러한 때는 이용자뿐만 아니라 활동보조인이 아이디어를 내는 것도 전혀 문제가 없다. 한 사람보다는 두 사람이 생각하는 게 아이디어도 많이 나오고, 활동보조인의 의견에 이용자가 동의해서 함께 그 장소에 가도 좋다. 이용자가 즐거울지 아닐지는 가보지 않으면 모르고, 가서 이용자가 재미없었다면, 그것도 이용자에게는 하나의 경험이 된다. 그렇기 때문에 활동보조인이 무언가를 제안하는 것이 문제가 아니라, 활동보조인이 이용자를 어딘가로 유도하는 것이 문제다.

예를 들어, 매주 10시간의 활동보조를 계속 이용자의 페이스에 맞춰서 행동하면 활동보조인도 지쳐버리므로, 활동보조인이 자신을 드러내면서 이용자가 자신에게 맞출 수 있게 하는 것도 중요하다. 그러나 활동보조인이 자기가 편하기 위해서 우월한 위치에서 시간의 흐름을 만드는 관계는 좋지 않다. '유도'라는 것은 활동보조인이 보다 많은 정보를 가지고서, 이용자는 이렇게 하면 이렇게 되고, 이렇게 얘기하면 이렇게 대답한다는 사실을 미리 예측할 수 있는 우위적인 관계에서 벌어지는 행위이다.

'행동 원호'[1] 연수 등에서는, 특정 장소에 이용자가 집착할
만한 어떠한 것이 있다고 파악한 상태라면, 이용자가 패닉을
일으키지 않도록 하기 위해 미리 그 장소를 피해 가도록 유도
하는 것이 좋은 활동보조라고 설명하고 있다. 그러나 이것은
활동보조인이 우월한 위치 관계 안에서 이용자를 유도하는 방
법으로, 그저 그 장소를 피하는 것에 지나지 않는다. 물론 그
장소를 피해 가는 것도 중요한 부분이며, 이러한 활동보조 자
체가 반드시 나쁘다고 할 수는 없다. 하지만 연수하는 곳에서
이런 유도에 따른 회피를 좋은 활동보조라고 설명하는 것은
명확히 잘못이다. 전문가라고 하는 사람들은 간단히 한마디로
'집착'이라 표현해 버리지만, 그 이용자가 어떤 물건에 집착을
보이더라도, 그 물건과 언제 어떤 상황에서 누구와 맞닥뜨리
느냐에 따라, 사태는 매번 똑같아 보여도 실상은 조금씩 틀릴
것이다. 그 작은 차이를 세세하게 보지 못하기 때문에, '어떤
물건에 집착하면 거기에서 안 떨어진다,' '무리해서 떨어뜨려
놓으면 패닉을 일으킨다' 등 그 사람의 변할 수 없는 부분만이
자폐증의 장애로서 알려진다.

이야기를 되돌려서, 앞에서 예로 든 (미숙한) 활동보조인의
경우처럼, 활동보조인의 페이스로 시간이 흘러도 좋다. 사람
은 본래 자신만의 페이스대로 생활하려고 하면 피곤해지게 되

---

1. 행동 원호: 장애인들이 행동할 때에 생길 수 있는 위험을 피하는 데 있어
필요한 도움. 예를 들어, 이동, 신변처리, 식사 그 외 행동에 필요한 도움을
준다: 옮긴이.

어 있어서, 일하는 시간뿐만 아니라 개인적으로도 가족과 연인, 친구들과 많은 시간을 보낸다. 자기 혼자 있으면 심심하다는 사람이 있는데, 이것은 자신의 페이스만으로는 심심하다는 의미이기도 하다. 누군가가 가까이 있고 그 사람에게 페이스를 맞춰 줄 때는, 조금은 열린 마음이 된 기분이 든다. 물론 계속 누군가에게 맞추다 보면 피곤해지기도 하지만, 계속 혼자 있어도 피곤해지는 것은 마찬가지다. 따라서 시간의 흐름에 관해서 언제나 반드시 이용자의 페이스여야 한다고는 말하기 어렵고, 때때로 활동보조인의 페이스에 맞추는 편이 이용자도 편할 것이라 생각한다.

자립생활 중인 이용자에게 몇 년 동안 매주마다 들어가다 보면, 가족과 같은 느낌이 들 때가 있다. 서로가 좋아하는 것, 싫어하는 것을 잘 알고, 함께 외출하거나, 식사를 하거나, 목욕을 하거나, TV를 보는 시간이 있고, 서로가 따로 하고 싶은 일을 하는 시간이 있다. 예를 들어, 가족이라 하더라도, 서로를 존중하지 않거나 무시한다면, 그것은 좋은 관계가 아니다. 함께 있는 관계라는 것은 형태가 중요한 것이 아니라, 서로를 존중하고 의식하면서 함께 시간을 보낼 수 있는 관계를 만드는 것이 중요하다.

이용자 스스로가 무언가를 가능하게 만드는 것이나 규칙적인 생활을 가능하게 만드는 것을 활동보조인(헬퍼)의 전문성이라고 생각하는 사람도 있지만, 그것은 활동보조인이 우월한 위치 관계에서 벌이는 '지도'나 '유도'에 지나지 않는다. 그것보다는 매주 긴 시간을 함께 보내고, 이용자에게 필요한 활동보조를 제공하며, 서로가 마음 편하게 시간을 보낼 수 있다면, 그것이야말로 활동보조인의 굉장히 특수한 전문성이라고 말할 수 있다.

3. 해이해서 한편으로 긴장감 있는 관계

(1) 이상한 법칙

'지각하지 않는 활동보조인 중에 좋은 활동보조인은 없다' 라는 이상한 법칙이 있다. 물론 예외가 있기 때문에 지각하지 않는 사람들도 기분 나빠하지 않기를 바라지만, 이 말은 지각 그 자체의 옳고 그름이 아니라, 지각하지 않는 활동보조인의 태도를 문제 삼고 있는 것이다.

지각을 하지 않고 확실하게 활동보조를 가는 활동보조인은, 먼저 활동보조라는 일을 파악함에 있어서, 정해진 시간 동안 착실하게 일을 한다는, 딱 잘라 구별하는 사고방식을 가지고 있다. 따라서 계획대로 일을 진행하는 능력이 높다는 조건을 갖춘 사람이다. 예를 들어, 연간 300회의 활동보조에서 전부 지각하지 않고 갈 수 있다는 것은 사실 '계획대로 일을 진행하는 능력'이 극히 높은 사람이다. 그 정도 일도 할 수 없는 사람은 사회생활을 할 수 없다고 얘기할 지도 모르겠지만, 실제로 인간은 그런 높은 능력을 가진 사람만 있는 것이 아니다.

한편, 지각을 자주 하는 활동보조인 유형을 생각해 보면, 활동보조를 정해진 시간의 일이라고 딱 잘라 구분하지 못하고 깊이 생각하거나 고민하고 있다. 사회의 주류로부터 벗어난 곳에서 살아왔고, 인생과 생활에서는 계획적이기보다 가는 대로 맡기는 경향이 있다. 생활방식은 야간형으로, 아침에 힘들어하는 사람이 많다. 또 술 좋아하는 사람도 많아서, 단순히 과음해서 다음 날 늦잠을 잔 것이 제일 많은 지각의 이유다. 다음으로 많은 이유가 밤새 잠 못 들고 아침이 되어서야 늦잠이 드는 사람, 이것은 활동보조를 고민하고 있는 활동보조인에게 많은 패턴이다. 그리고 시간에 맞추어 일어났지만, 어쩌다가 담배를 피우면서 생각하다가 자기도 모르게 10~15분 정도 늦었다는 사례도 자주 듣는다.

이렇게 지각을 하는 활동보조인이 어떻게 좋은 활동보조인일 가능성이 높을까. 그것은 그런 사람들 중에 활동보조에 대해서 깊이 생각하거나 고민하는 사람이 많기 때문이고, 또 평소에 자기 자신이 계획적인 생활을 하고 있지 않기에 매일매일 뭔가 일어날지 모르는 이용자의 생활에 유연하게 대응 가능한 사람일 수 있기 때문이다.

내가 드나드는 사업소의 이용자는 중증의 지체장애인과 지적장애인이 많기 때문에 매일 활동보조 시간이 길다. 매일 24시간 활동보조인으로 생활하고 있는 사람도 있다. 사람 성향마다 다르겠지만, '생활'이란 본래 무계획적인 것으로, 그날 기분에 따라 나가고 싶을 때 나가고, 먹고 싶을 때 먹고, 자고 싶

을 때 자는 것이라고 생각한다. 그러나 '일'은 반대로 시간과
해야 할 내용이 정확히 정해진 영역이다. 활동보조를 '일'로서
보고, 일이라는 관점에서 활동보조인이 활동하는 것을 부정할
수는 없지만, 그러나 그 '일의 장소'가 곧 이용자의 '생활의 장'
이라고 생각할 때, 그 차이를 메워 가는 것은 어려운 문제이다.

(2) 가보지 않으면 모른다

예를 들어, 어느 날 활동보조 현장에서 이용자가 "지금부터
○○에 가고 싶은데, 귀가가 조금 늦을지도 모르니 활동보조
를 한두 시간 더 해줄 수 있나요?"라고 물어보니, 활동보조인
은 "미안해요. 오늘은 그 이후에 예정이 있어서 무리예요"라고
대답했다. 자주 볼 수 있는 경우인데, 이것을 어떻게 바라봐야
할까? 일이라는 측면에서 이해한다면, 활동보조인의 대응은
전혀 문제가 없다. 오히려 아무렇지 않게 활동보조인에게 일
하는 시간의 연장을 요구하는 이용자 쪽이 문제가 있다고 말
할 수도 있다. 그러나 생활이라는 기준에서 생각할 경우, 이용
자가 문득 어디에 가고 싶다는 생각을 했는데, 활동보조 시간
때문에 실현할 수 없다면, 조금 부당하다는 느낌이 든다. 여기
에서 만약 활동보조인이 오늘 활동보조는 어쩌면 연장될지도
모르니 개인 일정을 잡지 말자고 생각했다면, 이용자의 활동
보조시간 연장 부탁을 받아들이고 이용자와 함께 목적지로 향
했을 것이다. 활동보조인에게 항상 연장이 가능하도록 일정을
비워두라고 할 수는 없다. 그러나 활동보조인이 이용자의 생

활에 대해 항상 '어쩌면'이라는 가능성을 의식하면서 활동보조를 한다면 어떨까? 모든 이용자에게 해당되지는 않지만, 이용자에 따라서는 활동보조 후에 약속을 잡지 말아달라는 당부도 충분히 성립될 수 있다고 생각한다.

　코디네이터로서 많은 활동보조인을 보아 온 경험으로 말하자면, 지각을 하지 않는 활동보조인은 연장을 받아주지 않는 경향이 많고, 지각을 하는 활동보조인은 연장을 받아주는 경향이 확실히 많다. 나는 코디네이터로서 후자를 채용한다. 하나 더 말해 두자면, 지각도 하지 않고 연장도 받아들이는 아주 성실하고 우수한 활동보조인도 10% 정도의 비율로 존재한다. 이러한 활동보조인이 이용자와 코디네이터로부터 보물처럼 대접받는 것은 당연하지만, 안타깝게도 이러한 타입은 극히 성실한 사람이 많고, 활동보조를 하면서 여러 가지 것을 받아주다 보면, 대부분은 다른 사람과 상담도 않고 지쳐서 활동보조를 그만두게 된다. 이처럼 귀중한 인재가 너무 성실해서 그만두는 것에는 사업소, 코디네이터, 지나치게 의존해 온 이용자의 책임도 당연히 있지만, 다른 사람과 상담도 않고 일을 스스로 처리해 버리는 경향은 '지각하지 않는다'는 태도와 전혀 관계없다고 말할 수 없다.

　이용자의 생활과 경우에 따라서 인생에 관여하는 활동보조라는 일은 '다른 사람에게 마음이 열려' 있는 태도가 아주 중요하다고 생각한다. 자신도 이제부터 어떻게 될지 잘 모르고, 상대도 이제부터 어떻게 될지 잘 모르는 상황에서 서로의 관계를 만들어 간다. 그날 활동보조가 어떻게 전개될 지는 가보지 않으면 모른다. 함께 TV를 보거나, 목욕을 하거나, 담배를 피우거나, 술을 먹거나, 잠을 자는 완만한 시간의 흐름 안에서도, 항상 이용자가 어떻게 될지, 무엇을 요구해 올지 모르는 긴장감을 계속해서 가져가는 관계. 지역 안에서 운영되고 있는 정신장애인의 공동 주택을 조사해 온 야마다 토미아키山田富秋 씨는 다음과 같이 말한다.[2]

> 운영하면서 어떤 상태입니까 물으면, "언제나 패닉입니다," "앞으로의 일을 생각하면 아무것도 할 수 없어서 닥치면 생각합니다. 그렇게 하면 신기하게도 어떻게든 됩니다"라는 답이 돌아왔다. 그렇지만 공동 주거에서의 일상은 그 말에서 연상되는 '적당함'은 추호도 느낄 수 없다. 오히려 입소자의 표현이나 행동 하나하나도 소홀히 하지 않고 성실하게 답해 주려는 긴장감이 느껴진다. 그것은 정해진 규칙을 입소자에게 강요함으로써 정해진 업무를 소화하는 것 같은 장애인 시설에서는 느낄 수 없는 분위기이다. 또 이것과 반대로 무엇이든 자유롭게 허용되는 해이한 분위기와도 전혀 다르다.
>
> 그리고 중요한 것은 상식적으로 예상되는 일에 대처하지 않고, 닥치는 상황에 맞추어 대응하는 것을 신조로 삼고 있다는 사실이다. 행동에 따라서는 상식으로는 예측할 수 없었던 의외의 전개도 있을 수 있다. 그 대응은 '적당'하지 않고, 상식의 예측을 넘기도 하는

---

2. 山田富秋(2000), 『日常性批判』, せり書房.

'타자'의 행위에 대해 책임을 지고 답변하는 것이기도 하다. 처음부터 어떤 상식적인 규칙을 강요하는 것은 간단하고, 그것은 상대의 행동을 미리 봉쇄하는 일로 이어진다. 그러나 그것을 폐기하는 순간에 상대에게 응답하기 위해서는 상대의 다음 행동을 신중하게 관찰하지 않을 수 없다.

우리들이 다녀온, 자립한 장애인에 대한 긴 시간의 활동보조 상황에서도 대부분 같은 사실을 말할 수 있다. 베테랑 활동보조인은 적당히 활동보조하고 있는 것처럼 보인다. 그러나 천천히 쉬면서 손을 놓고 있는 것이 아니라, 다음에 이용자가 어떤 행동을 취할지 신중하게 지켜보고 있는, 굉장히 긴장감 있는 활동보조 중이라는 사실을 활동보조를 시작하는 사람들에게 꼭 전해주고 싶다.

4. 당사자에게 물어서는 안 된다

(1) '질문'이 끌어내는 것

지체장애인들이 퍼뜨린 당사자 주체라는 사고방식이 최근에는 지적장애인의 관계에도 퍼지고 있다. 그에 따라 '당사자 주체이기 때문에 당사자에게 묻는다,' 또는 '그 사람의 생활이기 때문에 그 사람에게 묻는다'라는 생각이 당연한 것처럼 받아들여져, 활동보조인이나 지원자가 당사자에게 질문하는 모습을 자연스럽게 볼 수 있게 되었다. 그러나 활동보조인이 무엇인가 질문하고, 당사자는 일단 말로써 답하고는 있지만, 그 두 사람의 표정과 주고받는 모습을 보고 있으면 어딘가 좀 이상하지 않나 하는 생각이 드는 경우가 많다. 여러분도 활동보조인과 지원자의 입장에서 당사자에게 질문하였을 때 돌아온 답변에 의문을 느낀 일이 실제로 많지 않은가?

이것은 무엇이 문제인가? 그것은 당사자의 생각과 기분을 묻는 데 있어서 '질문하기'라는 방법이 사용되기 때문이다. 그래서 결과적으로 당사자의 생각이나 기분과는 다른 답을 끌어내게 되는 사태가 일어난다. 즉, 당사자에게 질문하는 방법에 문제가 많이 포함되어 있다는 의미이다.

우리들은 당사자뿐만 아니라 누구에게나 '질문을 해서 그 사람의 생각을 듣는 형태'의 의사소통을 아주 당연하게 하고 있지만, 사실 이것은 다음과 같은 이유로 굉장히 어려운 일이다.

① 질문하는 것은 기본적으로 상대에게 '대답하라'는 메시지를 포함하고 있는 명령형 커뮤니케이션이라는 것.
② 질문에 대한 답변 내용은 질문자가 누구인지, 어떤 뉘앙스로 질문을 하는지, 어떠한 상황에서 질문을 받았는지 등 질문자 측의 요인에 크게 좌우된다.
③ '말'이라는 것이 자신의 생각과 느낌을 전달하는 데 있어 간단한 방법이 아니라는 것.

결국, 진심으로 상대의 생각과 기분을 알고 싶다면, 말로 질문하는 것보다 그 사람의 얼굴과 행동을 태연하게 지켜보는 편이 좋은 방법이라고 할 수 있다.

(2) 말에 의존하지 않는 의사소통

여기까지 '질문하는 것'에 대해 부정적인 시각으로 서술했다. 하지만, 당사자와 관계가 무척 좋은 활동보조인과 베테랑 활동보조인을 보면, 활동보조인은 당사자에게 많은 질문을 하고, 게다가 당사자는 활동보조인에게 솔직한 느낌의 답을 하는 경우도 많다. 그러면 도대체 무엇이 다를까? 그것에는 어떤 기술이 숨겨져 있는 걸까?

그 답은 앞서 얘기한 세 가지 문제를 어떻게 해소하느냐에 달려 있다.

① 질문하면서 그 이용자에 맞추어 원하는 정보를 이야기하는 것이 중요하다. "○일에 피플퍼스트 모임이 있는데 참가할래요?"라는 질문을 하면서도 그곳에 누가 함께 가는지, 가면 어떤 점이 좋은지 등 이용자가 원하는 정보를 알리면서 물어보는 것이다. 이용자가 좀 더 이야기를 하고 싶게 하는 '유혹형'의 질문 방식이라는 것이 중요하다.

② 활동보조인이 먼저 자신의 생각을 명확히 하는 방법이 의외로 효과가 있다.

반대로 나쁘다고 할 수 있는 질문 방법은 이용자에게 영향을 주지 않도록 자신의 생각을 숨기고 질문하여, 그 결과 돌아온 답이 자신의 생각과 다르면 무의식중에 불쾌한 표정이 나타나는 패턴이다. 이러한 의사소통 방법을 취하면, 이용자는 활동보조인이 어떻게 생각하는지 신경이 쓰여서 솔직한 대답을 하기 어렵게 된다. 예를 들어, "나는 가는 편이 좋을 것 같은데, 어떻게 할래요?"라고 하는 것처럼, 자신의 의견을 먼저 제시하면서 묻는 것이 이용자에게는 대답하기 쉽다. 그때 이용자가 자신의 의견에 영향 받지는 않을까 하고 걱정할 필요는 없다. 가까운 사람에게 영향 받고 그것을 자신의 의견으로 하는 것은 누구에게나 일어날 수 있는 지극히 평범한 것이다. 또 평상시에 이용자가 자신과 다른 의견일 경우에 그것을 깔끔하게 인정하는 관계를 만들었다면, 이용자는 자신과 의견이 달라도 자연스럽게 얘기할 수 있다.

③ 대부분의 일은 일부러 이용자에게 말로써 확인하지 않아도 평소 행동의 흐름으로부터 상상한다면 그 대답을 알 수 있을 것이다. 물어보지 않으면 알 수 없는 예외적인 일은, 물어봐도 이용자 본인이 모르는 경우가 많기 때문에, "갈까요?" "갑니다" 같은 알리바이적인(활동보조인으로서 자신이 이용자에게 확인했다는 설명을 하기 위해) 말을 주고받아도, 그것이 이용자의 의사라는 근거는 전혀 없다. 반대로, 평상시 말만으로 부탁하지 않고 상대의 흐름과 움직임을 잘 보고 커뮤니케이션을 해 온 탓에 답하는 것에 위화감을 느낀다면 다른 각도에서 다시 물을 수 있다.

결론적으로, 이용자에게 안이하게 물어서는(질문해서는) 안

된다는 것이다. 우선, 평소에 말에 의존하지 않는 의사소통을
할 것. 이용자를 이해하려고 한다면, 먼저 활동보조인 자신이
어떤 사람인지를 분명히 드러내고 자신에게 흥미를 갖게끔 노
력할 것. 그리고 자신이 이용자에게 영향을 주는 걸 우려하지
말 것. 소극적인 모습은 활동보조인을 '알기 힘든 사람'처럼 비
춰지게 하고, 의사소통을 방해하는 최대의 요인으로 작용한다.

5. 금전관리와 건강관리의 지원

금전관리와 건강관리의 지원은 지적장애인이 지역에서 생활
하는 데 매우 중요한 부분이다. 입소시설에서는 대부분의 경우
통장은 시설이 관리하고, 이용자에게는 시설측이 필요에 따라
돈을 주는 용돈제이다. 식사의 메뉴도 당연히 시설측이 정해서
만들고 있기 때문에, 원래 금전관리와 건강관리가 주요 문제
가 되지 않는다.

시설 생활과 지역 생활의 최대 차이점은 '자유'이다. 그리고
자유롭기 때문에 가장 큰 문제인 것이 금전관리와 건강관리의
지원이라는 영역이다.

사회적으로는 돈을 쓰는 방법과 건강관리 방법은 '원칙적으
로 자유'라고 여겨지고, 그 대신에 '자기 책임'이라는 규칙을
적용한다. 따라서 입소시설의 관리가 정당화되는 것은 자기 스
스로 책임지지 못하는 사람에게는 자유를 빼앗아도 좋다는 사

고방식이 있기 때문이다.

그러나 문득 생각해 보면, 비장애인 중에서도 금전관리와 건강관리를 '자기 책임'이라는 이름으로 확실히 하는 사람이 과연 어느 정도나 될까? 내 주변을 둘러보면, 혼자 살면서 어느 정도 자기 관리가 가능한 사람은 거의 두 사람 중 한 사람 정도의 비율이다. 가족, 연인과 동거하고 있는 경우에도, 그 가족과 연인으로부터 적절한 지원을 얻고 있는 사람을 제외하면, 역시 같은 비율이 아닐까? 혼자 살고 있는 사람 중에서도, 결국 어려울 때에는 가족과 연인 또는 친구 등에게 돈과 지혜를 빌려서 자신이 어떻게든 관리해 나가고 있는 것이다. 결국 많은 사람이 적절한 지원을 받으면서 돈을 쓰는 방법과 건강관리라는 자신의 문제를 해결하고 있다.

그렇다면, 지적장애인이 자기 관리를 할 수 없기 때문에 그 사람의 자유를 빼앗아도 좋다는 논리는 성립되지 않는다. 기본적으로, 모든 사람이 자유롭다는 사실을 전제로 하여, 필요한 사람에게는 누군가에 의해 적절한 지원이 이루어지고, 그 결과로 최소한의 사회생활이 가능하도록 관리할 수 있다면 괜찮다는 것이다.

이용자의 '자유'를 전제로 한 관리를 '지원'이라고 한다면, 입소시설처럼 이용자의 자유를 빼앗는 형태의 관리는 지원이 아니다. 따라서 지역에서 금전관리와 건강관리의 지원은, 더 정확히 말하면 '금전관리 지원,' '건강관리 지원'이라고 부를 수 있다.

이용자의 자유를 전제로 한다고 해서, 그것을 이용자의 자기 책임으로 끝내지 않고, 결과적으로 최소한의 관리가 가능하도록 지원한다. 상당히 어려운 얘기지만, 이 일을 양립시킬 수 없다면 지역에서 생활 지원은 불가능하다.

6. 활동보조인의 책임과 활동보조의 기준

(1) '책임'의 소재

활동보조인이 이용자와 함께 깊이 고민하고, 함께 책임지는 것을 활동보조인 측에서 생각했을 때에, 왠지 100%의 책임을 둘이서 서로 나누고 있는 듯한 그림을 떠올리게 된다. 이용자의 장애 정도와 능력 등에 따라 다음 그림과 같은 비율이 이미 지화됩니다.

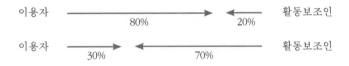

활동보조인이 휠체어 이용자를 밀다가, 낮은 턱에 앞바퀴가 걸려 이용자가 휠체어에서 떨어져 다쳤다. 이러한 상황에서 이용자와 활동보조인 중 어느 쪽이 어느 정도의 책임이 있다고 생각할 수 있을까?

사회적으로는, 훈련을 받은 활동보조인이 휠체어를 탄 이용

자를 다치게 한 경우에는 활동보조인의 책임이 된다. 자립생활
센터의 사고방식으로는, 휠체어 이용자가 벨트를 하지 않았다
는 것과 턱을 이용자 스스로 조심하지 않은 것, 활동보조인에
게 턱이 있는 곳에서 주의시키지 않은 것 등, 이용자 측의 책임
을 묻는 부분이 많을 것이다. 그러나 그 이용자가 자기 휠체어
의 앞바퀴가 낮은 턱에도 걸릴 수 있고, 그런 경우에 자신의 몸
이 튕겨 나갈 우려가 있다는 설명을 그 활동보조인에게 미리
얘기하였다면, 활동보조인이 깜빡하고 잘못을 한 경우에는 자
립생활센터에서 책임 소재를 묻는 방식이 바뀔지도 모른다.

사회적으로는
이용자 ──── ──────────────────── 활동보조인
　　　　　10%　　　　　　　90%

자립생활센터에서는
이용자 ──────────────────── ────── 활동보조인
　　　　　　　80%　　　　　　　　20%

사전에 설명을 한 경우
이용자 ──────────── ──────────── 활동보조인
　　　　　50%　　　　　　50%

　　그러나, 도대체 '누구에게 얼마만큼의 책임이 있는가'란 의
문과 책임 소재를 파악하는 일은 어떤 의미가 있을까? 예를 들
어, 이용자의 상처 치료비를 누가 어느 정도의 비율로 부담하
느냐는 분쟁이 있을때, 보험회사 또는 최종적으로 재판소가
'책임비율'이라는 것을 판정할 지도 모르지만, 그 이외의 경우
에는 '누구에게 얼마만큼의 책임이 있는가'라는 책임 소재 파
악은 의미가 없다는 생각이 든다.

그렇다면 다음의 경우에는 어떤가.

라면 가게에서 여러 명의 이용자와 활동보조인이 라면을 먹고 있는 상황을 가정하겠다. 이용자 한 사람이 활동보조인이 잠깐 눈을 뗀 사이에 다른 이용자를 향해서 고의로 라면을 엎어서 화상을 입혔다. 그 이용자의 어머니는 평상시부터 이러한 일이 있을지도 모른다고 식사할 때는 충분히 신경 써 달라고 주의를 주었으므로, 활동보조인의 부주의가 원인이라고 활동보조인을 꾸짖었다. 그러나 활동보조인은 납득할 수 없었고, 이 경우에는 장애로 인하여 실수로 라면을 엎은 것이 아니라 일부러 엎은 것이기 때문에, 그것은 활동보조인의 책임이 아닌 이용자 본인의 책임으로, 부모는 확실히 이용자를 혼내야 한다고 반론하였다. 그러나 여기서 부모가 주장하고 있는 책임과 활동보조인이 주장하고 있는 책임은 서로 달라서, 의논은 일치하지 않는다.

이용자가 고의로 지인을 향해서 라면을 엎었다면, 그것은 당연히 사람으로서 책임을 추궁당한다. 또 활동보조인은 사전에 부모로부터 주의를 받았는 데도 그러한 행위를 막지 못했다면, 그것은 직업적인 의미에서 책임을 추궁당한다. 결국, 이 상황에서는 이용자와 활동보조인 중 어느 쪽에 어느 정도의 책임이 있느냐가 아닌, 쌍방에 다른 종류의 책임을 100%씩 추궁할 수 있다는 것이다.

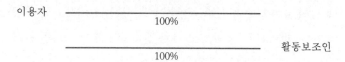

그러면, 다시 휠체어에서 이용자가 떨어진 경우로 돌아가 그 책임에 대해 생각해 보자.

역시 이 경우에도, 이용자가 자신의 몸을 지킨다는 의미에서의 책임과 활동보조인이 활동보조 일을 하는 상황에서 이용자의 안전을 지킨다는 의미에서의 책임은 서로 다른 종류의 것이고, 쌍방은 다른 종류의 책임이 100%씩 있다고 얘기할 수 있다.

즉, 이용자에게는 원래 사람에게 항상 따르는 책임, 생활의 주체로서의 책임이 있고, 활동보조인에게는 그의 일에 대한 책임이 있다.

최근, 다섯 살 아이를 혼자서 기르던 지적장애인 이용자가 건강관리를 잘못하여 아이 양육이 어렵게 된 상황이 발생했다. 그 이용자의 활동보조인에게 앞으로 지원 방법을 다르게 하여 어느 정도 아이 양육이 계속 가능하도록 해 나가고 싶으니 협력해 달라는 요청을 하자, 활동보조인으로부터 "나는 아르바이트이기 때문에 거기까지는 책임질 수 없다"는 답변을 들었다. "거기까지 책임질 수 없다"라는 말은 이용자의 상황이 매우 어려울 경우에 자주 나오는 말이다. 예를 들어, 어느 이용자가 길을 걸어가다 패닉을 일으키면 갑자기 가까운 사람에

게 달려드는 경우가 있다는 설명을 하면서 그 이용자의 활동
보조를 부탁하면, "만약 그러다가 상대방이 크게 다치면 누가
책임지는 것인가? 나는 활동보조인으로서 거기까지는 책임을
질 수 없다"는 답변을 듣곤 한다. "그러한 일이 없도록 하기 위
해 이용자에게 활동보조인을 붙이는 것이고, 거기까지 책임지
지 않으면 이용자는 지역에서 생활할 수가 없다"라는 말을 코
디네이터로서 하게 되지만, 활동보조인의 이해를 얻는 것은 쉽
지가 않다. 항상 '거기까지는 책임지지 못 한다'라고 말하는데,
그럼 '어디까지'라면 책임질 수 있는가라고 나는 묻고 싶다.
'거기까지는' 할 수 없다고 선을 긋는 활동보조인은 결국 어떤
경우에도 책임지지 못할 것이다.

어떤 상황에서도 이용자와 그 주변의 상황에 대해서 자신이
할 수 있는 책임을 100% 다하는 그것이 활동보조인으로서의
기본 자세라고 생각한다.

장애인의 자립을 위해 일하는 곳에서는, 스스로 책임감을 가
지고 확실히 판단할 수 있는 활동보조인을 육성한다는 의미에
서 활동보조인의 자립도 동시에 진행해 나가야 한다. 여기서
말하는 활동보조인의 자립은, 하나는 부모로부터 자립하는 것
이고, 또 하나는 생각하는 부분에서 경험을 쌓아 이용자의 의
향과 사업소의 의향을 충분히 이해하면서 어느 한쪽의 의향에
치우치지 않고 항상 자기 자신이 판단할 수 있는 활동보조인,
이것이야말로 자립한 활동보조인의 이미지다. 이러한 활동보
조인을 만들어 가는 목표와 함께, 우선 코디네이터 자신이 이

용자와 사업소의 의향과는 별도로 스스로 확실히 판단할 수
있게 되는 것, 이것이 우선 필요하다.

(2) 무엇을 기준으로 활동보조를 해 나갈까?

자립생활센터에서 말하는 활동보조의 기본은 '이용자의 지
시에 입각한 활동보조'이다. 그러나 지적장애인의 경우에는 이
원칙이 잘 들어맞지 않기 때문에(대체로 많은 지체장애인에게도
잘 들어맞지는 않지만), 그것을 대신하는 것으로서, 이용자의 희
망과 성격, 생활방식을 잘 이해한 코디네이터의 지시에 입각하
여 활동보조를 하는 방법이 쓰이고 있다.

자립생활센터 이외의 사업소에서는 이용자의 희망을 전제
로 하여 코디네이터의 지시에 기초한 활동보조가 오히려 일반
적이라 할 수 있다. 이 방법은 비교적 좋은 방법처럼 보이지만,
이용자보다도 코디네이터 주도의 생활이 되어버리는 경우가
많다는 문제와 활동보조인이 주체적으로 생각해서 활동보조
를 하는 것에 익숙해지기 어렵다는 문제가 있다.

어쨌든 이용자의 지시 또는 사업소 코디네이터의 지시에 입
각한 활동보조는 활동보조인도 머릿속에 그리기 쉬운 모습이
지만, 그 어느 쪽에도 해당되지 않는 활동보조라는 것은 도대
체 어떤 모습일까?

활동보조인이 이용자의 희망에 입각하여 코디네이터의 의견
도 듣고, 그래도 최종적으로는 이용자와의 사이에서 활동보조
인 자신이 판단해 가는 활동보조, 이와 같은 형태로 이루어지

는 활동보조를 '이용자와 활동보조인의 관계에 기초한 활동보조'라고 부를 수 있다. 활동보조인이 활동보조라는 경험을 쌓아 나가며 지향해야 할 곳은 그러한 활동보조이지 않을까 생각한다.

7. 활동보조라는 일, 조직의 역할

(1) 이용자의 생활을 종합적으로 지지하는 지원

지적장애인의 자립생활을 지원하는 경우에는 일상생활 전반에 걸쳐 지원이 필요하다. 부동산업자와의 상담, 구청 수속, 주간에 활동하는 곳과 연결 조정, 활동보조인의 연결, 병원 의사 상담, 약 관리, 식생활을 포함한 건강관리, 방 정리정돈(중요한 물건 관리 등), 주민들과의 갈등 조정, 금전관리, 긴급 시 대응(에어컨 수리를 의뢰하는 것부터 병이나 부상으로 구급차를 불러야 하는 것까지 폭넓은 '긴급' 전화가 이용자로부터 걸려온다), 말벗이나 상담의 상대가 되는 것 등. 이 중 본인이 스스로 가능한 일은 본인이 하지만, 본인이 할 수 없는 일은 사업소의 코디네이터나 일상의 활동보조인이 어떠한 형태로든 지원하게 된다.

부모와 함께 생활하고 있는 경우에는, 앞서 얘기했듯이 생활의 주요 부분을 짊어지고 있는 것은 가족이므로, 코디네이터나 활동보조인이 관여하는 부분은 극히 한정된 부분이다. 이렇게 대비하여 보면, 가족이라는 존재가 얼마나 큰 역할을 하고 있는지에 놀라게 된다.

입소시설의 경우에는, 앞서 언급한 것 중에서 꽤나 많은 부분의 지원을 짊어지고 있다. 가족의 지원이 불가능해졌을 때에 입소시설에 들여보내는 편이 낫다고 생각하는 이유는, 입소시설이라는 곳의 실상이 어떻든지 간에, 생활에 필요한 지원의 대부분을 짊어질 능력이 있기 때문이다.

따라서 '지역 생활 지원'이라는 간판을 내건 사업소가 앞서 언급한 것들과 같은 일상생활 전반에 대한 지원을 짊어질 능력이 있는가라는 점을 추궁당하고 있다(일상생활 전반에 대한 지원이란 모든 서비스를 자비로 준비한다는 의미가 아니다. 하지만 타 사업소의 주간 활동을 이용하는 경우에도, 그 사업소와의 일상적인 연결 조정을 중심적으로 담당하는 사람은 필요하다).

자립생활을 하고 있는 이용자의 활동보조를 하게 되면, 부모와 함께 사는 이용자의 가이드헬퍼를 하는 경우와는 비교가 되지 않을 만큼 이용자의 생활 전반에 관여하게 된다. 일로서는 당연히 생각하는 범위와 책임이 커지지만, 그만큼 활동보조인도 많은 경험 속에서 성장해 갈 가능성이 커지게 된다.

활동보조나 지원의 경험이라는 의미에서, 자립생활을 하고 있는 지체장애인의 활동보조를 하면, 좋은 의미에서 '기다림'이라는 것의 중요성을 몸에 익힐 수 있다. 먼저, 기본적으로 생활의 주체는 장애인 본인이고, 그 본인의 의사와 희망을 전제로 생활이 성립한다. 그 전제 위에 매일 실제적인 판단을 하는 데 있어서 활동보조인이나 지원자는 당사자와 함께 해 나간다

는 것. 그 전제의 중요성을 지체장애인 당사자로부터 배울 수
있다.

그러고 나서 지적장애인의 활동보조나 지원을 경험하면, 하
나하나의 행위에 관해 자신의 희망대로가 아닌 활동보조인이
나 지원자로서 주체적으로 생각하고 판단하는 자세에 익숙해
진다. 그 후에 당사자와 '함께 생각하면서 한다'는 기술을 익
힌 사람은 좋은 활동보조인이나 지원자가 될 수 있다. 생활의
주체가 장애인 당사자라는 것을 당연한 사실로 이해하고 있는
것과 활동보조인·지원자로서 주체적으로 생각하고 필요한
판단을 해 나가는 것. 이 두 가지는 활동보조나 지원을 하는
데 있어서 다 중요하지만, 예를 들어 지체장애인의 자립 지원
만을 하고 있는 자립생활센터의 활동보조인·지원자는 '지시'
를 기다리는 자세가 너무 강한 경향이 있고, 역으로 지적장애
인만 지원하고 있는 사업소의 활동보조인·지원자는 함께 생
각하기보다는 많은 것을 먼저 생각하고 판단해버리는 경향이
강하게 보인다. 지적, 지체 양쪽의 장애에 대한 자립 지원에 관
여하는 것이 결과적으로 직원을 육성하는 데 있어서 없어서는
안 될 근본적인 조건이라고 생각한다.

(2) 시급제로는 좋은 활동보조인이 나올 수 없다
우리 사업소에서는 활동보조인의 급여 지급 방식을 시급제
가 아닌 '틀'에 근거한 월급여제를 기본으로 하고 있다. 일반

사업소에서는 상근 직원을 월급여제, 아르바이트나 파트타임 직원을 시급제 형태로 고용하고 있지만, 우리는 그러한 형태가 아닌 전원 월급제로 하고 있다.

'틀'이라는 것은, 예를 들어 매주 월요일 9시~19시에 이용자 A씨에게 반드시 활동보조를 하게끔 하는 방식이다. 그렇게 활동보조를 하면 한 달 급여를 예를 들어 55,000엔이라고 설정한다. 이것을 시급으로 계산하면 1,300엔 정도가 되는데, 동일한 급여라 하더라도 시급이 아닌 월급으로서 지급하는 것에 의미가 있다. 우선, '틀'이라는 형태를 통해 매주 동일한 시간과 요일에 동일한 이용자의 활동보조를 하게 함으로써, 일주일에 단 1회를 하더라도 그 이용자의 생활 전체에 책임감을 갖고 임하게 하고, 사업소는 그 대가인 월급으로 그 활동보조인의 생활을 보장해 가는 관계성을 지향한다.

이러한 생각은 일본의 장애인 활동보조 제도의 형태를 만든 닛타 이사오新田勳 씨 외 몇 명이 자립생활센터가 생기기 이전부터 개인적으로 시행해 온 '전업 활동보조' 방식에서 배웠다. 닛타 씨는 장애인에 대한 활동보조 제도가 극히 불충분했던 1980년 전후부터 몇 개의 제도에 의한 활동보조 요금을 한데 모으는 형태로 몇 명의 전업 활동보조인을 고용하여 자립생활을 유지해 왔다. 이 방식의 기본적인 생각은 장애인과 전업 활동보조인이 서로의 생활을 책임진다는 것이다. 이러한 생각은 그 후 전국적으로 퍼져 나간 자립생활센터가 채택한 소비자주의 사상과는 크게 구별된다. 자립생활센터에서는 활동보조 제도에 대해 이용자인 장애인이 돈을 매개로 사업소와 활동보조인을 고른다고 생각했고, 이용자가 필요한 시간에 따라 활동보조인을 고용하는 시급제가 채택되었다. 그 안에서 이용자는 어느 활동보조인이 마음에 들지 않으면 다른 사람으로 교체하고, 반대로 활동보조인도 어느 이용자의 활동보조가 힘들면 다른 이용자에게 가는 것과 같이, 양쪽이 돈을 매개로 선택하는 현상이 진행되어 왔다. 그 결과, 활동보조인은 시급제로 일하는 프리터[3]에 가까운 존재가 되었고, 2, 3년 안에 활동보조라는 일에서 떨어져 나가는 사람이 매우 많아졌다.

시간에 따라 활동보조를 사고 파는 관계라고 할 수 있는 이용자와 활동보조인이 장기적으로 좋은 관계를 만들어 갈 수 있을까? 다음으로 아르바이트로 일할 것인가, 상근으로 일할 것인가라는 부분에 있어서는, 당연히 상근으로 일할 수 있는 환경이 바람직하다. 부모와 함께 생활하는 단시간 활동보조 이용자나 주말 가이드헬퍼 이용자가 대부분인 사업소에서는 활동보조인을 상근으로 고용할 수 없다. 따라서 자립생활을 하고 있고 장시간 활동보조가 필요한 이용자를 지원하는 것 이외에 활동보조인을 상근으로 고용할 방법은 없다.

사업소에서 상근 고용이 가능하게 된 이후에는 지급 가능한 급여에 대해 이야기하게 되는데, 우리 사업소에서는 현재 연봉 350만 엔 선을 생각하고 있다. 부부 맞벌이를 전제로 하여, 아이를 키우면서 연간 500만 엔 정도의 수입이라면 비교적 생활

---

3. 아르바이트나 파트타임으로 생계를 꾸려나가는 사람을 일컬음: 옮긴이.

에 여유가 있고, 또한 연속성도 확보할 수 있지 않을까 싶다.

(3) 조직의 역할

사업소에 소속된 활동보조인은 이용자와의 관계, 같은 조직의 동료나 선배, 상사 등의 모습을 보면서 성장한다. 이용자와의 관계에서는 매일 불확실한 일이 일어나고, 무엇이 좋은 활동보조·좋은 지원인지에 대한 고민은 끝이 없으며, 현장에서 일하다 보면 몇 년에 한 번은 크게 방황하거나 벽에 부딪히는 상황이 누구에게나 있을 수 있다. 그런 때에 자신의 경험을 바탕으로 확실하게 상담해 주는 선배와 상사가 있는 조직이라면, 활동보조인이 벽에 부딪혔을 때에 그것을 뛰어넘을 수 있는 가능성이 열려 있다.

활동보조라는 일은 '육체노동'임과 동시에 최근에는 정신적으로도 대단히 부담이 큰 '감정 노동'으로도 불리고 있다. '감정 노동'이라는 말은 지금까지 병원에서 이루어지는 '간호' 일을 말할 때에 빈번하게 사용되었지만, 병원의 간호와 비교할 때 집에서 하는 활동보조는 인간관계의 비중이 더 높고, 상대에게 '신경을 쓰는' 부분이 더 강하게 요구되므로 '감정 노동'이라고 할 수 있다.

활동보조라는 일은 '감정 노동'이기 때문에 피곤함과 재미가 양립하고 있다. 따라서 그 피곤함이 자신 안에서 굳어 쌓이는 것으로 끝나지 않고, 재미를 더 많이 발견할 수 있도록, 조직 안에서 서로 이야기가 통하는 사람이 많이 필요하다.

(4) 이용자와 활동보조인의 직접적인 관계성에 대해서

활동보조는, 지금처럼 장애인과 관련된 사업소가 많이 생기기 이전에는 행정기관의 활동보조 제도를 활용한 유상有償 형태였지만, 그래도 장애인과 활동보조인의 개인적인 관계 안에서 이루어져 왔다. 장애인과 활동보조인의 '관계'의 비중이 높고, 관계가 나빠지면, 장애인이 활동보조인을 해고하거나 활동보조인이 장애인의 활동보조를 그만두는 일이 당연한 일처럼 매일매일 일어났다. 사업소가 생기기 이전에는 쌍방의 '관계'라는 문제뿐만 아니라 제도적으로도 활동보조 보장이 충분하지 않았고, 활동보조인의 급여가 적은 것도 크게 영향을 주었다. 아무튼 활동보조인의 대부분은 오래 지속하지 못했고, 이용자의 활동보조가 일주일에 며칠은 비게 되는 상황이 오래 지속되었다. 매일같이 활동보조인을 찾아 나서야 하는 자립생활에서 벗어나기 위하여 장애당사자가 스스로 자립생활센터 등의 사업소를 만든 것이다.

시간이 흐르고, 2003년도부터 국가의 제도가 지원비제도支援費制度, 즉 이용자와 사업소의 계약이라는 짜임 안에서 사업소를 통해야만 활동보조를 할 수 있게 되었다. 사업소가 없던 시절을 되돌아보면, 지금의 활동보조 관계 안에서는 두 번 다시 찾아볼 수 없는 아련한 풍경이 머릿속에 가끔 떠오른다. 그것은 '아무것도 없는 곳에서 장애인과 활동보조인이 만나고, 직접 마주하면서 관계를 만들어 가는' 소박한 모습이다.

이제 활동보조인은 사업소에 고용되고, 사업소의 코디네이

터가 사전에 이용자의 장애와 활동보조 방법에 대해 설명하는
것에서부터 이용자와 활동보조인의 관계는 시작된다. 활동보
조인은 먼저 이용자의 지시가 아닌 코디네이터의 지시에 따라
활동보조를 시작한다. 물론 그 후에는 일대일 관계 안에서 서
로 간에 활동보조를 만들어 가지만, 문제는 활동보조인이 이
용자를 향해 활동보조를 하는지, 사업자와 코디네이터를 향해
활동보조를 하는지에 대한 것이다. 활동보조인의 입장에서 보
면, 자신을 고용한 것은 사업소이고, 지금 상황에서 자신의 상
사는 코디네이터이며, 자신의 '활동보조'에 관해 지시나 명령
을 하고 평가를 하는 상대는 사업소와 코디네이터가 된다. 사
업소가 없던 때에는 지시나 평가를 하는 상대는 이용자뿐이
었다. 이용자와 함께 시간을 보냈고, 이용자밖에 신경 쓸 상대
가 없는 관계였다. 그러나 지금의 활동보조인은, 일하는 시간
의 대부분은 이용자와 함께 보내고, 활동보조 현장에서 지시
와 평가는 이용자에게 받고 있음에도 불구하고, 생각과 의식
은 이용자가 아닌 사업소와 코디네이터 쪽을 향해서 일을 하
는 부분이 커졌다.

　활동보조 중에도 곤란한 일이 있으면 당연한 일처럼 코디네
이터에게 전화를 해서, "지금 ○○ 씨가 ○○으로 가자고 하는
데, 그렇게 멀리 나가본 적도 없고, 전철 안에서 어떨지 자신
없는데 어떻게 할까요?"라고 상담해 오곤 한다. 그리고 그 후
에, "왜 이용자에 대한 정보를 사전에 좀 더 알려주지 않았나
요!" "외출 시에 관한 사전 연수를 확실히 해 주세요"라는 말

도 듣는다. 나는 반대로 활동보조인에게 묻고 싶다. "이용자에 대한 정보라니, 예를 들어 무엇을 설명해 주면 좋을까?" "외출 시에 관한 연수 내용으로 무엇을 가르치면 좋을까?" 대부분 의 활동보조인은 곤란한지 대답을 못한다. 그러면 나는 "활동 보조라는 것은 이용자의 그날그날의 생활에 맞춰 가는 것이기 때문에 사전에 미리 무엇을 설명하고 연수해도 실제로 활용할 수 있는 경우는 적고, 결국은 매회 활동보조 안에서 해 나가면 서 알아가지 않으면 그 이용자의 활동보조를 하기 어렵다"라 는 말을 덧붙인다. "그렇게 말하면 그렇기도 하지만"이라며, 활동보조인은 불만스럽게 대꾸한다. 여기서 활동보조인은 [활동보조가] 일이기 때문에 사업소와 코디네이터가 사전에 미리 일 의 순서를 설명해 주는 것이 당연하다는 의식을 갖고 있다. 그 러나 거기에 대응해 주면, 잘 모르는 것은 이용자가 아닌 코디 네이터에게 물어보면 된다는 식으로 점점 더 활동보조를 하게 된다.

그렇기 때문에 나는 지금도 사전에 이용자에 관해서 설명을 하지 않는다. 먼저, 이용자의 집까지 활동보조인을 데리고 가 서 최소한 위험이 없게끔 설명을 한 다음, 지체장애 이용자의 경우에는 "나머지는 이용자에게 물어보면서 해 주세요"라고 하고, 지적장애 이용자의 경우에는 "나머지는 이용자의 상태 를 보면서 해 주세요"라고 설명하면서, 대개 5분에서 30분 정 도 소개하고 자리를 뜬다.

10년 전에 어느 활동보조인을 채용하고 첫 활동보조로 언

어 장애가 있는 중증 뇌성마비 장애인에게 소개했을 때, 10분
정도 소개하고 난 뒤에 코디네이터인 나는 곧바로 잠들어버린
적도 있다. 활동보조인도 "그런 행동에 정말 놀랐다"고 했지
만, 그 정도로 처음에는 아무것도 알려주지 않는다. 그 이용자
는 손가락으로 글씨를 쓰며 의사소통을 했는데(나중에 그 방법
을 알려주었다), 결국 이용자와 코디네이터가 대화하는 동안 신
입 활동보조인은 손가락 글씨를 익힐 수 있는 시간을 빼앗기
는 셈이므로, 가능한 짧은 시간 안에 이용자와 신입 활동보조
인만 남겨두고 자리를 뜬다.

내가 코디네이터로서 활동보조인의 상담에 응하는 것은, 활
동보조를 시작하고 3개월 정도 지나고 나서이다. 3개월 정도
지나면, 이해가 안 되는 많은 부분과 고민을 끌어안으며, 드디
어 이용자 한 사람 한 사람이 조금씩 보이기 시작한다. 사업소
가 없던 시절에는 이용자와 활동보조인이 일대일로 마주보는
것에서부터 활동보조를 시작하게 할 수밖에 없었던 것이 현실
이었다. 그러한 단계를 거쳐 지금은 조금은 이야기를 듣고 코
디네이터로서 약간 도움이 되는 조언도 한다. 그러나 전하는
내용은 "활동보조는 내가 아니라 당신(활동보조인)이 하기 때
문에, 결국 그럴 때 어떻게 할지를 스스로 생각하고 해보는 수
밖에 없다"는 현실적이고 따분한 이야기다.

예를 들어, 사업소에 고용되었어도, 활동보조인이 사업소를
향해서(의식해서) 활동보조를 하는 것이 아니라 이용자 쪽을
향해서 활동보조를 하는 것이라는 기본적인 자세를 사업소의

코디네이터는 항상 전하려고 노력해야 한다. 그러기 위해서는 사실 불친절한 코디네이터로 있는 편이 더 중요하다고 할 수 있다.

제7장
활동보조로 살고 일하는 것에 대해
활동보조 노동론

오카베 코우스케

도쿄에는 음악을 하려고 왔다. 음대에 들어갔다. 하지만, 졸업하고 서, 이쪽 길을 걸어서는 먹고 살 수가 없어서, 구인지를 통해 활동 보조 일을 시작했다. 20살이었다. 그 이후로 계속하고 있다. 하지 만, 당시 함께 시작했던 대부분의 사람들은 지금 없다. 왜냐고? 스 트레스 때문이 아닐까? … 이용자 중에는 '어려운 사람'이 꽤 많으 니까(웃음).

20살에 스노보드 타는 걸 좋아해서 홋카이도에서 살았다. 그때 할 일도 없고 해서 생활비를 벌기 위해 지적장애인과 지체장애인이 반 반인 작업장의 직원으로 일했다. 그것과 별도로 근육병 장애인의 야간 활동보조도 했다. '주중에는 일하고 주말에는 스노보드를 즐 기는' 생활이었다(웃음).

그렇게 오래 전부터 일한 것은 아니에요. 5년 전부터네요. 5년 전에는 왠지 활동보조라는 것을 견뎌내지 못했어요. 그 이전에도 자원봉사자로서 활동은 했어요. 그리고 활동보조인은 (자원봉사와는 달리) 돈을 벌 수 있어서 좋네, 정도로 생각했지요(웃음).

지금 일을 시작하기 전에는 노인병동에서 일했다. 간호사 보조로 시트나 기저귀 교체, 그런 일을 했다. 특별히 자격증 같은 건 없었다. 개호보험[1] 시행 전에 '이제부터는 사회복지다'라는 분위기가 생긴 즈음이었는데, 꼭 그 이유가 아니더라도, 단순한 샐러리맨이 되고 싶지 않았던 것과 자격이 없어도 가능한 일이었기 때문이랄까.[2]

1. 활동보조로 살고 일하는 것

활동보조를 받으며 살아가는 〈받는 사람〉과 활동보조를 일로 하는 〈떠맡은 사람〉 사이에 존재하는 무언가에 대해 생각해 보자. 그러고 보니 그건 지체 개호나 행동 원호援護처럼 〈받는 사람〉을 대상화하여 〈하는 것〉이라기보다, 함께 무언가를 하고 살아가면서 〈존재하는 것〉으로 생각할 수 있다. 활동보

---

1. 개호보험介護保險: 사회 인구의 고령화에 대응하기 위하여 일본에서 2000년도부터 시행된 사회보험제도이다. 피보험자(개호가 필요한 사람)로부터 비용을 징수하지 않고 국가 또는 자치단체가 비용을 부담한다는 특징을 가진다: 옮긴이.
2. 아들 료우스케亮佑의 활동보조인들의 인터뷰 기록에서 발췌(http://www.eft.gr.jp/supported-living/).

조가 유상인 것은 이런 〈받는 사람〉의 주도권과 〈떠맡는 사람〉의 노동을 완만하지만 정확하게 맺어 주는 근거이기 때문은 아닐까.

그리고 조금 조사해 보면, 활동보조로 살고 일하는 것이 결국 이런 것이라고 전제하면서, 비용을 〈내는 사람〉인 정부에게 살고 일하는 시간의 대가(활동보조 단가 × 지급 시간수)를 청구 대행하기 위한, 또는 〈받는 사람〉과 〈떠맡는 사람〉과 〈내는 사람〉을 '매개하고 조정하는 일'을 하기 위한 〈기구〉로서 자립생활센터의 활동보조 파견 사업이나 그 산하의 사업소가 만들어져 왔다는 것을 알 수 있다(岩立 1995: 286).

'활동보조를 받으며 자립한다'는 것을 전제로 활동보조 〈받는 사람〉에 의한 '케어의 자율'이라는 것이 있는데, 그것을 위한 '자율적 복지'(岡部 2006)의 형태로서 '노동으로서 활동보조 = 활동보조 노동'이 있다. 그렇다면 '활동보조 노동의 상품화'가 아닌, 〈받는 사람〉의 삶의 주도적인 부분을 해치지 않는 것과 더불어 〈떠맡는 사람〉의 생활(생계 + 삶의 보람)도 확보하기 위한 구상과 실천이 '활동보조로 일하고 살아가는 모형'으로서 요구된다는 사실에 대해서 생각해야 한다.

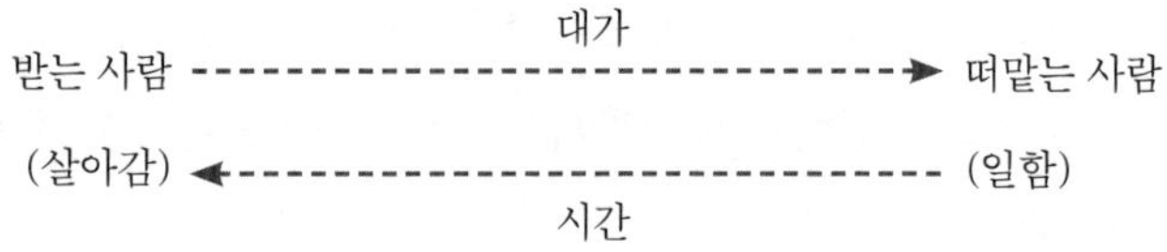

```
                            대가
받는 사람 ---------------------------➤ 떠맡는 사람

 (살아감) ◀--------------------------- (일함)
                            시간
```
(그림 1)

2. 시간을 나누고 시급으로 일하는 것

　그림 1을 참고하여, 활동보조로 살아가는 〈받는 사람〉과
〈떠맡는 사람〉, 둘의 관계가 활동보조 시간의 제공과 그 대가
로 맺어지는 모습에 대해서 우선 생각해 보자(그림 1).

　활동보조를 〈받는 사람〉의 생활과 〈떠맡는 사람〉의 노동
이라는 관계에서, 〈받는 사람〉의 생활을 시간으로 쪼갤 수는
없다. 하지만, 그렇다고 해서 〈받는 사람〉이 살아 있는 동안
에 〈떠맡는 사람〉이 영원히 함께 할 수는 없다. 그러한 이유로
'시간 쪼개기'를 요구당하고, 활동보조의 '시간제' '로테이션
rotation'과 같은 방법이 생겨난다. 우선 여기까지는 별 문제가
없을 듯싶다.

　그리고 활동보조를 대가가 지급되는 유상有償 '노동'으로 이
해한 이상, 〈받는 사람〉이 〈떠맡는 사람〉을 구속하고 주도권
을 쥐는 시간을 구분하기 위해 '시간제'의 필요성을 생각할 수

도 있겠다. 물론 그것도 틀린 생각은 아니다. 하지만 그 이후에
'활동보조 노동'에 있어서 〈받는 사람〉의 생활과 〈떠맡는 사
람〉의 노동의 관계가 이와 같이 시간으로 쪼개져 나누어지고,
더 나아가 그 사실이 시간을 판매하는 노동의 물상화物象化가
될 가능성에 유의하면서 바라볼 필요가 있으며, 애초부터 현재
일본의 개호, 활동보조에서 '시급제'가 당연하게 받아들여지는
그 '기초 구조'의 문제성을 확인해 둘 필요가 있다.

첫 번째가 1995년 악명 높은[3] '신시대의 『일본적 경영日本的經
營』[4]'이라는 것이고, 거기에서 시행된 비정규 고용을 정당화하
기 위한 '고용 유연형雇用柔軟型'이라는 분류이다. 그리고 두 번
째가 같은 해, 소위 헤이세이 7년 종합 권고[5]를 시작으로 하는
사회복지 기초 구조 개혁과 개호보험 제도[6]라는 시스템 중심
지역 복지이다.

결국, 이 두 가지가 유쾌하지 못하게 묶여, 이전의 공무원이

---

3. 杉田(2005: 37), 雨宮(2007: 34), 赤木(2007: 67)
4. 1995년 일본경제단체연합회 발표. 앞으로 지향해야 할 피고용자 모델을
기업의 중심을 짊어지는 (종신고용의) '장기축적능력 활용형' 사원과 전문적
능력을 가진(정해진 고용기간이 있고 실적이 처우와 연동되는) 계약사원인 '고도
전문능력 활용형' 사원, 그리고 유기고용(有期雇用, 정해진 기간이 있는 고용: 옮
긴이)과 시급제여서 기본적으로는 급여 인상이 없는 '고용 유연형' 사원과
같이 세 부분으로 나눠야 한다고 했다.
5. 사회보장제도심의위원회의 '사회보장체제의 재구축에 관한 권고'(헤이세
이 7년 종합 권고), 헤이세이 7년은 1995년을 말함: 옮긴이.
6. 보험자가 기초자치단체라고 해도, 제도가 중앙집권적으로 규율당하는 사
실로 보아, 개호보험 제도는 극히 중앙집권적인 제도라 할 수 있다.

나 사회복지법인 직원 중심의 복지 노동자와는 다른, '정규직 노동자 만큼 장시간 근무하는 시급 복지 노동자'라는 지위가 성립하고, 그와 같은 '고용 유연형 복지 노동자'가 중앙정부라는 '오직 한 명의 소비자 겸 경영자'가 규율하는 유사 시장[7]의 통제와 '복지 계획'에 따라 증식되어 갔다.

3. 방문 개호 ⋯ 〈정부=사업자〉 모델

이와 같은 정책과 구조 때문에 '지역 복지의 주축'으로 여겨진 개호보험의 방문개호사업소가 '고용 유연형 복지 노동자'를 중심으로 하는 〈기구〉가 된 것이 아닐까. 그렇게 되면 그곳에는 (개호/활동보조의 〈떠맡는 사람〉과 〈받는 사람〉이 아니라) 공적 자금을 〈내는 사람〉인 〈정부〉와 '대리 수령자'인 〈사업자〉가 단단히 맺어지는 구조가 성립되고, '정규 직원'이 줄어든 만큼 '구조 개혁' 이전의 '시설'보다 철저한 관리를 필요로 하는 '무형無形의 시설'의 모습을 보이게 된다(그림 2).

그리고 이와 같은 '비지니스 모델'에 충실히 근거하여 개호보험 제도를 남들보다 먼저 차지함으로써 널리 확장해 온 '우

---

7. 정부의 자금에 의해 민간이 서비스를 제공함에 따라 형성된 시장. 자유 경쟁보다는 정부에 의한 급여와 규제에 따라 유도된다는 것이 일반 시장과 크게 구별된다.

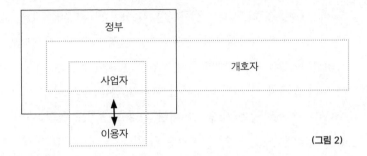

(그림 2)

등생'으로 '컴슨'이 있었고, 그 귀착점에 '컴슨 쇼크'[8]가 있지 않았는가.

하지만, 많은 '식자識者'는 이 문제를 아래와 같이 정리해 둔 채 앞으로 나아가지 않는다.

꼭 컴슨이 아니더라도 '지나친 경영 노력'을 해야만 성과를 낼 수 있는 일이라면, 그것은 제도 자체가 나쁘다고 말할 수 있다. 어떤 지역이라도 24시간 체제의 방문 개호가 가능하기 위해서는 중소 사업소가 뛰어들 수 있을 만한 보수 설정이 필요하다. 그 지역에서 참여 가능한 사업소가 두 개 이상 있고, 적절한 급여를 홈헬퍼가 받을 수 있다면, 서비스의 질은 올라간다.[9]

---

8. 컴슨 쇼크: 개호 노동자의 저임금과 지나치게 가혹한 노동 실태, 돌봄 그 자체보다도 이익 추구를 최고의 가치로 삼는 민간 기업, 급여비 억제에 노력하는 정부, 현대 일본 사회가 끌어안은 구조적 특징(과로, 저임금, 고령화 사회, 복지서비스의 민영화)을 담은 NHK스페셜의 제목(2007년 9월 10일 방송).

9.「ホームヘルパー　安すぎる訪問介護の報酬」ひばりクリニック院長高橋昭彦(朝日新聞栃木版「医を語る」2007. 6. 20).

"아. 그렇겠네"라고 수긍은 가지만, 할 말이 있다. 우선 '개호에 필요한 돈을 아까워하면 안 된다'[10]는 전제에는 기본적으로 동의한다. 요컨대 필요한 만큼의 자원을 공급하지 않는 '제도'에 먼저 문제가 있다는 것은 확실하다. 또 '서비스의 질'은 다소나마 '괜찮은 급여'가 담보되어야 한다는 생각도 인정하고 싶다. 그러면 '개호 보수'와 '괜찮은 급여'와 '서비스의 질'의 삼자관계를 이렇게 고민하고 정리하는 것은 어떤가.

개호 보수의 단가가 올라가면 '뛰어드는' 사업소가 늘어날 것은 확실하다. 하지만, 거기서 '경쟁 원리가 가동된다'고 한다면, 헬퍼의 비정규 고용화와 '작업 효율'의 향상에 점점 박차가 가해질 우려가 있다. 애당초 〈받는 사람〉과 〈떠맡는 사람〉이 일대일로 이루어지는 것이 기본인 개호라는 일에서 '효율화'할 수 있는 간접 경비는 약간에 불과하고, 사업소 이익과 개호자의 소득은 개호 보수의 분배를 둘러싼 제로섬게임이 될 가능성이 극히 높다. 간단히 말하면, '컴슨 쇼크'라는 TV 프로그램이 극명하게 그려낸 단시간, 고효율, 고단가의 신체 개호에서 이어지는 '24시간 방문 개호'의 비참한 실태는 이와 같은 방정식의 유쾌하지 못한 해답이다. 그 안에서 〈받는 사람〉은 생활로부터, 〈떠맡는 사람〉은 노동으로부터, 각각 염려스러울 정도로 소외되어 있다는 사실을 잊어서는 안 된다.

거듭 확인해야 할 사항은 다음과 같다. 필요한 자원의 공급

---

10. 주 9)와 동일.

은 이루어져야 하며, 그 책무는 〈내는 사람〉인 정부에 있다. 그러나 그 문제의 해결을 '경쟁 원리'에 맡기고, 그것을 위해서 '개호 보수'를 재검토하는 데 초점이 맞추어진다면, 그건 단지 개호의 〈받는 사람〉과 〈떠맡는 사람〉 양쪽에게는 지나치게 가혹하고, 유쾌하지 못한 생활과 노동의 확대 재생산이 될 뿐이다. 틀린 말인가?

그럼 어떻게 하면 좋을지 고민해야 한다. 그리고 한 기업의 '모럴 해저드moral hazard'라고 말하기보다는 정부와 사업자가 강하게 묶인 '비즈니스 모델'의 존재 방식에 문제가 있다는 것을 확인해야 한다. 이어서 〈받는 사람〉이 생활하고 〈떠맡는 사람〉이 노동하는 '개호/활동보조'의 기본으로 돌아가, '보수 단가'와 '고용 유연형 개호 노동자'가 한데 묶이는 것에 대한 옳고 그름을 판단하고 재검토해야 한다.

4. 캐리어업 플랜

그러나 많은 '식자識者'가 이와 같은 의문을 품지 않고, 또 대전제인 필요한 자원 공급의 증대가 이루어지지 않으면서, 문제가 있는 곳은 '개호 사업자의 바람직한 매니지먼트'라는 범주로 왜소화되고, '교육 연수와 캐리어업 플랜'이라는 규율과 훈련 체계로 해결하려 한다. 결국, 그것이 '개호 인재 확보'를 위

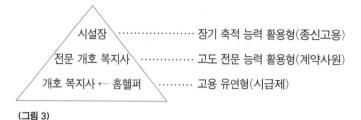

(그림 3)

한 논의이고, '개호 복지사 자격을 취득한 사람 중 실제로 활동하고 있지 않은 사람'의 취(복)직이 목표가 되어, 문제 해결 방법은 '매력 있고 보람 있는 직장'을 만들어 '능력 향상과 캐리어업'을 도모하는 것에 그친다.[11]

그것을 확인하기 위해, 지적한 '캐리어업 플랜'을 '신시대의 "일본적 경영"'과 맞추어 보겠다. 그러고 보니 거기에서 떠오르는 것은 '고용 유연형(시급제)'인 홈헬퍼나 개호 복지사를 저변으로 하고, '고도 전문 능력 활용형(계약사원)'을 끼워 넣은, '장기 축적 능력 활용형(종신고용)'인 관리직을 정점으로 하는 피라미드 형태다. '고용 유연형 개호 노동자'가 연수를 받고 '전문성 부여'에 따라 단계를 '캐리어업'하는 것으로 '임금'과 '삶의 보람' 향상을 도모한다는 큰 계획이다(그림 3).

홈헬퍼가 (많은 비용과 시간을 들여) 국가 자격 등과 같은 것을 따고 '캐리어업'하여 개호 복지사가 되는 것은 가능하다고 치

11. 사회보장심의위원회 복지부회(2006년 11월 20일 개최).

자. 그러나 그와 같은 '전문성 부여'가 '약간의 시급 인상' 이외에 어떤 대우 개선을 가져오는가. 더불어 '캐리어업' 또는 '전문성 향상' 같은 것으로, '시급제 → 계약사원 → 종신고용'이라는 단계 상승이 현실적으로 가능한 일일까. 이 의문들은 대답할 방도가 없다.[12]

애초에 '개호의 전문성'에 대해 말한다면, '똥 닦아주는 데 왜 자격이 필요한 거냐'라는(橫塚 2007=1975: 205) 노골적인 의문도 든다. 바로 눈앞에서 벌어지는 현실의 상황을 보더라도, 고용 유연형 개호 노동자를 저변으로 하는 '허구의 피라미드'에서 찾을 수 있는 가치는 없다.

5. 활동보조 … 〈당사자=사업체〉 모델

이어서 활동보조를 〈받는 사람〉 쪽은 지금까지 어떻게 생각하고 대처해 왔는지를 확인하고 그 의미를 생각해 보자.

'활동보조 보장 운동'의 〈떠맡는 사람/받는 사람〉은 활동보조 보장에는 두 가지 의미가 있다고 한다. 그것은 '장애인에게

---

12. 赤木[2007: 69]에 의한 해답은 다음과 같다. "생각해 보세요. 〈전문〉은 〈장기〉보다도 일의 능력에 있어서는 우위에 있습니다. 그렇다면 회사에서 개최하는 교육을 받을 수 없는 〈유연〉이 〈장기〉를 거치지 않고 〈전문〉이 되는 경우는 있을 수 없다는 것이 현실입니다."

활동보조 보장'과 '활동보조인에게 활동보조 보장'이며, 전자
는 당사자의 '사회적 노동'이라는 의의와 '안정된 활동보조 체
제'에 의한 생활 안정을, 후자는 '활동보조인의 생활 보장'을
의미한다. 그리고 이 두 가지 가치를 실현하기 위해서 '활동보
조료 운동'이 일어났고, '전업 활동보조인[13] 체제'가 요구되어
왔다고 한다.[14]

  결국, '활동보조 보장 운동'을 짊어지는 활동보조의 〈받는
사람〉은 어디까지나 소비자/고용자의 입장에서 〈내는 사람〉
인 국가/자치단체와 대치해 왔다. 그 '운동'은 장애인에게는
'사회적 노동'이라 할 수 있지만, 활동보조인에게는 아니다. 그
리고 그런 운동이 지속되면서 〈받는 사람〉을 위한 〈기구〉가
만들어지고, 활동보조의 〈떠맡는 사람〉과 〈받는 사람〉의 관계
는 '사업체'인 〈기구〉를 사이에 두는 관계로서 재구성되게 된
다. 이렇게 해서 '기초 구조 개혁'이라는 동상이몽 격인 '활동
보조 보장 운동의 비즈니스 모델'은 활동보조의 〈받는 사람〉
이 주도권을 갖는 '당사자 주체의 사업체'에 의한 〈당사자=사
업체〉 모델로서 구성되어 간다(그림 4).

  거기에는 활동보조 보장 운동=자립생활운동에서 전개된

---

13. 전업 활동보조인: 아르바이트, 파트타임 활동보조인과 구별되며, 고정급
여를 받으며 활동보조를 직업으로 하는 사람: 옮긴이.
14. 2008년 1월 31일 '제10회 퍼스널 어시스턴스 포럼Personal Assistance
Forum'에서 橫山晃久의 보고 발언.

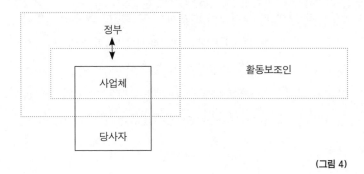

〈당사자=사업체〉라는 모델이 있고, 〈정부=사업자〉 모델에서 배제되어 온 활동보조의 〈받는 사람〉과 〈떠맡는 사람〉이 있다. 〈받는 사람〉을 중심으로 하는 비즈니스 모델을 구축한 것은 '케어의 자율'을 위해서는 좋은 일이라고 생각하지만, 한편으로 후자인 〈떠맡는 사람〉의 '설자리'는 어디에 있는가라는 생각이 들게 한다.

　〈당사자=사업체〉라는 등식이 성립되는 활동보조 모델에서 그 〈떠맡는 사람〉의 '생계'가 '운동'의 대상이 되는 일은 있어도, 활동보조인의 사회적 관계 안에서 또는 활동보조라는 생활과 노동관계에서 생겨날 수 있는 '삶의 보람'이 운동의 대상으로 여겨지는 경우는 없었다. 결국 〈당사자=사업체〉라는 활동보조 모델은 〈받는 사람〉에게 '사회적 노동'인 운동을 통해 '안정된 활동보조 체제'의 획득이라는 자기실현의 장치가 되지만, 〈떠맡는 사람〉은 운동에서는 남겨지고 노동에서는 소외된

다. 또한 그와 같은 생각에 대해서도 적극적인 대답은 이루어
지지 않고, 그 결과로서 활동보조인에게 "개호를 하는 사람으
로서의 '나'의 가치는 무엇인가. 비장애인이 중심이 되는 사회
안에서 살아온 '내'가 장애인과 마주하는 것은 어떤 의미를 가
질까라는 의문"(山下 2004: 35)이 생겨난 것은 아닐까.

6. 〈이용자=활동보조인〉이라는 '삶의 방식' 모델

여기에 활동보조인 자신의 '생활/노동,' 이를테면 〈떠맡는
사람〉으로서 살아가기 위해서 생계의 확보와 삶의 보람이라는
관계성을 충족시키는 '삶의 방식'이 대두되고, 그 해답의 하나
로서 활동보조 노동을 프리타(아르바이트를 통해 수입원을 얻는
사람들을 칭함)를 위한 '새로운 사회운동'[15]으로 삼자는 이야기
도 들린다.[16] 개호 보수 단가를 올리는 운동 안에서 시간으로
쪼개고 시급으로 일하는 덫에 걸리지 않기 위해서는 이러한 일
을 잘 생각하고 정리할 필요가 있다.

거슬러 올라가면 '함께 살아가는 관계,' '양쪽이 목숨을 보살

---

15. '새로운 사회운동'에 대해서는 庄司(1989) 참고.
16. '프리타 저변의 노동현장은 이미 외국인 노동자나 장애인과의 공동작업
이 되는 경우가 많고, 이 경향은 앞으로도 강해질 것이다.' '일본의 프리타
운동을 진정으로 규명하기 위해서는 국내 프리타와 외국인 노동자, 장애인
들과의 연합/협동/연계를 지속적인 형태로 퍼뜨려나가는 운동성 + 사업성
을 빼놓을 수 없지 않을까?'(杉田 2005: 150).

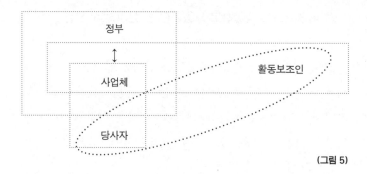

(그림 5)

피는 관계'(新田 2008)가 존재한다. 요컨대 우선 장애인과 비장애인이 만나고, 그 상호 행위를 통해 성립하는 케어 〈받는 사람〉과 〈떠맡는 사람〉의 관계에, '제도'를 엮고 끌어당겨서(활용하는 것이 아니라) 지지하고/지지받고/함께 삶을 살아가는 관계가 존재해 왔고, 지금도 존재한다.

활동보조를 받고/공적 비용을 요구하는 〈받는 사람〉과 보수를 받고/노동하는 〈떠맡는 사람〉의 관계에 활력을 불어넣기 위해서 관계와 운동과 사회적 재분배를 연결하는 새로운 활동보조/개호의 형태 구성이 이어져야 한다. 그것을 위해 활동보조를 받고 생활하며, 떠맡고 노동하는 양자관계로 돌아가 거기에서 새로운 활동보조의 〈받는 사람〉과 〈떠맡는 사람〉의 관계와 그것을 잇는 비용, 그리고 '운동'의 의미에 대해 생각한다. 역시 그러는 편이 좋다(그림 5).

7. '활동보조로 생활하고 노동한다'는 삶의 방식 모델

〈받는 사람〉 주체의 의사 결정을 전제로 결정된 목적에 대해서는 〈받는 사람〉과 〈떠맡는 사람〉의 협동 작업이 이뤄지고, 그 결과에 대해서는 〈받는 사람〉과 〈떠맡는 사람〉의 공동 책임이다. 요컨대 활동보조 관계를 전제로 하여 '함께 살아가는 활동보조'란 그런 게 아닐까.

〈받는 사람〉이 주체가 되는 자립에서 〈받는 사람〉과 〈떠맡는 사람〉의 관계성이 주체가 되는 자립으로의 전환, 그리고 '지시하고 지시받으며 지켜보는' 수동적인 활동보조에서 '생명을 서로 돌보아주는 관계'를 전제로 하는 활동보조로 재구축하는 것은, '자율 지원'을 가장 필요로 하는 (중증) 지적장애인의 활동보조/개호의 〈떠맡는 사람〉들에게 이제까지 줄곧 강하게 의식되어 온 바이기도 하다.[17]

그리고 그것은 그 〈받는 사람〉과의 '생활'이라는 관계성의 역사에서 이어져 온 '나만이 할 수 있는 일'이고, 〈떠맡는 사람〉이 '해주고 있다'는 것이 실제로는 〈받는 사람〉이 '나에게 해 주고 있다'는 사실로 연결된다.

좋아요, 그게 좋아요. 제 주변에서만 존재하는 사람이 있다는 게.

---

17. ピープルファースト東久留米(2007) 참고.

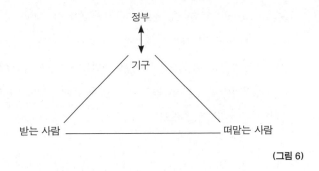

(그림 6)

대단한 거 아닌가요?(五十嵐 2007: 136)

〈정부=사업자〉 모델은 물론이거니와 〈당사자=사업자〉 모델에서도 직접 정답을 이끌어내는 것은 어렵다. 하지만 거기서 머물러서는 안 된다. 활동보조인의 '생활/노동'을 위한 삶의 방식으로 되돌아가서, 거기에서 새로운 〈받는 사람〉과 〈떠맡는 사람〉과 '기구'라는 트라이앵글이 〈내는 사람〉인 정부와 대치하기 위한 새로운 '비즈니스 모델'이 요구되고, 그것을 위한 구상이 앞으로도 남겨져 있다(그림 6).

8. 어쨌든 나는 계속 해 나갈 것이다

저 말이에요? 그냥 이 정도예요. 그리고 개호는 계속하고 있죠. '부업'이 필요할지 모르겠지만. 그리고 산에서 살고 싶어요. 근데 산에 들어가도 돈 벌러 나와야죠. 개호는 '이 근처'에서 '아는 사람,' 당사자, 가족, 사업소, 친구가 있는 곳에서 하고 싶어요. 저는 그냥 개호가 하고 싶어서라기보다 개호를 통해서 지인들과 즐겁게 살고 싶어요. '당사자의 생활을 지지하면서 내 생활(을 위한 수입)을 지탱하는 것.' 서로 장점이 있잖아요.

그건 알아요. 지원을 끊거나 개호 파견을 끊는 일은 지금까지 없었고, 앞으로도 없을 거예요. 이용자 쪽은 지원비 시대가 되어 '사업소를 고르는' 경험을 할 수 있다고 생각하구요, 그것은 그것으로 괜찮다고 생각하는데요, 이쪽에서 자르는 일은 없죠. 그건 개호자 전원이 지금의 일을 앞으로도 계속할지는 잘 모르겠지만, '절대로'라고 말하는 사람은 많지 않아요. 근데 괜찮아요. 그런 거 같아요. 어쨌든 나는 계속 해 나갈 생각이에요.[18]

참고 문헌

赤木智弘 (2007), 『若者を見殺しにする国』, 双風舎.
雨宮処凛(2007), 『生きさせろ! 難民化する若者たち』, 太田出版.
五十嵐正人(2007), 『三人暮らし』, 水曜社.
杉田俊介(2005), 『フリーターにとって「自由」とは何か』, 人文書院.
岡部耕典(2006), 『障害者自立支援法とケアの自律』, 明石書店.

---

18. 아들 료우스케의 활동보조인들과의 인터뷰 기록에서 발췌(http://www.eft.gr.jp/supported-living/).

庄司興吉(1989),『人間再生の社会運動』,東京大学出版会.

岩立真也(1995),「自立生活センターの挑戦」,安積純子他 著,『生の技法 ― 家と施設を出て暮らす障害者の社会学〈増補改訂版〉』,藤原書店.

新田勲(2008),『足文字は叫ぶ』,全国公的介護保障要求者組合.

ピープルファースト東久留米 (2007),『知的障害者が施設ではなく地域で暮らすための本』,生活書院.

山下幸子(2004),「健常者として障害者介護に関るということ ― 一九七〇年代障害者解放運動における健全者運動の思想を中心に」,闘争と遡行・1＝淑徳大学社会学部研究紀要38.

横塚晃一(2007=1975),『母よ！殺すな』,生活書院.

제3부

제도의 모습, 앞으로의 일

제8장

말할 것도 없는 것을 말해야 하는 '이 나라'의 불행

제도론

오카베 코우스케

1. 자신의 처지에 맞게 자유롭게 밥을 먹는다는 것

'장애인의 자립'이라고 할 때, 먼저 떠오르는 것은 다음과 같은 것이다.

마지막으로 이것은 개인적이고 사소한 의견입니다만, 아까 나온 자립이라는 이야기는 어려운 것이 아닙니다. 제가 나름대로 내리는 자립의 정의는, 장애인이, 예를 들어서 오늘 저녁에 무엇을 먹을 것인지 스스로 결정하여, 자신의 지갑과 상의하면서 실제로 먹는 것입니다. 자신이 밥을 하든, 다른 사람이 밥을 해주든, 시켜 먹든, 아니면 외식을 하든, 이는 별개의 문제이고, 어쨌든 자신이 먹고 싶은 것을 먹을 수 있는 것, 이것이 자립생활의 상징이라고 저는 생각합니다.[1]

　장애인자립지원법이 성립되기 약 1년 전인 2004년 가을, 잇따라 사회보장심의위원회 장애인부회가 개최되면서, '향후의 장애인보건복지시책에 대하여(개혁의 그랜드 디자인 안)'의 형식적인 승인이 강행되었다. 사무국 측에서는 매회 방대한 자료를 배포하였고, 장애인복지가 개호보험에 통합되든 안 되든 결과(급부의 억제)는 똑같다는 식으로의 설명이 계속되면서, 장애인 당사자도 많이 앉아 있던 방청석에는 무거운 분위기가 가득차 있었다.

　대부분의 심의위원회 위원들은 저항할 의욕조차 잃은 것처럼 침묵하고 있는 가운데, 시각·청각장애인이자 도쿄대학교 교수인 후쿠시마福島 위원은 달랐다. 후쿠시마는 10월 12일 부회에서는 맹렬하게 반복해서 질문하고, 손가락점자로 들으면서 대응하고, 그것뿐만이 아니라 위에서 인용한 발언으로 마무리를 하였다. 그리고 25일 부회에서는 응익應益부담[2]을 노리는 급부의 억제에 대해 "(장애 서비스의 급부에는) 원래 천정부지天井不知라는 것은 논리적으로 있을 수 없다는 것. 돈 자체를 더 달라는 것은 아니라는 것. 기초적인 자유, 집 밖을 걷거나 화장실에 가거나 사람들과 이야기를 하는 것을 보장해달라는 것"[3]

1. 제18회 사회보장심의위원회 장애인부회에서 행한 후쿠시마 위원의 발언. 2004년 10월 12일 개최된 제18회 사회보장심의위원회 장애인부회 회의록 http://www.mhlw.go.jp/shingi/2004/10/txt/s1012-1.txt.
2. 응익부담: 복지서비스에서 소득에 관계없이 받은 서비스 내용에 따라 대가를 지불하는 것을 말함: 옮긴이.
3. 2004 10월 25일개최된 제19회 사회보장심의위원회 장애인부회 회의록

이라고 비판하고, 12월 14일 부회에서는 "생존과 영혼의 자유를"⁴이라는 의견서를 언론에 배포했고, 이 의견서는 많은 언론을 통해 보도되었다.

후쿠시마의 이런 일련의 발언과 주장에는 단순히 응익부담⁵에 저항하는 것뿐만이 아니라 장애인의 자립에 관한 기본적인 정리와 제기가 있으며, 이후에 성립되는 장애인자립지원법에 대한 근본적인 비판의 논점을 이미 포함하고 있었다. 그리고 그 중에서도 위의 첫머리에서 인용한 '자신의 지갑과 상의하면서 자유롭게 밥을 먹는다'라는 자립의 정의는 특히 뛰어난 말이고, 정말로 명언이다.

'자신의 지갑과 상의할 수 있다'는 것과 '자유롭게 밥을 먹을 수 있다'는 것은, 즉 인간이 경제적 차원에서 주체성을 발휘할 수 있다는 것과 정신적·신체적 활동의 차원에서 주체성을 발휘할 수 있다는 것이 양립한다는 의미이다. 이 두 가지 자유가 양립하는 곳에 자율적인 활동과 경제적인 자립이라는 검소

---

http://www.mhlw.go.jp/shingi/2004/10/txt/s1025-1.txt.

4. 정식 명칭은 '향후의 장애보건복지시책에 대하여(개혁의 그랜드 디자인 안)에 관한 의견서, 생존과 영혼의 자유를 — 장애인복지에 응익부담 도입은 "보석금"징수와 같다'(후생노동성 사회보장심의위원회 장애인부회위원·도교대학교 준교수 후쿠시마 사토시)임. 위원이 제출한 자료는 후생노동성 홈페이지에는 올릴 수가 없었기 때문에 저자의 허가를 받아 http://www.eft.gr.jp/enough/resource/041214hukushima.doc에 수록되어 있음.

5. 이런 일련의 후쿠시마의 발언과 이에 대한 반응이 이어지면서, 후생노동성은 이 단어를 '정율定率 부담'이라는 이름으로 바꾸어버렸음.

하면서도 평온하게 확보된 자유가 있기 마련이고, 그것은 이전에 타테이와立岩가 '첫 번째는 아니지만, 아주 소중한 것'(立岩 1999)이라고 표현한 것과 거의 똑같다.

원래 인간은 장애 유무와 상관없이 다른 생물에 비하여 대단히 의존적인 상태로 태어나고, 그리고 신체적 성장과 자아의 형성으로 인해 일정한 활동의 자율自律을 확보하고, 이어서 나이에 따른 사회적 지위의 획득과 함께 경제적 자립을 노린다. 그러나 장애인이 겪는 무력화disablement는, 우선 1차적으로 '자유롭게 밥 먹을' 평온한 자율을 방해하고, 2차적으로는 사회 속에서 형성되는 경제적 능력에 의해 '자신의 지갑과 상의하면서'라는 최소한의 자립도 잃게 한다.

결국, 대부분의 장애인에게 이런 자율/자립의 달성, 즉 타자의 침범과 협력 의식의 부정을 전제로 하지 않는, 평온하게 지금의 상황에 만족하고자 하는 주체성 확보와 자신을 지탱할 수 있을 만큼 충분한 최소한의 자원 소유가 결코 쉽지 않다.

그럼에도 불구하고 '만족할 만큼 밥을 먹기' 위해서는 필요한 개호를 '응익부담'으로 한다는 것을 대전제로 삼는다고 한다. 그 결과, 많은 장애인들의 검소한 '자신의 지갑'이 직접 공격을 당하고, 처음부터 나눌 수 없는 자율과 자립이 저울질을 강요받는다. 그 두 가지를 한꺼번에 잃을 수도 있는데 말이다.

적어도 '장애인의 자립 지원'을 목표로 하는 개혁이 '응익부담'을 전제로 한다는 모순은 도저히 눈감고 넘어갈 수 없다. 즉, 후쿠시마는 평온히 겸손하게, 그러나 자신의 모든 감정을 담아 이런 '자립의 정의'를 내세우며 본인의 발언을 마무리한 것이다.

2. '당사자'가 있고/'지역'이 지원한다, 그렇기 때문에 '국가'는 지불하면 된다

그러나 그 목소리는 받아들여지지 않았고, '그랜드 디자인 안'을 거쳐서 '응익부담'을 '정율 부담'이라는 이름으로 바꾸기만 한[6] 장애인자립지원법이 성립되고 말았다.[7]

장애인자립지원법은 "장애인 및 장애아동이 본인이 가진 능력과 적성에 따라 일상생활 또는 사회생활을 영위할 수 있도록 필요한 장애 복지서비스에 관한 급부 및 기타 지원을 하는"[8] 것을 목적으로 하고 있다. 즉, 이 법은 장애인을 자립시키기 위한 것이고, 장애인도 앞으로는 지역에서 자립적인 생활을 해야 하며, 그렇게 하기 위한 급부를 시행한다는 것이다. 그래

---

6. 그러나 이 '호칭 변경'의 동기가 후쿠시마의 발언이 일으킨 큰 영향 때문인 것은 명백하다.
7. 이 부분의 경위에 대해서는 岡部(2006: 12-24) 등을 참고로 할 것.
8. 장애인자립지원법 제1조 목적.

서 재가 복지를 의무적으로 경비화經費化시켰다는 것이다.

그러나 이 법의 '자립'의 정의는 착오錯誤적이고, '급부'의 개념은 도착倒錯적이다.

생활하기 위해 개호가 (상시적으로) 필요한/경제적 능력이 부족한(없는) 장애인에게 있어서는, 굉장히 융숭하고 좋은 환경이라고 하더라도, 자신의 지갑을 관리하지 못 하고 집단적 처우 하에 놓이는 '시설 수용'은 타율/의존 생활인 것은 틀림없다. 그렇지만 '지역 생활'이 자율/자립 생활은 아니다. '지역 생활'은 '자신의 지갑과 상의하면서 자유롭게 밥을 먹기' 위한 필요조건이기는 하나 충분조건은 아니기 때문이다.

그러면 '지역'과 함께 '차별 금지'와 '편의시설'이 있다면 '자립'할 수 있을까. 그것도 중요하다. 그러나 아직 부족하기도 하다. 생활하기 위해 (상시적으로) 개호가 필요한/경제적 능력이 부족한(없는) 장애인이 자율/자립적인 지역 생활을 영위하기 위해서는, 규칙으로서의 차별 금지/환경 정비 차원의 편의시설과 함께 자율을 위한 개호 보장/자립을 위한 소득 보장이 필요하기 때문이다. 그리고 '이름이 본질을 나타낸다'는 말이 진실이라면, 장애인자립지원법 이외에 그 역할을 짊어질 무언가는 없다.

그렇지만 이 법에는 소득 보장은 없고, 대신 '응익부담'이 전제가 되어 있다. 또한, 급부의 의무적 경비화는 '국가'가 재정을 통제하기 위한 것이고, 장애인 본인의 개호 보장을 위한 시스템은 아니다.

 이것은 이상한 일 아닌가. 원래 장애인자립지원법이라는 졸속 처방에 대한 대의명분인 '재가 복지의 의무 경비화'의 내실을 확인해 볼 필요가 있다. 잘 들여다보면, 이 '의무'란 이름뿐이며, 장애 정도의 구분을 국고國庫 부담 기준으로 하는 한정적인 것에 지나지 않고, 개호보험의 최종적인 재정 부담 책임은 기초자치단체가 져야 한다고 되어 있다. 그리고 수급자에게는 이용의 억제를 목적으로 한 응익부담이 부과되고, 그러나 '자신의 지갑'으로 '추가 부담'하는 것은 괜찮다고도 되어 있다.

 이것은 자립에 대한 책임 소재가 확실하게 뒤바뀐 발상이다.

 인간으로서 '장애인'이 우선적으로 가지는 책임이라는 것은 '자립적인 일상생활 또는 사회생활을 영위하는' 삶의 주체로서 존재하는 것이며, 그러나 그 자율/자립을 실현하기 위해서는 개호와 돈이 필요하다. 즉, 거기에는 논리적으로도 현실적으로도 '개호와 돈에 대한 장애인의 자기 책임'은 성립할 수가 없다. 그렇다면 필요한 개호의 제공에 대해서는 '지역'이, 그리고 그러기 위한 비용의 담보는 '국가'가 '그들이 가지고 있는 능력 및 적성에 따라' 책임을 지는 것이 도리가 아닐까.

장애 유무에 상관없이, 그 사람의 인생(목숨)은 그 당사자밖에 살아갈 수 없고, 유상·무상에 상관없이 개호와 같은 직접적인 지원은 그 사람을 둘러싼 지역과의 관계 속에서만 성립할 수 있다. 반대로, 재분배는 비교적 넓은 범위에서만 성립하고, 그 편이 오히려 무리를 주지 않는다. 내 말이 틀렸는가. 그러나 이 법은 그러한 사람과 지역의 연합 관계의 도리를 억지로 뒤바꾸고 있다.

원래 '국가'는 지불하면 된다(재분배)/지불밖에 못 한다/지불조차도 충분히 해오지 않았다. 그 '국가'가 장애인의 '자립'을 위한 '급부'를 '의무'로서 진행하는 법을 만들겠다고 한 것이다.[9] 그렇다면 결국 해야 하는 일은 정해져 있는 것이고, 그것 때문에 싸울 필요도 없다.

즉, '당사자'가 있고/'지역'이 지원한다, 그래서 '국가'는 지불하면 된다. 그러나 이 법은 그렇게 생각하지 않는다.

---

9. 그러나 정부에 의한 장애인자립지원법의 영어 번역은 "Service and supports for persons with disabilities"이며, 여기에 '자립'을 의미하는 단어는 없다.

3. 듣고/지지하고, 우선 구분한다는 것

이렇게 장애인자립지원법에서 '국가'는 지불하지 않거나, 가급적이면 지불하지 않으려고 한다. 그리고, 그렇기 때문에, 원래 '지역'이 주도권을 가져야 하는 급부의 조정에도 개입하고, 개호보험의 요慶개호 인정과 비슷한 장애 정도 구분과 심사위원회를 중심으로 하는 중앙집권적인 지급 결정 방식을 도입한 것이다.

이 문제를 이해하기 위해, 먼저 개호보험 제도와 지원비제도의 급부 조정 시스템에 대해 조금 정리해 본다.

개호보험 급부 조정의 특징은 요개호 인정에 의해 수급량의 '상한'이 설정된다는 것이다. 그리고 그 조정 기준은 요개호라는 추상적인 것이며, 그 사정査定의 주체는 인정 조사원과 심사위원회라는 제삼자이다.

이와 대조적인 것은 장애인자립지원법 시행 전까지 진행된 요개호 인정이 없는 장애복지 급부 조정이다. 이것은 이용자가 희망하는 바를 신청하는 것으로부터 시작해, 구체적인 생활 지원의 필요도를 감안하고, 지급하는 사회복지 담당자와 지급받는 이용자인 당사자가 의논하는 당사자 참여형의 과정을 밟는다.

이와 같이, 전자前者는 급부 조정 과정에서 이용자의 주체적인 개입이 기본적으로 고려되지 않고, 공급하는 쪽의 급부 통제가 강하게 기능하는 시스템이다. 하지만 후자後者에서는 행정부의 재량권이 많지만, 이용자라는 수요 측의 필요를 구축해 나가는 것이 가능한 시스템이기도 하고, 거기에 '교섭'이라는 행위도 불가능한 것은 아니었다.[10]

그렇다면, 장애인자립지원법의 급부 조정은 어떤 것일까. 먼저, 그것은 지원비제도처럼 이용자가 자신의 희망하는 바를 신청하는 것으로부터 시작한다는 방침 하에, 실질적으로는 요개호 인정과 비슷한 장애 정도 구분으로부터 시작한다. 그리고 요개호 인정과 달리, 장애 정도 구분은 서비스 수급량의 '상한선을 두기 위한 것'은 아니라고 하지만, 일정한 구분에 해당하는 사람만이 지급 신청이 가능한 서비스가 있으며, 또 많은 자치단체에서는 장애 정도의 구분에 따라 국고 부담 기준을 정할 수 있다는 이유로 지급량의 간접적인 통제와 실질적인 상한선이 설정되도록 제도가 설계되어 있다.

결국, 장애인자립지원법의 급부 조정은 '추상적/요개호도 기준 · 제3자형'의 급부 판정 과정이 방침상의 '구체적/생활 지원의 필요도 기준 · 당사자 참여형'의 급부 판정 과정을 빼앗아

---

10. 이 부분에 대해서는 오카베 코우스케岡部耕典(2006: 84-91)에서 설명하고 있음.

압도하도록 짜맞추어진 개호보험과 지원비의 불쾌한 키메라 chimera이다.

장애인자립지원법은 이러한 형태로 종래의 장애 복지 수급 조정에 국고 부담 기준을 담보하기 위한 장애 정도 구분과 인정 심사위원회를 만드는 것으로 국가의 재정 부담을 자동으로 제한하면서, 자치단체의 책임으로 급부를 억제하게 만드는 급부 통제의 메커니즘을 만들어 냈다.

그리고 그 문제성은 급부 억제라는 '결과'에 멈추지 않는다. 인정 조사와 심사위원회는 기초자치단체에게 지원 과정에서의 '듣고/지지하는' 일을 빼앗아 '묻고/재는' 절차로 바꿔버렸다는 점에도 있다. '일선의 현장 공무원' 또는 '복지 전문가'들에게 있어서 이것은 좋은 일인가.

사회 정책학의 개념에 의하면, 주관적인 '필요'는 '수요' 또는 '선호'라고 불리고, 그것이 사회적으로 승인 받으면서 공금의 사용을 전제로 하는 '욕구'가 된다고 한다. 그러나 그것은 필요를 사회적으로 구축하는 과정에서 합의 형성이라는 것을 버리고 '투명·공평한 기준'으로 대체하는 것을 무조건 전제로 하는 것은 아니다.

북유럽에서는 이것을 설명하기 위해 배고픈 사람들이 한 조각의 피자를 나눈다는 우화를 예로 든다. 그리고 그 결론은 누군가가 배분을 결정하는 것이 아니라, 또한 사람 수대로 똑같이 나누는 것도 아닌, '누가 얼마나 배가 고픈지를 우선 논의한다'는 것이다.[11]

여기에서는, 민주주의와 사회 연대를 전제로 한다면, 중요한 것은 '제3자성'이 아니라 '관계자의 합의 형성'이라는 것을 이야기하고 있다. '이야기해도 통하지 않는다'면 몇 번이라도 논의를 하면 되고, 그것으로 해결이 안 되면 '한 조각의 피자'를 '우선 (시범적으로) 나누어 보는'(산정 지급 결정) 방법도 있지 않을까라는 것이다.

원래 '행복'이라고 정의되는 인간의 '복지,' 그리고 '자유'로부터 이끌어지는 장애인의 '자립'을 오르지 '객관적으로' 측정하려고 하는 것이 어리석은 일이라고도 할 수 있다.[12] 100보를 양보해, 만약 '복지'를 측정하고 '자유'의 배분을 정하는 '기준'을 어떻게 해서든 만들어야 한다고 하더라도, 그것은 어쩔 수

---

11. 토애다 히로모토戶枝陽基(2005) 참조. '민주주의'와 '사회 연대'에 대해 생각하기 위한 우화라고 한다. 단, 토애다의 해석이 '참을 수 있는 사람은 참아야 한다'는 점에 중요성을 두고 있다는 것과 이것을 해결하기 위한 방법으로써 '누가 얼마나 어려움을 겪고 있는지를 측정하는 척도'를 만든다고 하는 것에 대해서는 견강부회라고밖에 할 수 없다.

12. 야마모리山林(1999)는 타운젠드Peter Brereton Townsend와 센Amartya Sen의 논쟁을 바탕으로 하여 필요의 사회적 구축성에 대하여 누수바움Martha Craven Nussbaum이 제시하는 capability의 리스트와 센의 stance를 비교하면서 복지의 기준에 대하여 의미가 있는 고찰을 하고 있다.

없이, 조심스럽게, 한정적으로, 사용되지 않으면 안 된다는 것이기도 한다.[13] 그리고 '대화'가 성립하는 범위라는 것이 '지역(코뮤니티)'의 원래 정의이며, 그래서 앞으로는 '지역 복지'가 진행되어야 한다는 이야기가 아니었을까.

그러나 이 법에 그런 식견과 세심함은 없다. 그리고 지금, 자치단체의 '원호援護의 시행자'들은 장애 정도 구분의 조사에 쫓기고 있고, 지역의 '전문가'들은 심사위원회라는 시뮬레이션을 하며 날을 새우고 있다. 즉, 이렇게 해서 '지역'에서 원래 필요한 진정한 합의 형성의 과정은 소외되는 대신, 장애 정도 구분에 따른 국고 부담 기준을 가지고 역산한 '지급 결정 기준'이 주류가 되고, 그 기계적인 적용이 '공평·투명'이라고 이야기되고 있다.

'복지 전문가'라는 사람들이 정말로 있느냐는 논의까지는 여기에서 들어가지 않겠다. 그렇지만 적어도 소셜워크[14]가 '우선 귀 기울여 듣는' 것을 안 하고, 그리고 '지역'이 '우선 지지하는' 것을 잊어버릴 때, 거기에 '원호의 시행자'는 존재하지 않고, '지역 복지' 또한 성립하지 않는다. 이것은 확실히 확인해 놓을 필요가 있다.

'한정된 피자'일수록 '귀 기울여 듣고/생각하고/논의하고'(지

---

13. 이와 관련하여, 立岩(2004: 110-20)를 볼 것. 이것을 정리하면서 岡部 (2006: 71-4)에서도 검토.
14. 소셜워크Social work: 사회복지서비스를 실제로 이용자에게 제공할 때에 필요로 하는 사회복지 원조 기술을 말한다: 옮긴이.

급 결정 과정에의 당사자 참여) 나누는 것이 필요하다. 그러나 이 법은 그렇게 생각하지 않는다.

4. 예방(감시)/제어(억제)가 아닌, 지켜본다는 것

그리고 '돈을 아끼는 국가'와 '귀 기울여 들으려 하지 않는 지역사회' 아래에서 케어(개호)의 바람직한 모습 또한 변질되어 간다.

장애인자립지원법을 '앞서 도입'하는 형태로 2005년 4월부터 신설된 '행동 원호'라는 재택 개호 유형이 있다. 그것은 '그랜드 디자인 안을 추진한다는 입장에서, 현행 홈헬프 서비스의 단가 인상, 개혁 후의 중증 장애인 포괄 지원 서비스 대상 범위 엄정화 및 이동 개호의 지역 생활 지원 사업화를 필수 요건으로 하면서, 새로운 홈헬프 서비스 유형/장애인 개호 급부 유형을 만들지 않으면 사회 참가 · 주간 활동을 유지 · 촉진할 수 없는 장애인이 어느 정도 존재한다는 인식'에서 대대적으로 '제안'된 것이라고 한다(加瀬 2005: 89).

이 '인식'이라는 것을 자세히 읽어 보면, 즉 거기서 전제가 되어 있는 것은 '그랜드 디자인 안의 추진'이며, 먼저 요구된 것은 이동 개호가 없어진 후의 지적장애인 개호에 대한 비싼 단가와 재원 확보에 대한 제한인 것을 알 수 있다. 그리고 그것을 위해 만들어진 전략으로써, '지적장애로 인해 행동시 현저한 어려움이 있는 자'에 대하여 '외출시 및 외출 전후'에 문제 행동과 위험 행동에 대한 '예방적 대응' 및 '제어적 대응,' 배설과 식사 등에 대한 '신체적 대응'을 행한다[15]는 '높은 전문성'으로 비싼 단가의 헬퍼 시급을 담보하는 개호 유형의 신설이 있었다는 것이다.

의미 있는 사업의 지속성을 담보하기 위한 높은 시급 그 자체가 나쁜 것은 아니다. 그러나 이것도 '자립 지원'을 위한 것이라고 하는 것은 어떻게 생각해야 할까. 그렇다면 그것을 위해 필요한 개호의 개념은 개호자에 의한 예방(감시)/제어(억제)가 아니라 당사자의 주도권과 지켜본다(見守る/見護る)는 지원일 것이다. 여기에서 자립생활운동이 요구하고 실천해 온 이용자에 의한 케어(개호)의 자율이라는 것이 근본적으로 무시당하고 있다는 점은 문제가 크다.

덧붙인다면, 가진 어려움이 정신 증상이며 개호해야 할 대상이 주로 행동이자 사람이기 때문이라는 것이 감시와 억제를 정당화하는 이유가 되지는 않는다. 일정한 시간 동안 접하는 그

---

15. 2005년 3월 18일자 후생노동성 사회 · 원호국 장애보건복지부장통지(障發第0318001号) 중에서. 장애인자립지원법 시행에 따라 대상은 정신장애인까지 확대되었다.

관계성 속에서의 상호 이해와 신뢰가 중요하며, 거기에는 제어가 아닌 그 사람 자신의 안정을 중심으로 하는 상호주체적 지원이 성립한다는 것은, 시설에서든 지역에서든, '행동 장애가 있다'고 하는 사람들의 개호를 조금이라도 제대로 해본 적이 있는 사람이라면 누구나 아는 바가 아닐까.

즉, 어중간한 지식에 의거한 예견과 조작적 대응이 아니라, 또한 아무 생각 없이 단순히 지시를 기다리기만 하는 것이 아닌, 일정한 시간을 열심히 관계 속에서 사는 것으로부터 시작하는 '지켜보기'라고도 할 수 있는 집중적인 지원과, 이런 지원이 있기 때문에 성립하는 지역 생활이 있을 수 있고, 여태까지도 존재했다.[16] 나름대로 긍정적인 방법일 수 있다는 시설이라는 '상자'로부터의 벗어나기를 '움직이는 시설'(ラツカ 1991=1991)(지역의 시설화)이라는 결과로 끝낼 수는 없고, 또한 이런 개호에 대한 개념을 제도로써 실현하는 것이 중증 방문 개호 대상자를 확대시키는 것만으로 충분하다고 하는 이상, 이른바 '높은 전문성'에 걸맞은 시급을 지불하는 대신 '행동상의 현저한 어려움이 있는 자'라는 말로 묶이는 사람들의 일상 생활에서 케어의 자율을 빼앗을 필요도 없다.[17]

---

16. 미국 캘리포니아 주에서는 이런 발달장애인의 자립생활을 Supported Living이라고 하고, 24시간 활동보조를 받고 있는 '현저한 행동상의 어려움이 있는 장애인'이 다수 존재한다고 한다. 일본에서는 자립생활센터 굿라이프의 실천과 그 지원을 촬영한 비디오인 〈생활지원과 홈헬퍼 ― 지역에서의 '자립생활'을 생각한다〉(2002년 엠아웃) 등을 참조할 것.
17. 중증 방문 개호의 전신인 일상생활 지원의 대상에 지적장애인을 포함

다시 반복한다. (시설로의) 감금/(지역에서의) 방치라는 '학대의 양자택일'은 피하여야 한다. 그러나 탈시설/지역 이행이라는 것이 바로 타율/의존 생활로부터 벗어나는 것인 이상, 지적장애인 및 정신장애인에게 필요한 것은 자율/자립을 위한 개호이지 예방(감시)/제어(억제)는 아니다.

그것을 위해 먼저 꾸준히 지켜본다(見守り)(대기하고/곁에 있다)는 것, 그리고 강력하게 지켜본다(見護る)(침범하지 않고/지지한다)는 것. 타율/자립의 감호(감독과 보호)를 초월하여 자율/자립을 위해 지켜보고(見守り)/지켜보는(見護る) 것을 바라보는 것. 그러나 이 법은 그렇게 생각하지 않는다.

5. 반복하여/계속해서 다시 문제 삼는다

응익부담은 지불할 수 없고, 활동보조 시간이 줄어들면 지역에서 살아갈 수 없다. 장애 정도 구분에 대해서는 화가 나고, 심사위원회는 도움이 되지 않는다. 행동 원호는 본말전도이므

시키는 것은 장애인자립지원법 안이 제출되기 꽤 이전부터 당사자 층에서 요구되고 있었던 것이다. 자세한 것은 2004년 3월 23일에 후생노동성에서 개최한 「장애인(아동)의 지역 생활 지원에 대한 방향성에 관한 검토회 · 지적장애인 · 장애아동에 관한 지원의 방향성을 생각하는 작업반(제3회)」 사사키 위원 제출 자료인 '지적장애인이 지역에서 생활할 경우에 필요한 개호와 생활 지원에 대하여(피플퍼스트 도쿄)' http://www.eft.gr.jp/enough/resource/040303people-sagyobukai.doc 등을 참조할 것.

로, 이동 개호를 부활시켜 중증 방문 개호의 대상에 지적장애
인도 포함시키면 된다고 생각한다. 더구나 '퇴원 지원 시설'이
나 '지역 이행형 홈'이라는 것은 말도 안 된다.

이런 아주 당연한 것을 모두 말하기 위해/말하는 것의 전제
로, 포기하지 않고 몇 번이라도 반복해서 확인하고/자꾸 다시
문제 삼아야 할 것이 있다.

- ○'조치로부터 계약으로'라고 말하지 않았나. 그리고 거기에
  포함된 것은 이용자의 주체성(자율/자립)의 확대는 아니었
  냐는 것.
- ○'지역 이행'이라고 하면서 '탈시설'이라고도 말하지 않았
  나. 그럼에도 불구하고 '움직이는 시설'과 예방(감시)/제어
  (억제)라니 무슨 말이냐는 것.
- ○'이용자에 대한 응답성과 예산 및 결산에 대한 응책성應責性
  의 양립'이 정책 관료라고 불리는 사람들의 최우선 임무가
  아니었나. 자치단체 직원이라고 불리는 사람들에게는 지
  금이야말로 '원호의 시행자'로서의 긍지가 시험되고 있다
  는 자각은 있을까. 그래서 '이것은 이런 것인가 보다'거나
  '이것은 이렇게밖에 못 한다'는 생각은 더 이상 용납할 수
  가 없다.
- ○ 그리고 '당사자 주체' '함께 살아간다'고 말한다면, 시설/
  움직이는 시설에 있는 '지원자'는 '상자'를 버리고 '동네'로

나가자/나갈 수밖에 없다는 것도.

　인간의 행복 중 돈으로 살 수 있는 것은 조금밖에 없지만, 돈의 힘 또한 크고, 평온한 자율과 검소한 자립을 위해 그것을 필요로 하는 사람들이 있다. '돈으로 살 수 있는 복지(행복)'를 아까워하는 이 '아름다운 나라'/'허구의 시대'에 태어난 불행에 맞서기 위해 당사자/이용자 측에 주어진 필요의 사회적 구축이란 '집에 감금당하는 것'을 '지역사회 생활'이라고 얼버무리는 꽉 막힌 '이 나라'에 '자유의 평등'(立岩 2004)을 인정하는 〈교향체[18]의 연합〉(見田 2006)이라는 사회 구상으로 이어진 '창문'을 내는 일이 아닐까.

　즉, 그러기 위해서는/그때까지는 반복하여/몇 번이라도, 말할 것도 없는 것을 말해야 하고, 그리고 포기는 할 수 없다.

참고 문헌

岡崎伸郎・岩尾一郎 編(2006),『「障害者自立支援法」時代を生き抜くために』, 批評社.

岡部耕典(2006),『障害者自立支援法とケアの自律 ― パーソナルアシスタンスとダイレクトペイメント』, 明石書店.

---

18. 교향체: 여러 가지 형태의 공동 사회적인 관계성처럼 개개인의 자유로운 의사에 따라 인격적으로 서로 호응하는 방식으로 존립하는 사회: 옮긴이.

加瀬進編 著(2005),『行動援護ガイドブック ─ 知的障害児・者ホーム
　ヘルプサービスの新たな形』, 日本知的障害者福祉協会.

岩立真也(1999),「自己決定する自立 ─ なにより、でないが、とても、大
　切なもの」, 石川准・長瀬修 編著 (1999),『障害学への招待 ─ 社
　会、文化、ディスアビリティ』, 明石書店, 79-107.

岩立真也(2004),『自由の平等 ─ 簡単で別な姿の世界』, 岩波書店.

岩立真也(2006),『希望について』, 青土社.

戸枝陽基(2005),「『障害保険福祉』、という名のピザ」,『さぽーと』, No.
　583: 30-1.

見田宗介(2006),『社会学入門 ─ 人間と社会の未来』, 岩波書店.

山森亮(1999),『アマルティア・セン/規範理論/政治社会学』, 京都大
　学大学院経済学研究科博士課程学位請求論文.

ラツカ・D・アドルフ(1991=1991),『スウェーデンにおける自立生活とパー
　ソナル・アシスタントー当事者管理の論理』(河東田博/古関・ダー
　ル瑞穂 訳), 現代書館.

제9장

'지켜보기'라는 개호

스에나가 히로시

1. 시작하는 말

혼자 살고 있는 지적장애인 N씨[1]의 어느 날 중 오후 7시부터 다음날 오전 9시까지 시간대별 개호의 흐름을 예로 들어보겠다. 먼저 오후 7시에 당사자의 집으로 가서 함께 저녁 식사 준비를 위한 물건을 사러간다. 되도록 본인이 희망하는 물건을 선택하고, 집에서 간단하게 조리해서 함께 먹는다. 저녁 식사

---

1. N씨는 입소시설에서의 문제로 인해 일시적으로 정신과에 입원했고, 그 후 스스로 원해서 지역에서 아파트를 빌려 혼자 생활하고 있다. 주 3일 낮에 생활 개호 시설에 있는 시간 이외는 전일 24시간 체제로 활동보조인이 함께 하는 생활을 하고 있다. 자립지원법에서 N씨에 대한 지급 시간은 1개월에 행동 원조 155시간, 신체 개호 15시간, 가사 원조 17시간 등 합계 345시간으로, 생활 개호의 시간을 합하면 1일 약 14시간분이 제도적으로 보호되고 있고, 부족한 시간분에 대해서는 사무소가 독자적으로 지원하는 형태로 헬퍼를 파견하고 있다.

후 약을 건네주고, 그 후 텔레비전을 보면서 담배를 한 대 피우고, 식기를 정리한다. 오후 9시경에 목욕하기를 권하고, 목욕물을 데운다. 당사자 혼자서 씻을 수는 있지만, 잘하지는 못하므로, 그런 부분은 헬퍼가 돕는다. 욕조에는 오래 있지 못하기 때문에, 목욕 시간은 길지 않다. 하지만 본인의 상태에 따라서 처음부터 목욕 자체를 거부하는 일도 많다. 목욕이 끝나면 몸을 닦고, 옷을 갈아입고, 당연히 또 담배를 한 대 피운다. 목이 마르면 가까운 자판기까지 콜라를 함께 사러 간다. 그리고 이야기를 하고 담배를 피우면서 시간을 보낸다. 담배가 떨어지면 편의점까지 담배를 사러 함께 간다.

자정이 되면 N씨의 용돈과 담배가 다 떨어진다. N씨는 헬퍼에게 "담배 한 대만 줘"라고 부탁하며, 담배 한 대를 받아 불을 붙인다. 아침까지 상당한 시간이 있다. 헬퍼는 어떻게 해야 할까 고민하면서도 N씨의 요구에 따라 담배를 한 대씩 건네주며, 자신도 함께 담배를 피운다. 그 후에도 함께 TV를 보면서 이야기를 나누고, 그리고 담배를 피우는 시간이 계속된다. 오전 2시가 넘어서 N씨가 조금 피곤해 보일 때, 헬퍼는 '취침 전' 약을 N씨에게 건네고, N씨는 약을 복용한다. 그러나 N씨가 쉽게 잠들 수 있을지 아닐지는 그날의 몸 상태에 따라 다르다. 잠들지 못하는 날은 아침 6시, 7시까지 이불에서 나오고 들어가고를 반복하며, 몇 번이나 화장실을 들락거린다. 옷에 대소변이 묻으면 그때마다 옷 갈아입는 것을 돕는다. N씨가 잘 잠들면, 헬퍼도 충분히 N씨를 신경 쓰면서 잠시 눈을 붙인다. 일찍 잠든 날은 아침 7시경에 일어나 아침을 준비해서 먹고, 담배, 아침 약, 식기 등을 정리하고, 그리고 세탁을 한다.

여기까지의 흐름을 현행 헬퍼 제도에 근거하여 정리하면, 목욕, 옷 갈아입기, 함께 물건 사기 등이 '신체 개호,' 조리, 정리, 세탁, 목욕 준비 등이 '가사 원조'가 된다. 그 시간만을 잘라내 보면 신체 개호가 1~2시간, 가사 원조가 2~3시간이라는 계산이다. 그러나 N씨는 혼자서 바깥에 나가면 돌아오지 못하는 경우도 있고, 돈이 없어도 편의점에서 담배를 그냥 갖고 오는 경우도 많다. 혼자서 담배를 피우다가 손가락에 화상을 입기도 하고, 불을 켜거나 끌 때 불안하며, 화장실까지 못 가서 실례하는 경우도 있다. 이 외에도 혼자서는 불안해서 잘 잠들지 못하기 때문에, 야간을 포함해 상시 헬퍼가 있어야 할 필요가 있다. 이 신체 개호와 가사 원조에는 꼭 들어맞지 않는 10시간이 '지켜보기' 개호의 부분이다.

2. '지켜보기' 개호의 세 가지 의미

① 필요한 신체 개호나 가사 원조 등이 생길 경우에 대응할 수 있도록 하는 대기 시간으로서 지켜보기. 예를 들면, 화장실에 제때 가지 못했을 때에 옷 갈아입기, 물건 사러 가기. 한밤중에 배가 고플 때 간단한 간식 만드는 일 등, 함께 있으며 대기함으로써 실제로 필요한 개호를 할 수 있다는 의미가 있다.

이것은 중증 지체장애인의 개호에서도 공통되는 부분이다.

② 위험 방지로서 지켜보기

N씨의 경우를 예로 들면, 혼자 밖으로 나가서 길을 잃거나 편의점에서 돈 없이 담배를 갖고 와 버리는 일, 담배로 인하여 화상을 입거나 라이터를 켜고 끄는 일, 이처럼 혼자 생활하면서 발생할 수 있는 위험을 방지하기 위한 의미도 있다.

③ 의사소통으로서 지켜보기

저녁 식사 메뉴를 의논하면서 결정하는 것, 함께 저녁 식사를 하는 것, 목욕하자고 권하는 일, 함께 담배를 피우면서 대화하는 것, 함께 있는 모든 시간 동안 언어만이 아닌 여러 가지 의사소통이 발생하고 있고, 그것에 따라 이용자는 안심하고, 잠들고, 일어나고, 먹고, 화장실 가고, 목욕하고, 낮에 활동하는 등 아주 흔한 일상생활을 보낼 수 있다.

3. 장애인자립지원법 안에서 '지켜보기' 개호의 의미 부여

지적장애인의 '지켜보기' 개호의 시간은, 현행 제도에서도 자치단체가 인정한다면, '재택 개호'(신체 개호와 가사 원조)의 유형 안에서 헬퍼를 이용할 수 있다.[2] 그러나 현행 자립지원법에

2. 별로 알려져 있지 않지만, 후생성은 平成 12년 3월에 '장애보건복지주관

서는 '재택 개호' 안에 '지켜보기'라는 개호의 정의가 자리 잡혀 있지 않기 때문에, 많은 자치단체가 필요한 시간에 대해 좀처럼 많은 시간을 인정하지 않는 상황이다.

한편, 같은 자립지원법 안에서도 중증 지체장애인들은 '중증 방문 개호'라는 유형 안에 다음과 같이 신체 개호와 가사 원조, 외출을 더해서 '지켜보기'가 명확하게 자리 잡혀 있다.

중증 방문 개호는 일상생활 전반에 상시 지원을 요하는 중증 지체 장애인에게 식사나 배변 등의 신체 개호, 조리나 세탁 등의 가사 원조, 의사소통 지원과 가전제품 등의 원조, 일상생활에서 발생할 수 있는 여러 가지 개호의 사태에 대응할 수 있는 지켜보기 등의 지원 및 외출 이동 중의 개호가 비교적 장시간에 걸쳐 종합적, 단속적으로 제공되는 것과 같은 지원을 말한다.[3]

중증 지체장애인들의 개호를 생각할 때, 예를 들어 자기 스스로 신변 처리를 할 수 없고, 물을 마실 수 없고, 체위 변경을 할 수 없고, 전화를 걸 수 없는 사람에게 직접적으로 신체 개호

과장 회의 자료' 중에서, "지적장애인의 홈헬퍼 서비스의 구체적인 내용 예"라는 제목의 문서를 만들었다. 그 안에는 '일상생활에 관한 상담' '커뮤니케이션 지원' '대화상대' '행정기관, 서비스 제공 기관에 접수하는 방법 및 절차 등' '약 관리'(일주일간의 약의 분류 등) '자해, 타해, 이식異食 행위 등이 있는 사람에 대한 위험방지에 대한 대응' 등, 이러한 구체적 표현으로 홈헬퍼 서비스를 제공하고 있다.
3. 헤이세이平成 18년 10월 31일 후생노동성, 사회·원호국 장애보건복지부장 통지.

	이용 대상자	서비스 내용
재택 개호 (신체 개호 · 가사 원조)	장애 정도 구분 1 이상의 장애인(아동)	입욕, 배변, 식사 등의 개호, 조리, 세탁, 청소 등의 가사, 생활 등에 관한 상담 조언, 그 외 생활 전반에 걸친 원조
중증 방문 개호	장애 정도 구분 4 이상으로 신체 두 군데 이상에 마비가 있는 장애인	식사나 배변 등의 신체 개호, 조리나 세탁 등의 가사 원조, 의사소통 지원이나 가전제품 조작 등에 관한 원조, 일상생활에서 발생할 수 있는 여러 가지 개호의 사태에 대응하기 위한 지켜보기 등의 지원, 외출 이동 중의 개호
행동 원호	장애 정도 구분 3 이상의 지적장애인(아동), 정신장애인으로 행동 원호 기준 점수가 8점 이상인 사람	외출 시 및 외출 전후에 다음과 같은 서비스 (1) 예방적 대응 (2) 제어적 대응 (3) 신체 개호적 대응
중증 장애인 등 포괄 지원	장애 정도 구분 6으로 와상, 인공호흡기를 사용하고 있는 사람, 또는 중증 지적장애가 있는 사람	홈 헬프 서비스뿐만 아니라 주간 활동이나 단기 입소 등을 포함하여 이용자가 필요로 하는 서비스를 포괄적으로 제공함.

표 1 장애인자립지원법의 헬퍼의 유형
(내용은 자립지원법 시행규칙, 사회 · 원호국 보건복지부장 통지에 근거함)

와 가사 원조라는 행위를 하는 시간보다는 대기하면서 필요에 따라 개호를 한다는 의미로서 '지켜보기'라는 시간이 상당한 시간을 차지하고 굉장히 중요한 의미를 갖는다.[4] 그러나 이 내용은 지적장애인이 집에서 혼자 생활하는 경우에도 마찬가지

---

4. 지원비제도로부터 자립지원법으로 이행할 즈음, 장시간의 개호를 필요로 하는 전신성 장애인의 교섭에 의해 '지켜보기'라는 말이 제도적으로 인계되었다.

로 필요하다.

또 하나는 행동장애가 있는 지적장애인과 정신장애인을 대상으로 하는 '행동 원호'라는 유형이 있다. 이 두 가지 유형에서는 예방적 대응과 제어적 대응이란 표현으로 '지켜보기' 개호에 가까운 내용이 자리하고 있다. 그러나 이용 대상자가 극도로 한정되어 있는 것과 대상자에 대해서 1일 최대 이용 시간이 5시간으로 정해져 있기 때문에[5] 장시간의 '지켜보기' 개호를 필요로 하는 지적장애인이 이용하기 쉬운 제도가 아니다.

이와 같이 자립지원법에서 헬퍼 제도의 유형을 비교할 때, '중증 방문 개호'로 정의된 내용이 지적장애인의 '지켜보기' 개호로서도 가장 잘 어울린다고 생각할 수 있다.

따라서 '중증 방문 개호'의 대상자를 지적장애인으로까지 확대하는 일, 이것을 앞으로 실현할 수 있을지 없을지는 지적장애인이 지역에서 자립생활을 확대해 나가는 데 있어 최대의 제도적 과제라고 생각한다.[6]

---

5. 2009년 4월부터 행동 원호는 1일 8시간까지 이용 가능하도록 개정되었다.

6. 지적장애인의 당사자 단체 소속 피플퍼스트 대회 전국실행위원회는 2008년 4월 24일 후생노동성의 요망서 안에서 '중증 방문 개호'의 대상을 지적장애인에게도 확대해 줄 것을 요구하고 있다.

4. 개호보험 제도에서 고령 치매 환자의 문제

현재 고령자의 개호보험 제도는 고령의 치매 환자의 개호 문제로 크나큰 정체 현상을 보이고 있다.

2000년 개호보험의 시작 전에 가장 큰 문제가 되었던 와상 고령자의 개호 문제는 개호보험이 실시되고 목욕, 배변, 식사 등의 개호, 야간의 체위 변경이나 기저귀 교체 등의 부분이 '신체 개호'라는 시간 단위가 높은 서비스로서 제공되면서 크게 개선되었다.

그러나 고령 치매 환자에게는 자택에서 짧은 시간 동안 헬퍼에 의한 개호가 제공되어도 문제는 거의 해결되지 않고, 따라서 시설 입소자가 계속 늘어나고 있다. 고령자 개호를 실천하고 있는 사토 요시오佐藤義夫는 개호보험이 시작된 지 2년 후에 제도의 근본적인 문제를 다음과 같이 지적하고 있다.[7]

개호보험은 개호에 대해 '와상인 사람에게만 필요한 것'으로 착각했다. 거기에서 간과한 것은 '지켜보기'라는 개호이다. 치매 개호에서 가장 중요한 것이 '지켜보기'라는 것은 주간 보호나 그룹홈의 개호를 보면 잘 알 수 있다. 치매 개호의 중심은 노인의 생활 리듬에 맞춘 생활 지원이고, 배변, 식사 등의 신체 개호는 그 일부분에 지나지 않는다. 치매 개호의 최대 목표는 함께 있으면서 함께 생활

---

7. 2001년, 사토 요시오, 『재택개호를 어떻게 다시 바라볼 것인가』, 岩波ブシ
ク 가.

하는 것이다. 그렇기 때문에 '지켜보기'라는 24시간 생활 지원으로
부터 신체 개호와 가사 원조만을 잘라내어 아무리 맞추어 봐도 재
택 개호의 모습은 상상하기 어렵다. 그리고 독거 혹은 주간 독거의
경우에도 빈번하게 방문하여 말을 걸어 주는 행위가 필요하다. 그
러나 개호보험에서는 이러한 행위가 재택 서비스 메뉴에 들어가는
일은 없었다. (중략) 사실 '지켜보기'라는 행위는 누군가가 옆에 있
으면 끝이기 때문에, 시설을 두고 개호 문제를 파악하기는 어렵다.
여기에 시설 개호를 기준으로서 만들어진 요개호要介護 인정 기준의
기본적인 그리고 결정적인 문제점이 존재한다.

개호보험 제도에서 적절한 '지켜보기' 개호가 재택 중에 인
정되지 않는다면,[8] 고령 치매 환자를 지지하고 있는 많은 가족
들이 개호에 지쳐 시설을 선택하는 것은 유감스럽게도 당연한
결과라고 말할 수 있다. 그리고 이 일은 많은 지적장애인의 가
족이 '지켜보기' 개호가 없는 상황에서 개호에 지쳐서 시설 입
소라는 길을 선택하는 것과 완전히 동일한 문제를 품고 있다.

---

8. 개호보험 제도에서는 '신체 개호'에 포함되는 개호로서, '자립생활 지원을
위한 지켜보기 지원으로 이용자를 도우며 함께하는 조리, 목욕, 옷 갈아입
기 등의 지켜보기, 취침과 기상 등을 혼자 할 수 있도록 하기 위한 동기부여
등'을 예로 들었지만, 여기서 말하는 '지켜보기'는 어떤 행위를 고령자가 스
스로 하는 것을 목적으로 하는 개호에 한정짓고 있다.

5. 위법 행위와 자기 또는 타인에게 해를 입힐 가능성이 있는 사람에 대한 지켜보기의 필요성

자기 또는 타인에게 해를 입힐 위험성을 가진 지적장애인, 정신장애인의 대다수는 현재 입소시설, 정신병원, 형무소 등에 갇혀 생활하고 있다. 그러나 노멀리제이션의 생각에 근거하여 위험성이 있는 지적장애인과 정신장애인도 지역에서 생활하는 것을 목표로 한다면, 그렇게 하기 위해서는 '가두기' 대신에 '지켜보기'가 필요하다('가두기'가 정당화되는 것은 실제로 죄를 범해 형벌을 받는 기간만이다).

이제까지 대다수 장애인 단체들은 대부분의 지적장애인, 정신장애인은 위험하지 않다고 말을 해왔는데, 이러한 논리라면, 위험한 장애인은 예외적으로 입소시설과 정신병원에서 생활하는 것도 어쩔 수 없다는 결론이 되어버릴 수 있다.

그러나 주변의 사람들을 보면, 대다수 비장애인은 직장, 가족, 친구, 애인 등의 관계 안에서 보살핌을 받으면서 생활하고 있지 않은가. 그리고 그렇지 않은 사람은 사건을 일으키거나 정신병, 알코올 중독, 도박, 쇼핑, 약물, 섹스 등의 여러 가지 의존증을 지니게 되는 경우도 많다. 이와 같이 지적장애인들도 이러한 인간관계 안에서의 지켜보기가 없다면 위험하다. 즉, 지적장애나 정신장애라는 어떠한 장애로 인해 그 사람이 위험한 것이 아닌, 본래 모든 사람은 적절한 지켜보기가 없다면 위험한 존재라는 전제로부터 논의가 출발해야 한다.

위험하지 않은 비장애인이 대부분의 시간을 직장 동료, 가족, 연인 등과 함께 지내면서 사회가 비교적 평온하게 유지된다면, 지적장애인도 그와 같은 인간관계를 목표로 해 나가는 것이 당연한 목표이다. 그러나 현재의 사회 안에서 그 인간관계를 만들 수 없는 부분은, 복지라는 형태로 '주간 활동'과 개호자와의 관계 안에서 '지켜보기'가 제도적으로 보장되어야 마땅하지 않은가.

여기에서 말하는 '지켜보기'란 양호한 인간관계 안에서 시간을 함께 보내는 것이다. '양호하다'는 의미는 인간관계 안에서 일어나는 좋거나 나쁘거나 싫은 감정을 의미할 뿐만 아니라, 지속적으로 보다 좋은 생활을 할 수 있도록 여러 가지를 고민해 주는 사람과의 관계를 말한다. 이와 반대되는 '가두기'의 기본은 '감시'이며, '지켜보기'와 다르다고 할 수 있다. '지켜보기'란 아래와 같이 당사자를 지원하면서 동시에 위험한 행위를 방지하는 것을 의미한다.

① 당사자가 좋아하는 일을 하도록 하는 지원(좋아하는 일을 절제하게끔 하는 지원도 포함)
② 최소한의 일상생활의 지원(식사, 청소, 세탁, 목욕, 쓰레기 배출 등)
③ 의사소통(친한 사람의 입장에서 함께 이야기하는 일)
④ 혼란과 초조함을 달래거나 해소하기 위한 지원
⑤ 위험한 행위를 방지하기 위한 지원

① 당사자의 안전이나 건강을 해치는 행위	· 자신의 머리카락을 뽑거나 스스로를 때리는 자해행위 · 대중교통 또는 도보로 어디론가 사라져 장기간 귀가하지 않는 행위 · 방 안에서 컵이나 유리를 깨는 행위 · 혼자 있을 때 모든 것을 먹어치우는 행위 · 혼자 있을 때 모든 것을 과하게 마시는 행위 · 대소변을 참지 못하고 빈번하게 싸는 경우
② 주변이나 지역과의 갈등으로 이어지는 행위	· 방에서 큰 소음을 내거나, 괴성을 지르고, 큰소리로 텔레비전이나 음악을 듣는 행위 · 장난 전화로 소방차나 구급차를 부르는 행위 · 역, 백화점, 아파트의 비상벨을 누르는 행위 · 남들 앞에서 옷을 벗으려는 행위 · 외롭거나 지루할 때 밤낮 상관없이 전화를 해대는 행위
③ 법에 저촉되는 행위	· 돈이 없음에도 불구하고 편의점이나 대여점 등에서 물건을 가지고 나오는 행위 · 돈이 없음에도 불구하고 음식점에서 식사하고 도망쳐 나오는 행위 · 감정적이 되었을 때에 주변 사람이나 타인을 때리거나 밀치는 행위 · 불장난을 하는 행위 · 시동이 걸려 있는 자동차를 훔쳐 사고를 일으키는 행위 · 치한 등과 같은 성적 범죄

표 2 지적장애인의 자상·타해, 민폐 행위, 위법 행위의 예

이러한 '지켜보기'라는 지원을 복지제도 안에서 인정하도록 하기 위해서는 표 2와 같은 자상·타해 행위나 위법 행위 등을 하는 지적장애인이 지역에서 생활하는 것에 대한 현실적인 논의, 제도의 바람직한 모습에 대한 논의, '지켜보기'의 내용에 관

한 논의 등을 필요로 한다.

6. 입소시설에서 지역의 '지켜보기' 개호로

장애인자립지원법에서는 자치단체가 장애인복지 계획을 책정하는 일이 의무화되었고, 그 안에서 국가는 지적장애인의 입소시설로부터 지역 생활로의 이행을 진행, 2006년~2011년도까지 6년간 7%의 인원 감축이라는 목표 수치를 제시하였다. 각 자치단체가 책정한 계획에서도 2011년도까지 시설 입소자를 11,000명 줄인다는 계획이다. 그러나 현재 이 계획처럼 지역 생활로의 이행은 진행되고 있지 않는 상황[9]이다.

가장 큰 원인 중의 하나는 이제까지 오랫동안 가족, 입소시설 등이 담당해 왔던 24시간 '지켜보기'라는 기능이 지역 안에서 제도적으로 보장되어 있지 않기 때문이다. 지역에서 지적장애인이 가족의 보호 없이 생활할 경우에 어느 정도의 개호와 지원이 필요할까? 도쿄 히가시쿠루메 시의 '자립생활센터 굿라이프'라는 당사자 단체를 중심으로 주변 지역에서 최근 약 10년간 30명에 이르는 지적장애인들이 시설과 부모로부터 떨

9. 후생노동성 사회보장심의위원회 제33회 장애인부회의 자료에서 공표된 속보치에서는 2005년 10월~2007년 9월까지 2년간 입소시설로부터 지역으로 이행移行한 사람이 9,344명인 것에 대해서, 신규 시설 입소 등은 18,556명이다. 입소시설 퇴소자는 그 외에도 병원과 다른 시설로의 입소, 이용자의 사망 등의 원인으로 9,601명이 감소되었기 때문에, 합계에서 시설 입소자는 3,898명이 감소되었다.

요개호도	요개호 A	요개호 B	요개호 C	요개호 D
필요한 빈도	매일 24시간 개호와 지원이 필요한 사람	매일 8~16시간 정도 개호와 지원이 필요한 사람	매일 3~5시간 정도 개호와 지원이 필요한 사람	주 1~3회 정도 개호와 지원이 필요한 사람
개호와 지원 내용	신체 개호, 가사 원조, 그 외 일상생활 지원, 긴급 대응 등에 대해 24시간 개호와 지원이 필요한 사람	신체 개호, 가사 원조, 그 외 일상생활 지원, 긴급 대응 등에 대해 기상하여 활동하고 있는 동안은 개호나 지원이 필요한 사람	신체 개호, 가사 원조, 그 외 일상생활 지원, 긴급 대응 등에 대해 매일 부분적인 개호와 지원이 필요한 사람	신체 개호, 가사 원조, 그 외 일상생활 지원, 긴급 대응 등에 대해 상시가 아닌 부분적인 개호와 지원이 필요한 사람
	외출 시에는 근처를 포함하여 상시 개호와 지원이 필요	외출 시에는 근처 이외에는 상시 개호와 지원이 필요	외출 시에는 익숙하지 않은 장소에 갈 때 지원이 필요	외출 시에는 익숙하지 않은 장소에 갈 때 지원이 필요

표 3

어져 혼자 생활하거나 그룹홈에서 생활하기 시작했다. 이 사람들의 생활 지원을 토대로 어떤 내용의 개호와 지원이 어느 정도로 제공되면 지역에서 생활이 가능한지를 간단히 정리한 것이 표 3이다.

재원적인 면에서 생각해 보면, 그 '지켜보기'의 부분을 일대일 홈헬프 서비스 안에 포함시키는 일은 어렵다는 지적이 있지만, 현재 시설에서 사용되고 있는 예산을 재택 생활의 예산으로 변경해 가는 것을 전제로 '중증 방문 개호' 활용 등 헬퍼의 시간 단위를 저렴하게 확보해 가는 연구가 이루어진다면, 필요한 사람에게 필요한 만큼의 헬퍼를 제공하는 것이 충분히 가능하다고 생각한다.

정해진 틀로부터의 탈출

□ '가능'을 전제로 하지 않는다.

현재 많은 지적·자폐성 장애인의 삶의 모습은 전형적으로 다음 세 가지이다.

① 입소시설에서 생활
② 부모와 살면서 작업소 또는 통소시설에 다니고, 휴일에는 이동 지원을 이용
③ 그룹홈에 살면서 기업 또는 상점에서 근무(일반 취업)

얼마 전까지 우선 입소시설에 기준을 두고 한결같이 입소시설을 늘리는 일을 국가와 부모, 복지 관계자가 해 왔다. 현재 약 13만 명이 시설에서 살고 있고, 입소시설에 복지 예산의 절반 이상이 쓰여지고 있다.

가족이 지원 가능한 경우에는 작업소나 통소시설을 만들어 매일같이 그곳을 다닌다. 2003년에 지원비제도가 생기고 나서 전국에서 이동 지원(가이드헬프)이 제도화되고, 이것을 이용하는 사람도 늘어나고 있는 것 같다(일부에서는 시市나 현縣이 제도를 만들어 90년대 이후부터 도입하기도 했다).

대부분은 특별 지원 학교(2007년도까지는 양호학교養護學校라 불렸다)에 다니고, 고등부가 되면 직장 실습 등을 거쳐, 취업이 가능한 몇 명은 일반 취업을 한다. 그것이 불가능하다면 통소시설이나 작업장, 주간 보호 서비스 등에 다닌다. 한두 명이라도 들어갈 수 있는 여지가 있으면 좋겠지만, 이러한 것들도 꽤나 문이 좁다. 부모 곁에서 함께 살 수 있는 생활 조건이라면 좋겠지만, 조건이 안 되면 입소시설에 들어가게 될지도 모른다. 더욱이 "가능한 사람"은 그룹홈에서 지낼 수 있고, 한층 발전하면 혼자 살거나 일반 취업 노동이 허용된다. 즉, 뭔가를 할 수 있게 되면 다음 단계로 넘어가는 '능력 모델'이 관례이다. 자립생활을 시작하는 데 있어서도, 자립생활에 대한 연습을 하고 가능해지면 자립한다는 유보가 깔려 있다. 이 방법으로는 '가능한 사람'과 '불가능한 사람'이 나뉘고, 항상 '불가능한 사람'을 낳는다.

그리고 어떤 이유에서인지 장애인만의 집단행동이 종종 요구된다. 입소시설이든, 작업소와 통소시설(자립지원법 이후로 토요일에도 여는 통소시설이 급증했다)이든, 지역 생활은 그룹홈이

권장된다.

하지만, 무척 사람을 좋아하거나, 본인 아니면 주변 사람 양쪽 중에 어느 한쪽이 어느 정도 참으면서 살아가면 괜찮을지 몰라도, 그런 것에 익숙하지 않은 사람에게 어떤 갈등이 일어나면, 그 사람의 장애나 부적응 탓으로 여겨지고 배제당하며, 갈 곳을 구하며 방황하게 된다. 그러나 그건 지원과 관계성의 문제이다. 많은 경우, 공동생활밖에 확보되지 않았기에, 그것을 택하지 않으면 고립되고 만다. 남과 사이좋게 지내야 하고 집단생활에 대한 훈련이 필요하다고 말하는 사람들은 사실 확실하게 자신만의 시간을 확보하고 있다.

나는 집단 또는 단체행동을 잘 못하는 편에 속한다. 누구 얼굴을 보고 이야기를 해야 하는지, 어디에 맞추어 움직이면 되는지 잘 모른다. 아침에도 힘들다. 매일 같은 장소에 정해진 시간에 출근하는 모습을 머리에 떠올리면 우울해진다. 만원 전철에 타고 있으면 어지러워진다.

이 책에서 주장하는 건 '주위 사람들과 지원이 눈앞에 있는 장애인 ○○씨와 관련된 사항을 알아가고 익숙해져 가는' 지원의 자세이다.

여러 상황에서 '자립 지원'이 칭송되고 있다. 하지만 그 안에서 얼마나 많은 사람들이 "자립"하고 있는 것일까.

자립할 수 없는 것은 '가능한 일'을 당사자에게 과도하게 요구하고 있기 때문이다. 주변에 지원이 있다는 사실, 행정기관의 측면적·재정적 지원이 있다는 사실, 가족의 이해가 있다는 사실, 그것들을 잇는 사람과 지원이 있다는 사실이 중요하다. 단지 그것뿐이다. 그것을 전제로 여러 가지 지원 기법이 도움을 줄 수 있을 뿐, 다각적이고 현실적인 지원 없이 올바른 지원 기법만 논하는 것은 무의미하다.

　지원을 구성하는 데 있어서도 '자립'을 위해 '불가능한 부분을 지원한다'든지 '잔존 능력을 활용'하게 한다는 의견을 종종 듣는다. 그와 같은 지원을 당사자가 원할 때도 있다. 하지만, 사실 불가능한 부분을 지원하기는 힘들다. '불가능한 일을 (활동보조를 이용하여/활동보조인이 알려주어서) 가능하도록' 하기 때문에, '해서는 안 될 일을 안 하도록 해 주기' 때문에 활동보조인이 존재하는 것인가. 한 면만 보면 그렇기도 하다. 불가능한 일이 있기에 지원이 필요한 것이라고 하지만, 그건 지원 안에서 이차적인 부분이라고 생각한다. 활동보조인이 옆에 있을 때에 무엇인가를 '실패한다'고 가정하자. 활동보조인이 옆에 있으면 실패하지 않을 것이라는 등식을 떠올릴지 모르겠지만, 한편으로 실패할 권리가 있다고 당사자는 말하곤 한다. 하지만, 실패는 불쾌하고 귀찮은 일이다. 그리고 활동보조인의 미숙함이나 능력 부족이 문제가 될지도 모른다. 활동보조인은 그런 상황에서 어떻게 할 것인가? 잠자코 보고 있다/조언한다/대신 행동한다/제지한다. 어떤가? '바르게' '정확히' 할 수 있도록 하면, 생활 그 자체가 묶여버리고 제한당하는 것으로 이어진다. 그리고 최종적으로 '정확히' 할 수 없는 당사자의 책임이라는 논리도 이어질 수 있다. 거기서 활동보조인은 자칫하면 '선생'이나 '부모'의 역할을 대신하거나 그보다 좀 부족한 존재처럼 주변으로부터 생각되어 버릴 수 있다. 생활은 좀 더 엉망이 되고, 이랬다저랬다 한다.

자립생활은 그것을 희망하는 본인의 의사에 과도하게 의지하고 있다. 자립생활을 하려고 할 때, '어떻게 자립을 할 것인가'라는 질문을 받는다. 자립하려는 의사/의지, 생활을 시작하고 나서도 여러 가지 일을 결정하거나 생활을 관리할 만큼의 의사/의지가 요구된다.

그러나 지적장애/자폐증을 가진 사람 ─ 특히 중증이라고 일컬어지는 사람 ─ 은 그 의사 능력에 장애가 있는 것으로 여겨진다.

예를 들어, 성년 후견 논의에서, 지적장애인은 단지 판단 능력이 없는 사람으로서 그려진다. 판단 능력이 있는지 없는지를 보고, 없기 때문에 후견인을 둔다는 이야기다. 아니 능력이 전혀 없는 것은 아니라는 '양심적'인 논의가 나와서, 이번에는 판단 능력을 측정당하고, '잔존 능력의 활용'이라는 맥락에서 취급당한다. 역시 '가능한 사람'과 '불가능한 사람'으로 나뉘는 구조는 유지된다.

'능력이 있는지, 없는지'라는 것과 '지원이 어떻게 대응할 것인가'는 별개의 과제이지만, 그것들은 자주 연결된다. 하지만 그것은 우리들의 감각에서 벗어나 있다. 따라서 그렇게 단순하게는 말할 수 없다.

'장애가 있기 때문에' '모르기 때문에' '의사를 표현할 수 없기 때문에' 의사를 존중하지 않아도 된다는 의미가 아니다. 하지만 "의사/의지"에 대해서는, 비장애인이 평소 어떻게 하고 있는지에 대해 생각해 보면 좋다. '자립생활'의 조건은 우선 '생활'의 부분이라고 생각한다.

□ 장시간 개별 지원의 틀이 필요

2003년의 지원비제도에서 이와 같은 유형이 제도화되고, 지적/자폐성 장애를 가진 성인과 아동에게도 처음으로 정부 차원의 활동보조의 틀이 생겨났다.

'가사 원조'나 '신체 개호'는 목적과 시간이 한정되어 있는 틀이다. 그러나 지역에서의 일상생활은 개호의 스케줄대로 이행되지 않는 경우가 많다. 때에 따라 필요한 것, 하고 싶은 것, 하고 싶은 시간은 제각각일 것이다. "오늘은 날씨가 나쁘니까 외출은 그만두고 집 안을 정리하고 싶다"는 것은 장애가 있고 없고를 떠나 자주 있는 일이다. 같은 헬퍼가 눈앞에 있는데, "오늘 이 시간은 개호 계획으로는 신체 개호밖에 할 수 없으니까"라는 것은 헬퍼를 이용하는 쪽에서는 이해하기 어렵다. 그런 일을 포함하여 이해하는 데 어려움을 겪기에 "지적장애"이고, 장애가 없어서 이해가 가능하더라도, 제도나 헬퍼의 틀에 생활을 맞춰야 한다면 생활 자체를 할 수가 없다.

보통은 부모와 함께 살지만, 부모가 가끔 활동보조가 어려

울 때에 헬퍼를 이용한다든가, 항상 헬퍼를 이용하지는 않지
만 '어떤 날에 반드시 병원에 가야 하므로' 헬퍼를 부탁한다든
가, 매일 저녁밥만 만들어 주고 나중 일에는 활동보조인이 필
요 없다면, 이런 목적별 활동보조 시간이 한정된 활동보조 유
형이라도 좋다.

그러나 지역에서 자립생활을 하는 경우에, 장시간 지원이 필
요한 사람에게 짧은 활동보조인 파견이나 짧은 지급 시간의
분할 사용은 매우 이용하기 어려우며, 반드시 가사나 신체 개
호라는 틀에 들어맞지 않는, 생활 전체의 지원이 필요해진다.

하지만 비교적 장시간 활동보조나 지원이 필요한 지적장애
인의 자립생활은 제도로서 보장하고 있지 않다.

독거 등으로 가사 원조, 신체 개호, 이동 지원, 기관 왕래 등
을 합쳐 100시간 단위 이상의 지원이 필요한 사람, 낮 시간대
에는 기관이나 작업장 등에 다니고 귀가한 후 다음날 아침까
지 매일같이 야간 활동보조가 필요한 사람 등은 여러 제도의
파편들을 열심히 긁어모아서, 전체로서 일정한 지원의 양을 확
보하고 있는 게·아닐까 싶다.

제도의 속뜻을 들여다보면, 지적장애인들에게 장시간의 지
원은 거의 입소시설밖에 없다. 장시간의 지원이 필요한 사람은
가족이 계속 붙어 있거나 시설에 가라는 이야기가 되어버린다.

한편, 전신성 지체장애인에게 '중증 방문 개호'라는 틀의 활
동보조 제도가 있다.

지원비제도에서 '일상생활 지원'이라고 불린 것이 자립지원
법에까지 이어진 것으로, 기본적으로는 한 번에 4시간을 이용
할 수 있는 수급 자격이 주어지는데, 가사 원조, 신체 개호, 지
켜보기, 외출 등 시간이나 목적에 상관없이 이용 가능하다. 매
일 8시간부터 24시간까지 장시간 개호를 받으며 자립생활을
하고 있는 지체장애인은 우선 이 틀에 따라 이용하고 있다.

예를 들어, 2007년 2월에 후생노동성의 사무 연락에서는 제
도의 취지를 이렇게 밝히고 있다.

중증 방문 개호는 일상생활 전반에 상시 지원을 요하는 중증의 지
체부자유자에 대해 신체 개호, 가사 원조, 일상생활에서 생기는 여
러 가지 개호 상황에 대응하기 위한 지켜보기 등의 지원 및 외출
개호 등이 비교적 장시간에 걸쳐 종합적이고 단속적으로 제공되는
지원을 말하며, 그 보수 단가에 대해서는 중증 방문 개호 종업자의
1일당 비용(인건비 및 사업소에 관련된 경비)을 감안하여 8시간을 단
위로 하는 단가를 설정함.

이 제도의 대상자를 지체부자유자로 한정하지 않는다는 문
구만 들어가도 위와 같은 과제의 많은 부분이 (적어도 제도상으
로는) 해결될 것이다.

□ 전문성에 대해 — 인재 부족은 인위적으로 만들어졌다
활동보조인의 확보가 어려워지고 있는 사실이 점점 큰 문제

가 되고 있다.

단, 이것은 활동보조를 하고 싶은 사람이 줄고 있어서가 아니라 헬퍼를 하는 동안에 요구되는 자격 연수가 엄격해지고 있는 것에 큰 이유가 있다.

지원비제도 이전에는 정부가 정한 연수는 그다지 필요가 없었지만, 지원비제도 이후에는 헬퍼 3급 이상의 연수를 받은 '유자격자'여야만 한다.

실질적으로는 130시간의 2급 헬퍼 자격 정도밖에 없다. 그렇다 하더라도 그 나름대로의 지식과 기술을 배울 수 있으면 괜찮겠지만, 내용은 입소시설 안에서의 개호를 가정한 침대에서 옮겨 앉기 같은 것으로, 도보가 가능한 지적장애인에게는 거의 도움이 되지 않는다. 결국 다시금 이쪽에서 연수하게 된다. 연수를 했다고 하지만 내일부터 무언가를 할 수 있는 것도 아니고, 반년 또는 일 년이라는 시간이 걸려야만 익숙해질 수 있다.

사회적 지위 향상과 보수를 얻기(올리기) 위한 근거로서 '전문성'이 요구된다. 지원비제도 이후, 보수와 바꾸기 위해 자격화가 조건이 되었다. 더 나아가 보수 단위를 올릴 때에는 그것과 더불어 새로운 연수를 받고 자격을 따게끔 되었다.

전문성이 있는지 없는지, 필요한지 필요가 없는지를 물으면, '있다' '필요하다'고 대답한다. 그러나 그 전문성은 '자격'과 같지 않다.

여러 사람이 있고, 여러 경험이나 목격한 상황, 취직 형태가 있다. 각각의 활동보조인에게 어느 정도의 전문성이 있는지 없는지를 생각하기 전에, 안정적으로 활동보조에 임할 수 있을 만큼 생활을 지탱해 줄 보수가 보장되어 있지 않으면, 전문성은 자랄 수 없다.

얼마만큼 전문성이 있는지를 생각하기 전에, 장애인의 생활이 계속적으로 유지 가능할 만큼의 지원이 구축 가능한지에 대한 고민이 전제될 필요가 있고, 그 자체가 이미 전문성을 가지고 있다는 반증이 되지 않을까.

활동보조인에게 경험이 몇 년 되더라도, 연수를 몇 시간 받았더라도, 한 명 한 명의 취향과 생활방식, 인간관계, 어려움, 고민, 의사소통 방법을 알더라도, 상대방이 나를 조금이라도 인정해 주지 않으면, 청소 하나도 할 수가 없다. 말로 지시해 주면 서로에게 약이 되지만, 말을 해주지 않거나 대화하더라도 전달하는 것이 어렵게 되면, 구체적으로 함께 여러 가지 일을 해 보지 않으면 서로 알 수가 없다. 그 일에는 시간이 필요하다.

'전문성'에는 잘 모르는 부분이 많지만, 정해진 공간을 공유하는 시간, 계속 고민하는 시간, 그것을 지탱할 만한 생활 보장도 있다. 그것은 사회적 제도의 과제이기도 하다.

활동보조인의 노동에 있어서의 과제는 상대인 당사자이기도 하지만, 그것은 그다지 겉으로 드러난 적이 없다. 물론 개호 보수 단가나 노동 조건이 나아졌다고 해도, 그것이 곧 활동보조의 질과 내용의 향상으로 이어지는 것을 의미하지는 않는다.

'활동보조인의 급여가 낮아지면 그만큼 이용자의 생존이 위협받는다'는 말은 어떤 면에서 보면 맞는 말이지만, 왠지 낯간지럽기도 하다. 노동 조건 부분과 활동보조의 질은 개별적인 과제이며, 활동보조인의 문제를 이용자의 문제로 전가하는 것은 아니다.

단, 활동보조인도 여유롭고, 천천히, 별 어려움 없는 삶을 살고 싶을 뿐이다. 그런 사회적인 조건과 제도를 만들어 가기 위해서, 제7장에서 오카베岡部가 주장한 것처럼, 함께 힘써 나가야 한다.

□ 마지막으로 감사 인사
드디어 이 책을 마치게 되었다.

네 명의 저자가 함께 품고 있던 몇 개의 의문을 몇 번에 걸쳐 되물었다. 그리고 각자의 입장에서 이어받아 이리저리 방황하기도 했지만, 앞으로 나아가는 모습을 공유할 수 있으면 좋겠다.

지금까지 만나온 당사자, 지원자, 가족 들로부터 많은 것을 받았다. 그 만남을 통해 느낀 것들을 충분하지는 않지만 말로 만들려고 했다. 우리들 눈앞에 있는 사람들과 앞으로도 함께 걸어 나가고 싶다. 하지만 함께 걸어가기 위해서 어떻게 하면 좋을지에 대해서도 '계속 비틀대면서도 긴장감을 가지고' 고민해 나가고 싶다.

마지막으로 한마디 더하자면, 나는 『생의 기법』을 시작으로 타치이와 신야立岩真也 씨의 일에서 자극받아 배우고, 새로운 과제와 싸우고, 때에 따라서는 횡설수설하거나 집어치우면서 어쨌든 여기까지 해왔다.

그리고 생활서원生活書院의 다카하시 준高橋淳 씨로부터 제안을 받아 이 책의 집필을 시작했다. 꾸준하지 못한 우리들의 자세를 묵묵히 긴 시간 동안 지켜봐 주시고, 바쁜 와중에도 정기적인 만남을 통해 조언을 주시고, 격려 메시지를 보내 주신 덕에 완성할 수 있었다. 저자들을 대표해서 감사의 말씀을 드린다.

데라모토 아키히사

옮긴이의 글

　자립생활 이념이 국내에 소개된 지 십여 년이 지나면서 우리는 놀라운 광경을 보고 있다. 예전에는 도저히 상상조차 할 수 없었던 일, 사지마비의 중증 장애인들이 활동보조 서비스를 받으며 동료들의 지원 속에서 혼자 자립하여 살아가는 모습을 이제는 주위에서 흔히 보게 된 것이다. 충분하지는 않지만 이제 신체 장애인들의 자립생활은 어느 정도 궤도에 이른 것만은 확실하다. 그러나 지적·자폐성 장애 영역에서 '자립'은, 자립생활론자들마저 반신반의하는 가운데, 논의만 무성할 뿐 아직도 부모와 전문가에 의해 당사자들의 얼굴은 가려진 채 요원한 실정이다.

　서울장애인자립생활센터는 앞으로 자립생활(IL) 진영의 시급한 주요 과제를 지적·자폐성 장애인의 자립으로 보았고,

2008년 그 실천의 첫걸음으로 지적 · 자폐성 장애당사자 3명
으로 자조모임을 꾸렸다. 그것이 네 해를 거치며 60여 차례의
모임, 세 차례의 일본 피플퍼스트 대회 참관, 그리고 당사자가
중심이 되어 스스로 준비하고 만든 세미나와 당사자 대회를
열며 회원은 17명으로 늘어 자조모임의 형식으로 감당하기 힘
들 정도에 이르렀다.

  그러나 정작 문제는 주체할 수 없는 모임의 규모나 피플퍼
스트와 같은 새로운 조직의 건설이 아니라 바로 우리였다. 우
리는 그들에게 무엇이며, 그들을 위해 무엇을 해야 하고, 무엇
이 되어야 하는지를 모르는 우리! 우리는 그것이 '지원' 또는
'지원자'의 문제라는 것을 겨우 깨달았을 무렵 일본 피플퍼스
트 후쿠오카 대회에서 우연히 『좋은 지원?』이란 책을 만났다.
그리고 '지원'하는 사람의 방법과 태도에 따라 지적 · 자폐성
장애당사자가 자신의 생각을 드러내고 스스로 결정할 수 있다
는 것을 가까운 일본의 사례를 통해 볼 수 있었다.

  이 책에는 지원만 충분하다면 중증의 지적 · 자폐성 장애인
도 자신의 개성을 살린 자립생활을 할 수 있다는 확신으로 끊
임없이 '좋은 지원'을 고민해 온 사람들이 저자로 참여하였다.
당사자들의 불명확한 의사 표현에서 비롯된 지원의 곤란함을
오랜 기간 몸소 경험하며 당사자를 지원해 온 사람들이 들려
주는 이야기가 주요 내용이다.

제1부는 삶의 방식으로서의 자립생활과 피플퍼스트 조직의 역사를 소개하고, 제2부는 자립을 희망하는 당사자의 실제 지원 사례를 통해 지원자의 고민과 가족이 겪는 내적 갈등을 들여다본다. 그리고 제3부에서는 일본 복지제도 상의 문제점을 짚어보고 개선점을 모색하며 '지켜보기' 활동보조의 필요성을 주장하기도 하는데, 단순히 기본 욕구(식사, 목욕, 신변처리, 옷 입기 등)에 따른 행동 가능 유무와 소요시간에 근거하여 인정 점수를 매기는 우리나라 활동지원 제도 체계가 가진 맹점을 다시금 직시하게끔 해주어 반갑다.

단, 책에 눈을 주기 전에 하나 염두에 두어야 할 사항이 있다. 이 책은 결코 지적·자폐성 장애인을 대상으로 하는 좋은 지원의 '해답'을 제시하지 않는다는 점이다. 제목인 '좋은 지원' 의 끝에 달린 '?'(물음표)를 보면 문득 깨닫게 되듯이, 책의 저자들은 여러분들에게 좋은 지원이란 무엇인지 '질문'을 던지고 있다. 해답은 어쩌면 기존의 상식을 뛰어넘어 그것을 그토록 찾고자 하는 사람들의 열망과 실천 속에 있는 것인지도 모르겠다.

이 책을 읽는 분들에게 양해를 구하고 싶다. 이 책은 전문 번역가에 의한 매끈한 번역이 아니어서 자칫 원본이 전하고자 하는 뜻을 곡해하거나 우리말로 읽는 데 따르는 독자의 피곤함과 곤혹감이 불가피할 것이라는 점이다. 하지만 이러한 위험에도 불구하고 우리만의 집체번역을 선택한 것은 그동안 지적 · 자폐성 장애당사자들과 함께 해온 현장 경험과 그에 따른 고민을 풀어내고 나누고 싶은 다급한 마음이 앞섰기 때문이다.

이 번역서는 직원으로 일하고 있는 백종명 씨와 오노마리 씨, 그리고 자립생활 초기 그 이념 도입에 힘써 온 백동민 씨가 초벌 번역하고, 그것을 가지고 전 직원이 스터디를 하고 다시 우리말로 가다듬는 과정을 반복하면서 맺은 결실이다. 서툴고 허점투성이인 부분은 독자들이 채워주시리라 믿으며 터무니없는 용기를 내어 세상에 내놓게 되었다. 또한 2012 서울시 사회복지기금(장애인복지계정)의 지원이 없었다면 이 책의 출간은 기약 없이 미루어졌을 것이다. 이 작업에 참여한 우리들의 노고를 부끄러움을 무릅쓰고 스스로 치하하며, 끝으로 우리의 이 미진한 작업을 기꺼이 한 권의 책으로 엮어 주신 울력출판사 강동호 대표님께 머리 숙여 감사드린다.

2012년 11월
서울장애인자립생활센터 직원 일동